Deguchi Yasunobu
出口泰靖

ケアや支援をめぐる〈つながり〉のまよい、とまどいをかみしめて

〈つなまよ〉〈つなとま〉なフィールドワーカーの自己エスノグラフィ

生活書院

『ケアや支援をめぐる〈つながり〉のまよい、とまどいをかみしめて
――〈つなまよ〉〈つなとま〉なフィールドワーカーの自己エスノグラフィ』

目次

第二章 〈わけられ〉をめぐる〈つなまよ〉〈つなとま〉
――〈わけられ〉へのあらがいと、〈わけない〉なかの〈わけられ〉と

第三章　ケア・支援をめぐる〝むき出し〟な〈つながり〉
――ケア・支援する人の〝こころのパンツ〟の脱ぎっぷりと暮らしぶり

四章の前に――支援の現場エッセイ

デイの行き帰りは、〝BMW〟に乗って

第四章 〈つながり〉の〝病み〟と〝闇〟をだきよせて

第五章 〈いのち〉をめぐる〈つなまよ〉〈つなとま〉
――〝ささらほうさら〟な〈いのち〉、かみしめる

第六章 〝予《あらかじ》め、ふせぐ〟ことからのおいてけぼり――青い空の下で、もれ出ずる〈ウンチ〉とわたしの自己エスノグラフィ

第七章　「介護予防」は人の生の〝あおり運転〟になってしまわないか？
――「介護（非）予防（無）運動（未）指導員？」への道すがら

第八章　〈うつる〉を、〝からかう〟？
──〝オンライン・ジンメン〟をめぐる、わたしの病み（闇？）体験から

終　章　ケアや支援をめぐる〈つながり〉のまよい、とまどいをかみしめて

序章

ケアや支援をめぐる〈つながり〉にまよう、とまどうとき

1　はじめに

昨今、とみに、人と人との〈つながり〉の大切さが唱えられる。

たとえば、人に気づかれず、独りでこの世を去る人が増えている。そのようなことが言われている。そんな人たちには、暮らしのさまざまな面でケアや支援が必要だ、そんな人たちに対しては、人の「助け合い」や〈つながり〉が必要だ、とよく言われる。そんな人たちをなくそうと、「人と人とのつながり、きずなが大切だ。つながりやきずなをもっと広げよう、深めよう」と唱えられている。

人はみな、その生涯を通じて、誰しもが「何のケアや支援もうけず」に、「ひとりだけで」生きてい

くことは、できない。だからこそ、人と人とが〈つながり〉、人の支えをうけ、他の人と助け合いながら生きていくことが必要だ、と言われる。

ということは、ケアや支援をうけるにあたり、「さまざまな他者がいるなか、どのような他者と関係を取り結んでいけばいいのか」といったことが、問われなければならない。また、「さまざまな人との関係があるなか、どのような人と、どのような関係を取り結んでいくか、築いていくか」といったことも問われなければならない。

とくに、どのようにさまざまな「家族以外の他者」の「助け手」を得ていけばいいのか、どのように「家族以外の他者」と〈つながり〉をつけて暮らしていくか、なども問われなければならないだろう。

ただ、ケアをする側、支援する側の人たちのことを考えた場合、「ひとりの人の暮らしをひとりの人がまるごとみることはできない」。臨床哲学者の鷲田清一は、「いまでは介護は家族が負担するのが当然という考え方は少しずつ萎んでいって、一人のひとが別のひとの生活をそっくり看るようには人間はできていない、という理念に立ってケアを公共的に担う考え方に移行しつつある」と述べている（鷲田 2007）。「一人だけで」、「相手のすべて」を「まるごと」ひきうけてケアや支援をしていくことはとても難しい。これは、ケアや支援の領域で〈身をもって〉考えてきた（いる）人なら誰しも思い知ることであるだろう。

〈つながり〉をもつことの大切さは、多くの人たちが否定しないことだと思う。だがしかし、「〈つながり〉をもとう」といっても、どのような、そしてどのように、〈つながり〉をもてばいいのか、それこそが、なかなかやっかいなことなのではないだろうか。

人と〈つながり〉をとり結んでゆくこと。人とかかわり合うこと。これがなかなかややこしいことで難しいこと。このことに、わたし自身、年を重ねてゆくごとに感じている。そもそも、つながり、きずなを広げる、深めることは、言葉で言うほどカンタンなことではないのではないだろうか。

自分の身に難儀なこと、困りごとが生じて自らの暮らしが立ちゆかなくなる。そんなとき、誰かに、どこかに、支えや援けを求め、お願いすること。それが誰でもすんなりとできるものなのだろうか。あるいは、ケアや支援が必要な際、頼むことができる（頼めそうな）人はいるだろうか。そう自らに問うた場合、答えに窮する。

支えられる側にとってしてみれば、人に支えられながら生き暮らしていくことをめぐって、支え手となる人たちとのつき合い、関係のとり方、〈つながり〉のありように常に悩まされる場合が少なくないのではないだろうか。

その理由はいろいろ、さまざまに考えられる。

たとえば、支えをうけるためには、自らの困りごとを少なくとも支え手となる人たちには明かさなければならない。世間の目を気にすることなどから、困りごとを人に明かしたくない人もいるだろう。あるいは、支えをうけるためには、自らの暮らしのはしばしや自らの身をさらさなければならない。人の手をわずらわせたくない、自分の家や自分の中に他人を踏み込ませたくない人もいるだろう。

支えられる側になること自体、まよいやとまどいを感じ、抵抗を感じ、拒もうとする人もいるだろう。

「人様の手を借りるなんて」と、支えを求め、助けを呼ぶ声をあげること自体、しづらさをかかえこむ人もいるだろう。そうしたことから、自ら一人で（あるいは家族員の何人かで）何とかしようとする人もいるのだろう。

支えようとする側は、どうだろうか。相手の信頼をえるにはどのような関係をとりむすぶのがいいのか、常に悩まされることもあるだろう。支える側が、支えようとする相手から、無理難題を求められ、途方に暮れることもあるだろう。対応が気に入らなければ、相手から苦情を申し立てられ、憎まれ、疎まれ、訴えられることもあるかもしれない。

ひょっとすると、支えられる側から暴力をふるわれることがあるかもしれない。しつこく言い寄られるなどセクシュアルなハラスメントを受ける場合もあるかもしれない。「なんだってこんなこと」と、戸惑い、いらだつ思いにかられることもあるだろう。また、支えられる相手によっては、意思疎通がうまくいかなかったり、難しかったり、意思そのものを確認できずに迷い、戸惑い、ためらってしまう場合もあるだろう。

「ケアや支援というのはサービス労働の一つだ」と割り切って、人との〈つながり〉の濃さを求めず、ビジネスライクな、ドライな関係に終始しようとする人たちもいるだろう。それは、人付き合い、人との関係をとりむすぶ上でのわずらわしさ、しんどさから解きはなれるための手法だったりするのだろう。あるいはそれは、相手の生活や人生、生命をかかえこむことでの、荷の重さに耐えかねてのことでもあるのかもしれない。

一方で、「わたし支えられる人、あなた支える人」という仕切りをつけず、「支えられる側」と「支える側」とをむやみにわけず、ただ両者が暮らしをともにし一緒に生きていくことで「支えられ、支える関係」を超えた〈つながり〉をつくっていこうとする取り組みもある。

ケアや支援を受けている人同士の〈つながり〉においても、いさかい、もめごともあるだろう。支援者同士の〈つながり〉でも、それぞれのケアや支援の信条やプライドなどがからみあってぶつかり合い衝突してしまったり、同じ業界にいながらも方針の違いゆえに〈つながり〉もつき合いもない、ということもあるだろう。

日々の日常生活を営んでいく上で、人づきあいのすれちがい、摩擦や亀裂というのは、家族や親族であれ近所づきあいであれ、どんなことでも誰にでも起きることではある。なにも、支えられ、支えるうえでの人との〈つながり〉にだけ起こりうる特有の出来事でも決してない。

支えられ、支えるうえでの人との〈つながり〉には、「家族」や「地域」といったものがあるだろう。それらは、支えられる人にとって、必要不可欠な支えとなりうる場合もある。

だが、家族からＤＶや虐待を受けていたり、地域から厄介者扱いされている人たちもいる。彼らにとっては、「家族」や「地域」は逆に「生の支え」ではなく「生の妨げ」となってしまう場合もある。そのため、場合によっては「家族」や「地域」の〈つながり〉を断ち切らなければ自らの生が危うい、そんな人たちもいる。

他方で、病気や障害の偏見や差別のために、災害やその後の事故のために、「家族」や「地域」の

〈つながり〉から引き離され断ち切られてしまう人たちもいる。

ケアや支援を行うにあたって、支えられる側と支える側との関係や〈つながり〉をどのように、どこまでとりむすんでいけばいいのだろうか。その問いは、お互いの思いや価値観をどのようにすり合わせていくかが問われることでもある。かなり気づかいのいる、気疲れのする、かといって切実な問題でもある。それは、「対等に」というお題目だけではすまされない、終われない問題でもある。

わたしたちは、時と場合によっては、多かれ少なかれ、人との〈つながり〉というものをわずらわしい、めんどう、しがらみ、しばり、といった感覚をもってしまう面もある。はたして、具体的にどのようなことが〈つながり〉と呼べるのであろうか。

そもそも、〈つながり〉というのは、いったい、なんなのであろうか。

わたしたちは、介護心中事件や孤独死や孤立死の出来事を目の当たりにすると、

「なぜ周囲の人たちに助けを求めなかったのだろう」

「せっかく介護や生活支援の制度やサービスがあるのに、なぜ利用しなかったのだろう」

そんな思いを抱きがちだ。

家族の中で介助や介護が必要になり、家族だけでは介助・介護しきれない状況が生じた場合、「家族以外の他者に頼めばよい、家族外部のケアや支援といった制度やサービス、社会的資源を利用すればよい」という声を聞く。

だが、それはただただ周囲の思惑にすぎないのではないであろうか。そこには、制度やサービスを利

用するまでの「踏み込めなさ」「踏み込みきれなさ」、つまりは、人と〈つながり〉をもつことに対する「まよい」や「とまどい」というものがあったからなのではないであろうか。

このような、支援をめぐるさまざまな関係性のなかで、その関係をつくること自体に迷っていたり、戸惑いを感じてしまうことなど、〈つながり〉にまよう、〈つながり〉にとまどうことについて、まよいやとまどいを丹念にすくいあげ、丁寧に描き出していき、深く掘り下げて考えていけたらと思う。

2 〈つながり〉ってなんだろう?

ところで、〈つながり〉って、いったい、なんなのだろう。

そもそも、「つながり」というと、「人と人との関係」をさしているようである。社会学者の若林幹夫氏によると、「具体的な誰かとある程度の継続する関係を結んでいるとき」に、「つながり」があるという（若林 2007）。すなわち、「つながり」ということばは、「血のつながり」「近所のつながり」「仲間のつながり」「お得意様とのつながり」といったように、日常的な場面では、「特定の相手」との「具体的な関係」を指すことが多いという（若林 2007）。

また、若林氏は、「つながり」には三つの形があると言っている（若林 2007）。

一つめは、「つながりとしてのあつまり」である。これは「集団」と呼ぶこともできる、継続的で恒常的な、特定のメンバーからなる人びとのつながり、あつまりのことをいう。例えば、家族、親族、氏族、部族、学級、会社、政党、組合、クラブ、サークル、組織といったものがあげられるという（若林 2007）。

二つめは、「つながりとしてのちらばり」というものである。これは、テレビの視聴者をはじめ、マスメディアによる情報の共有によってつながる人びとや、インターネットによる世界とのつながりも、「つながりうる可能性の共有」という「ちらばり」という意味では、これに含まれるそうである。つながっているんだけど、ちらばっている。ちらばっているけど、つながっている。それが「つながりとしてのちらばり」というものだという（若林 2007）。

三つめは、「つながりとしてのネットワーク」というものである。そこでは、人脈や交友関係があげられている。この他、消費者運動や環境運動などでしばしば見られるような、同じ課題に取り組む組織や個人の緩やかな連合体も「つながりとしてのネットワーク」といえるものであるそうだ。

このような捉え方で考えると、ケアや支援をうけることは、どのような「つながり」といえるのであろうか。

育児や介助、介護においてケアや支援をうけることは、自分の家族以外の人たちが、自分の家族をケアしたり生活を支援したりしてくれることであるといえるだろう。そのため、家族以外の外部のケアや支援を受けることは、「家族以外の他者と関係をもち、つながっていく」ことになる。

そしてそれは、「つながりとしてのネットワーク」といえるかもしれない。ここでいう「家族以外の他者とつながる」という場合の「他者」は、例えば、介護の領域で言えば、ヘルパー、ケアマネなどのケアサービスに特有の「家族以外の他者」であったりする。

また、自分の住んでいる地域や育児サークルや介護家族会などで同じく介護や育児をしている人たちと出会ってつき合っていく意味での〈つながり〉もある。その場合は、「つながりとしてのあつまり」といえるだろう。

ただ、〈つながり〉には、〈つながり〉としての「かわし合い」ということもあるだろう。人と人とがつながる場合、「交じり合い」として「かわし合う」のか。それとも、相手からの呼びかけや投げかけから身を躱すように「かわし合う」のか。「交わし合い」としての〈つながり〉と「躱し合い」としての〈つながり〉とは、異なりをみせる面がいろいろ出てくるだろう。[1]

本書では、育児・介護・介助といったことに対するケアや支援を〈つながり〉の一つとしてとらえ、〈つながり〉をつけること（支援を受けること、支援をすること）をめぐって、その難しさや「まよい」「とまどい」という側面について考えてみたい。

3　わたしの考察・記述の位置づけとしての「自己エスノグラフィ」

ところで、本書での記述は、「自己エスノグラフィ」というかたちをとっている。

「自己エスノグラフィ（autoethnography）」というのは、研究者が自分自身の経験を記述し、研究する質的な研究方法の一つである。「自己エスノグラフィ」についてエリスとボクナーは、「自分自身の経験を対象化して、自己について再帰的にふり返り、自己と他者の相互行為を深く理解しようとすること」と定義している（Elis & Bochner 2000=2006）。

「自分自身の個人的な生を重視するの。自分の身体感覚や思考や感情に注意を払うわけ。自分の生きられた経験を理解するために、体系的な社会学的内省と感情的想起と私が呼ぶものを使いながらね。最後は、物語として自分の経験を記述する」（Elis & Bochner 2000=2006 藤原訳：134）

「自己エスノグラフィーとは、ジャンル的には自叙伝的な記述とそれをとおした研究に属し、個人と文化を結びつける重層的な意識のあり様を開示するものである。自己エスノグラフィーの実践者は、エスノグラフィックな広角レンズをとおして、過去と未来を見据えながら、まずは、自らの個人的経験の社会的・文化的諸側面へと外から迫っていく。そののち、そうした経験の内面へと迫り、文化が提供する慣習的な解釈のあり様によって動かされたり、またそうした解釈を促進したり変形したり差し止めたりする、バルネラブルな自己というものを開示する」（Elis & Bochner 2000=2006 藤原訳：135-136）

「自己エスノグラフィ」の特徴として、ここでは三つあげておきたい。

まず特徴の一つとしては、「私」が対象であり、「私」で記述することにある。すなわち、「自己エスノグラフィ」とは、「調査者が自分自身を研究対象とし、自分の主観的な経験を表現しながら、自己再帰的に考察する手法」（井本 2013）である。加えて、「自己エスノグラフィ」は、「自己の置かれている立場を振り返る再帰的な行為だけではなく、自分の感情を振り返り、呼び起こす、内省的な行為でもある」（井本 2013）。

特徴の二つめとしては、「経験」した事実を正確に描くことよりむしろ、経験についての「意味づけ」を表現することがあげられる。エリスとボクナーは、「もし、あなたが、自分の研究を、科学よりも芸術に近いものと見なすなら、ゴールは、もはや経験した『事実』を正確に描くことではなくなるわけ。そうではなくて、経験についてのあなたの『意味づけ』を表現していくことが、大切」（Elis & Bochner 2000=2006 藤原訳：151）と述べている。

特徴の三つめとしては、自分の「バルネラビリティ（弱さ、脆弱性）」を見つめることにある。

「自分のバルネラビリティを見つめるつもりがないのなら、自己エスノグラフィーをやってみるかどうか、考え直すべきね。自分の弱さをさらけ出すなら、読者のほうも、その弱さを受け止めてくれるし、そうした読者こそ、あなたが望んでいるものじゃあないかしら。（中略）自分のバルネラビリティというのは、やっかいなものだけど、成長や理解の源でもあるのよ」（Elis & Bochner 2000=2006 藤原訳：152-153）

今まで、わたし自身が書いてきた文章の多くは、この「自己エスノグラフィ」に近い。わたしがやってきたフィールドワークは、わたしの身体に湧き起こってくる感触を表出する「身体感触表出行為」というものであり、沈着冷静な観察、状況の丹念な記述などではなかった。フィールドで感じた驚きや興奮、違和感、嫌悪感や感動をそのまま記述していた。自分の身体（ボディ）に湧き起こってくるフィール（感触）の表出行為、身体の感触（ボディフィール）を表出する行為としての記述でしかなかった（出口 2016）。

本書においても、「自己エスノグラフィ」というかたちで自らの体験をもとに記述してきたものを一冊の本としてまとめ直している。[2] 自分の「バルネラビリティ（弱さ、脆弱性）」を見つめ続け、それを記述する、というのは、やっかいなものであり、けっこうしんどいものである。しかし、わたし自身の「成長や理解の源」と信じて、描き出してみたい。

4　本書の構成とそれぞれの章の解説（と少し思い出語り）

ここで、本書の構成とそれぞれの章の解説（と少し思い出語り）について述べておきたい。

まず、第一章「子育て〈支援〉と〈つながる〉ことにこじれて。〜家族ケアの「私事化」と「脱私事化」とのはざまで」では、わたし自身が、子育てや子育て支援をめぐる〈つながり〉にまよい、とまどったことについて、〈つなまよ〉〈つなとま〉というコトバとともに「自己エスノグラフィ」として描いている。

この章での文章は、「『子育て〈支援〉にこじれ、『〈支援〉される家族』にこじれて――家族ケアの『私事化』と『脱私事化・脱家族化』とのはざまで」(『支援』3号、特集：逃れがたきもの、「家族」生活書院、118-137: 2013)と、「『熱を出した子ども』をめぐるケアの『私事化』と『脱私事化』――『親が看るか』『病児保育の支援をうけるか』で揺れる養育者の体験を手がかりに」(米村千代編『境界と差異の社会学』人文社会科学研究科研究プロジェクト報告書、第二六〇集、千葉大学大学院人文社会科学研究科、102-119: 2014)といった主に二つの論文を加筆・補筆したものでもある。

また、子育てや子育て支援をめぐる〈つながり〉にまよい、とまどう私のことについては、雑誌『支援』1号のコラムでも取り上げたともある(「『つなまよ』『つなとま』な人たちのケアや支援」『支援』1号、生活書院、168-169: 2011)。

そして、雑誌『支援』のブックガイドのコーナーで書いた文章も盛り込んでいる(「〝父〟をこじらせる私の癒やし本〔ブックガイド：竹内章郎・藤谷秀著『哲学する〈父(わたし)〉たちの語らい――ダウン症・自閉症の〈娘(あなた)〉との暮らし』生活思想社、2013〕『支援』5号、特集：わけること、わけないこと』生活書院、322-323: 2015)。

さらにさかのぼれば、ここでの文章は、そもそも、中根成寿氏の本の書評(「書評　中根成寿著『知的障害者家族の臨床社会学――社会と家族でケアを分有するために』明石書店」『障害学研究3』日本障害学会、明石書店、170-190: 2008)で、書評であるのにもかかわらず、「自己もの語り」をしてしまったことには

じまっていることにつきる。第一章の文章は、今までに書いて出した文章を再構成したものでもある。

つぎに、第二章「〈わけられ〉をめぐる〈つなまよ〉〈つなとま〉――〈わけられ〉のあらがいと、〈わけない〉なかの〈わけられ〉と」では、「『がっこう』のかっこう、『みんな』と『ひとり』としてのかっこう ――〈わけられ〉のあらがいと、〈わけない〉なかの〈わけられ〉と」(『支援』5号、特集：わけること、わけないこと、生活書院、38-58: 2015) の文章に加筆し、補筆したものとなっている。題名も本にまとめるに際して改めている。

わたしは、小学校時代から「がっこう」という場のなかで、〈わけられ〉てしまうこと、「決めつけ」られてしまうことがイヤでイヤでしょうがないところがままあった。とくに、「いじめ（られている）」と〈わけられ〉てしまうこと、「決めつけ」られてしまうことにムキなほどにあらがっていた。

そのため、「いじめられっ子」と「いじめっ子」とを明確にわけて論じている「いじめ」に関する議論を見聞きするたび、自分にとってしてみれば、何か、どこか、ちゃうなあ、と思いつづけてきた。そんな〈わけられ〉てしまうことへのあらがいと、〈わけられ〉ていないようにみえて、〈わけられ〉てしまっていることの「がっこう」のすがた（かっこう）について、「いじめ」論に〈わけられ〉、とじこめられてしまわないような「自己エスノグラフィ」を描いてみている。

第三章「ケア・支援をめぐる〝むき出し〟な〈つながり〉――ケア・支援する人の〝こころのパンツ〟の脱ぎっぷりと暮らしぶり」は、「ケア・支援の〝むき出し〟」(『支援』4号、特集：支援で食べていく』生活書院、55-70: 2014) の文章に加筆し、補筆したものとなっている。

第三章の文章では、この文章のなかで取り上げている宅老所「井戸端げんき」について書いたもの（「支援の現場を訪ねて　井戸端げんき（木更津市）」『支援』1号」生活書院、138-139: 2011）も盛り込んで書き直している。

第四章「〈つながり〉の〝病み〟と〝闇〟をだきよせて」は、「〈つながり〉の〝病み〟と〝闇〟をだきよせて」（『支援』7号、特集：つながりにまよう、とまどう』生活書院、12-34: 2017）の文章に加筆し、補筆したものとなっている。

第四章の前には、この章で取り上げている次世代デイサービス「DAYS　BLG！」について書いたもの（「支援の現場を訪ねて　デイの行き帰りは〝BMW〟に乗って　DAYS　BLG！（町田市）」『支援』5号、特集：わけること、わけないこと、生活書院、273-282: 2015）を載せている。これもまた、雑誌『支援』の「支援の現場を訪ねて」のコーナーで書いたものである。

第五章「〈いのち〉をめぐる〈つなまよ〉〈つなとま〉――〝ささらほうさら〟な〈いのち〉、かみしめる」は、「〝ささらほうさら〟な〈いのち〉、かみしめる」（『支援』8号、特集：どうこうしちゃえるもんなの？命、生活書院、10-30: 2018）の文章に加筆し、補筆したものとなっている。

第六章「〝予め、ふせぐ〟ことからのおいてけぼり――青い空の下で、もれ出ずる〈ウンチ〉とわたしの自己エスノグラフィ」は、『支援』10号（特集：シノゴノの10年、生活書院、60-86: 2020）の文章に加筆し、補筆したものとなっている。この文章の副題ではじめて、「自己エスノグラフィ」という語を用いて文章を描いている。

第七章「『介護予防』は人の生の〝あおり運転〟になってしまわないか?――『介護（非）予防（無）運動（未）指導員?』への道すがら」は、『支援』10号（特集：シノゴノの10年、生活書院、204-219: 2020）でのエッセイの文章に加筆し、補筆したものとなっている。

第八章「〈うつる〉を、〝からかう〟?――〝オンライン・ジンメン〟をめぐる、わたしの病み（闇?）体験から」は、『支援』11号（特集：うちでなにする? そとでどうする?、生活書院、30-51: 2021）の文章を補筆したものとなっている。

終章「ケアや支援をめぐる〈つながり〉のまよい、とまどいをかみしめて」の文章の一部は、「〝めざす〟当事者と、〝すごす〟〈その人〉と――『認知症の当事者』と呼ばれた人とのかかわり合いで思うこと」（『支援』2号、特集：「当事者」はどこにいる?、生活書院、72-85: 2012）の文章に加筆し、補筆したものとなっている。

本書は、私が二〇一一年から二〇二一年にかけて、主に雑誌『支援』で書いてきた文章をもとにまとめられている。それぞれの章は連続したものではないので、読者の方は気になった章から読んでいただきたい。それぞれの章で、ケアや支援をめぐる〈つながり〉にまよい、とまどっているわたし自身の〈つなまよ〉〈つなとま〉ぶりをご笑覧いただけると、これ幸いである。

【注】

（1）「交わし合い」としての〈つながり〉と「躱し合い」としての〈つながり〉についての考察については、以前わたしが「認知症」とされる人たちと、どのように「交わし合い」や「躱し合い」をしてきたか、つらつらと描いているものがある（出口 2016）。

（2）日本でも、社会学や文化人類学、ソーシャルワーク、教育学、発達心理学などの学問領域で「自己エスノグラフィ」というかたちで優れた研究や論考をしている人たちがいる（岡原 2014、濱 2012、松田 2010; 2012; 2015、すぎむら 2014、沖潮（原田）2016）。

【文献】

出口泰靖　2013　「『子育て〈支援〉』にこじれ、『〈支援〉される家族』にこじれて」『支援』3号、生活書院、118-137

出口泰靖　2011　「『つなまよ』『つなとま』な人たちのケアや支援」『支援』1号、生活書院、168-169

出口泰靖　2016　『あなたを「認知症」と呼ぶ前に――〈かわし合う〉あなたと私とのフィールドワーク』生活書院

出口泰靖　2017　支援7号リード文「〈つながり〉にまよう・とまどう、あなたは?」『支援』7号、生活書院

出口泰靖　2017　「編集後記」『支援』7号、260

Elis,C.,&Bochner,A.P,2000 "Autoethnography, personal narrative, reflexivity: Research as subject." In N.K.Denzin,& Y.S.Lincolon, (eds). The handbook of qualitative research (2nd edition) ,Thousand Oask,CA: Sage Publication. (=2006 藤原顕訳「自己エスノグラフィー・個人的語り・再帰性：研究対象としての研究者」平山満義監訳『質的研究ハンドブック 3巻：質的研究資料の収集と解釈』北大路書店、129-164

濱雄亮　2012　自己エスノグラフィの実践と医療人類学における活用『文化人類学研究』13、15-31

井本由紀　2013　「オートエスノグラフィー」藤田結子・北村文編『現代エスノグラフィー：新しいフィールドワー

クの理論と実践』新曜社、104-111
松田博幸　2010「ソーシャルワーカーはセルフヘルプ・グループから何を得ることができるのか？：自己エスノグラフィーの試み」『社會問題研究』59、31-42
松田博幸　2012「当事者性をめぐる自己エスノグラフィーの試み」日本社会福祉学会編『ソーシャルワークの思想』217-244
松田博幸　2015「ワーカーのオートエスノグラフィー――どこまで反省的になれるか」児島亜紀子編『社会的福祉実践における主体性を尊重した対等な関わりは可能か：利用者‐援助者関係を考える』ミネルヴァ書房、123-150
岡原正幸　2014「喘息児としての私――感情を生きもどすオートエスノグラフィー」岡原正幸、他著『感情を生きる――パフォーマティブ社会学へ』慶應義塾大学三田哲学会叢書、75-123
沖潮（原田）満里子　2016「障害者のきょうだいが抱える揺らぎ：自己エスノグラフィにおける物語の生成とその語り直し」『発達心理学研究』27巻2号、125-136
すぎむらなおみ　2014『養護教諭の社会学――学校文化・ジェンダー・同化』名古屋大学出版会
若林幹夫　2007『社会学入門一歩前』ＮＴＴ出版

第一章

子育て〈支援〉と〈つながる〉ことにこじれて

――家族ケアの「私事化」と「脱私事化」とのはざまで

1 「アンタは、わたしに頼めるのか?」

(1) うろたえ、言いよどむ、わたし

「それで、アンタは、わたしに頼めるのか?」

以前、わたしは、ある生涯学習の講座で「子育て〈支援〉」について話す機会があった。そこでは、「病児・病後児保育」という子育て〈支援〉について話をした。まず自分の子育ての体験話からはじめ

た。

子どもが乳幼児期に保育園に通いはじめてから頻繁に風邪をひいたり病気になったりするようになって、「保育園通い」ではなく「病院通い」をし続けてしまった。病中・病後の子どもは他の子にうつす可能性もあって保育園では預かってくれない。その場合、養育者は子どもを看るために仕事を休む必要が出てくる。だが子どもが突発的な発熱の場合、あらかじめ決まっていた仕事を放り出すわけにもいかない。

そんな子どもが急な病気の時、養育者は仕事が休むことができず、祖父母や親族にも頼めない場合、家族や親族以外に「急に熱を出した子ども」を引き受けて預かってくれ、子どもの体調管理もみてくれる「病児・病後児保育」という子育て〈支援〉がある。その〈支援〉の仕組みについて取り上げて話をした。

わたしも「病児・病後児保育所」に二、三回お願いしたことがあった。そこは小児科の病院の併設で、そこの保育士は体調のよくない子どもたちをみることに慣れており、わたしの娘に対してもテキパキと応対していただき、よく看てくれたことも話した。

最後に、就労形態が多様化し、親族や近隣などのつながりが弱まっている現代社会において、子育てでも介護でも家族だけでまかなっていくことは難しい、なので「家族の他」からの支えを受けながら子育てをする必要がある。いわゆる、「ケア（育児）の社会化」といわれるものである。今後の課題としては、「家族の他」からの支え「ケア（育児）の社会化」をどのようにうけやすくするかだと思う、ということで話を締めくくった。
冒頭の「アンタは、わたしに頼めるのか?」というコトバは、そのときに出た質問だった。「アンタはそんなことを言うが、アンタの大切な子どもを、しかも病気で熱出してウンウン言っているときに、例えば私のような『赤の他人』に子どもの命を預けられるのか？　アンタはまかせられるのか?」という質問だった。

子どもが病気のときにまで親が仕事に出て「赤の他人」に任せていいのか。そのような支援は果たして信頼に足るのか。やはり、そこは「赤の他人」に任せるのではなく、親や家族が子どもをみた方がいいのではないか。そんな時は何といっても家族が看るのが一番なのは当然だろ?「子育て〈支援〉論」といった「〇〇すべき論」についてはともかく、アンタ自身は実際のところどうなのよ？　質問をした人は、わたしの胸ぐらを、わっとつかむように問いつめた。

それに対して、わたしは、「そうですね。でも、どうしても親だけでは子育てはやっていけないところがありまして、家族だけではなく、外部のサービスを使って、家族以外の人たちとつながっていかないと……」と、「講演者」として平静をとりつくろうとした。そして、さも訳知り顔で答えようとつとめた。だが、内心の狼狽は隠しきれず、見事なまでにうろたえてしまった。

「アンタ自身はどうなのよ?」という問いだったのにもかかわらず、自分自身のことをうまく答えられず、明確な答えを避けて逃げてしまうかたちとなってしまった。[1]

(2) なぜ、うろたえ、言いよどんだのか?

「アンタは、わたしに頼めるのか? アンタはどうなのよ?」という胸ぐらをつかまれるような問いかけに対し、なぜ、わたしはうろたえ、言いよどんでしまったのか。それは、その人の意見におおいに賛同してしまうような気持ちを捨てきれない自分がいたからだ。

前述したように、わたしたちは病児・病後児保育の支援をうけたことにはうけた。だが、実のところといえば、その支援をその後も頻繁にうけることはなかった。

もちろん保育士さんはよく看てくれた。だがしかし、ただでさえ体調のよくない子どもをほとんどなじみのない環境に置いていくことに、しのびない思いにしめつけられてしまったというのが正直なところであった。

しかしながら、わたしのような夫婦で共働きの家庭の場合、夫婦がどちらかで休むことはできず、いざというときのために、親だけではなくいろんな人たちにもお願いして子どもをみてくれるようなサポート体制を自分たちでつくっておかないといけないだろうと思った。特に、SOSで唯一駆けつけてくれる妻の実家の父母も、畑仕事をしているため、農繁期には預かってくれることができにくい。

このことを考慮し、妻と相談した結果、「ファミリーサポートセンター」の「利用(依頼)会員」として登録をすることになった。

「ファミリーサポートセンター」(以下、「ファミサポ」と略す)は、市や町、区の自治体や社会福祉協議会などが運営している。そこでは、地域の「子どもを預かってみてほしい」という子どもの親と、

「預かってもいい」という人（主に子育て経験者、たいていは子育てが一段落した中高年層の女性が多い）が、それぞれ「利用（依頼）会員」「提供（サポート）会員」として登録し（なかには「利用会員」としても「提供会員」としても登録する「両方会員」という人もいる）、登録した会員同士で子どもを預かってもらい／預かる、という互助制度である。

「ファミサポ」の保育内容は、保育園での保育時間の前後の保育や送迎、親の急な残業や所用時などの一時保育、などがある。「ファミサポ」の場合、病児・病後児保育をしない、という所もあるが、地域によっては、病児・病後児保育をお願いできるサポート会員もおり（看護師だった人もいるということで）、病児・病後児保育も事業内容の項目にあげているところもある。

（3）「家族の他に頼み手を（「ケアの脱私事化」）」という考えと、「『他人』にまかせず自分の手で（「ケアの私事化」）」という思いとのはざまで

だが結局のところ「ファミサポ」の場合も、登録後、わたしたちは、提供会員さんに子どもを預けたことはなく、利用することなく終わってしまった。今までも何度かピンチに見舞われたのだが、なんとかわたしたち夫婦や妻の実家の父母など親族のネットワークでしのいできた。なので、そこまでせっぱ詰まったことになることはなかったのでは、と言われればそうなのかもしれない。

ただやはりそこは、「やはりここはなんとか親が」「他人の手を借りてまですることなのか？」「できることなら他人にまかせず自分の手で」という意識が、わたしの方でいまだに引っかかり、その気持ち

がまさっていたのかもしれない。このことについてわたし自身、うまく理由が説明できない。

家族社会学における近代家族論の概念として「家族ケアの私事化」というものがある。「家族ケアの私事化」とは例えば、従来には家族外（地域など）で担われてきた面もあったケア（育児、介護）の役割や機能が、「家族の内部の成員だけで担われる」傾向のことが含まれる。

近代以降の家族は、婚姻や子育て、日常的な生活の共同等様々な面で外部の干渉を逃れて、プライバシーを保ち、あたたかな家内性を育むことができるようになった。それらは個人が家族から得る情緒的な満足度を高め情緒的なつながりをえた。

だが、それはまた一方で、夫婦・親子の小規模な家族の凝集性があまりにも高くなったがゆえに、家族が親族や地域から孤立し、一種の密室となっていて、家族が外部からの重要な支えを失い、家族の他からの支えが得られなくなり、脆弱になった、と家族社会学者の牟田和恵は指摘している（牟田 2005）。

わたしが子どもの親として、子育て〈支援〉にこじれて「家族ケアの私事化」にからめられてしまっているのは、牟田が論じているように、「夫婦・親子の情緒的なつながりが濃密」であるがゆえに、かえって家族外部の他からの支えを得られにくいものにさせているからなのであろうか。「内閉的で排他的な家族のありよう」にしばられ、とらわれているからなのであろうか。わたし自身が「家族ケア規範」にとらわれ、逃れることができず、こじれているからなのだろうか。

しかし、その一方で、現代の社会では、政府や地方自治体の社会制度や行政機関、あるいは社会福祉法人、医療法人、私企業などの組織による家庭内への介入やサポートの提供が増加する、という意味での「脱私事化」もすすんでいる（鮎川1998）。

例えば、介護保険制度が施行されて以降、高齢者介護では家族の外部からもたらされるサービスが大きなウェイトを占めるようになった。そして、家族の内部で「囲い込まれ」がちだった介護の機能が、世帯の外側で果たされるようにもなってきている（鮎川1998）。たしかに、制度・政策面に限っていえば、「育児の社会化」や「介護の社会化」といわれているように、「家族ケアの脱私事化」は進められているだろうと思う。

しかし、わたし自身に限っていえば「わたしがやらねば誰がやる」といった気持ちは捨てきれないでいた。まだまだ、わたしは「家族ケアの私事化」にからめとられてしまっている。「できることなら他人にまかせたくない」という「ケアを脱家族化させたくない」意識、この「ケアの私事化」意識は、わたし自身が親になってみてはじめて身をもって感じた意識であった。こんな「ケアを脱家族化させたくない」という「家族ケア規範意識」を、まさか自分がこんなにも強くもつようになるとは。子どもをもつ以前には思いもよらないことであった。

「アンタは、頼めるのか？」という質問に対し、わたしがうろたえたのは、家族以外の助け手の支援をうけること（「ケアの社会化」）を「必要だ」「良いことだ」と研究上では考えていても、実際の暮らしぶりでは「やはりここはなんとか親が」「他人にまかせず自分の手で」といった首尾一貫しない、ブレまくっている、相反する矛盾した思いを抱いている自分がそこにいたからである。結局、家族の他からの支えをうけること（「ケアの脱私事化」）ができないでいるわたしの姿を言い当てられたように感じたからだ。

研究者や論者の立場では、「ケアの脱私事化」（家族だけでなく家族以外からの支援をうける必要があること）をさも偉そうに言っていても、親としてのあんたは実際やってないじゃないか。「家族がケアをしなければ」といった「家族ケア規範」にどっぷりからめとられているじゃないか。言っていることとやっていることが違ってんじゃないのか。その人から自分のことを見透かされ、突きつけられた気持ちになってしまったのである。

2 子育てをめぐる「ケアの私事化」にこじれる、わたし

（1）「保育園通い」ではなく「病院通い」に

娘が一歳になって保育園に通いはじめた時のことだった。保育園に通いはじめてからそのとたん、娘は風邪や病気をいろいろともらってきては、三八〜三九度の熱を頻繁に出すようになった。最初に熱を出したとき、駆け込んだ小児科の病院で、点滴をすることになった。大人だと一時間弱で終わるところのものが、乳幼児だと五、六時間はかかった。点滴中、むずがり、ぐずりつづける娘を落ち着かせようとずっと立ったままたて抱っこをつづけなければならなかった。それはまるで筋トレで一〇キロの米袋をずっと抱えているようであった。[1]

しばらく抱っこをしていると、娘は疲れてウトウトと胸でうなだれてきた。そろそろベッドに横になって寝てくれるかな、と思い、そろ〜っとベッドに降ろそうとする。すると、わたしの腕から離れたことがわかるのか、目覚め、ぐずって、左右に体を揺らす。そのため、点滴台が倒れそうになった。しかたなく、わたしはスジがしびれてきた腕に叱咤して、また抱っこを続けなければならなかった。やっと点滴につながれた状態から解放されて病院の外へ出る。すると、もうとっぷり日も暮れはて夜になっていた。一日がかりの付き添いで、カラダもココロもグッタリだった。

娘の場合、熱を出したときに、中耳炎をおこしたこともあり、耳を切開して膿を出してもらう処置をしなければならない、ということで小児科だけではなく、耳鼻科にも通わなければならなくなった。その耳鼻科医では、しばらく耳に膿がたまったりするから、耳の炎症がどうなっているかみるので毎日通ってくるように、と言われた。

子どもの中耳炎が治るまで、夫婦でなんとか時間を都合させて、どちらもだめな場合は妻の実家の父母にお願いしながら、毎日耳鼻科にも通う日々が続いた。しかも、治ったかな、と思って保育園に行かせると、また風邪や熱を出し、風邪をひき熱を出すごとに、中耳炎を併発しないように小児科だけではなく耳鼻科にも通う日々が続いた。

こうして、保育園に入って八か月間は、「保育園通い」ではなく、「病院通い」をし続けるという時期がしばらく続いた。

（2）ふとんにふっとばす、わたしのなかの「虐待？？ごころ」

世にいう子育てなるものが、これほどまでに大変なことだとは……。と同時に、心身ともにヘロヘロになりながらも「なんとかして自分と妻で子どもをみよう」と身体の中で突き動かされるものがあった。どちらかといえば、これだけ（子どもの病気だけ）は他人の手にゆだねず（医療的な面では小児科医や耳鼻科医や看護師にゆだねてはいるのだが）、自分でみよう、自分でみたい、という自ら「ケアの私事化」へ向かうという思いがなぜか前面にたつことに我ながら驚きを隠しきれなかった。

しかし、親であっても一人の人間である。子どものためとはいえ、頑張りや我慢にも、限界がある。「一人だけで」、「相手のすべて」を「まるごと」ひきうけてケアや支援していくことは、とてもながら難しいし、できない。特に、看病をしている親であるわたしの方も、看病疲れで免疫がさがっているせいもあって、看病しているうちに子どもの熱がうつってしまい、親子共倒れ、という状態がよくあった。子どもの熱をもらって、親であるわたしのからだも弱ってくると、気持ちもどんどんマイナス思考になってくる。今の時期に風邪や病気をすると、ほんとに子どもは丈夫になるのだろうか。成長していくと、そんなに風邪をひいたり熱が出たりしなくなるのだろうか。ふつふつと、さまざまな不安がよぎってくる。家の中で一日中、子どものケアをすることで、たえず気の休まらない感じのなか、どんどん気が滅入っていく自分がいた。

わたしは、独身時代から自分のことを「子ども好き」だと自負してきた。その自負は木っ端みじんに吹き飛ばされてしまった。そもそも、わたしには自分の子どもに対してフィールドワーカーとしての

「淡い期待」があった。子どもが産まれた年から、その親であるわたしとわたしの子どもとの関係についてもフィールドワークできるのでは、と思ったのだ。

自分の子どもができたら、乳母車に子どもを乗せて「大五郎！」「ちゃん！」と呼び合って親と子で強い絆で結ばれている「子連れ狼」のように、子どもと自分とのやりとりをフィールドワークして、フィールドノートにつけていきたい、そう思っていた。

しかし、その考えはヒジョーに甘かったことに気がつくのはそう遅くはなかった。フィールドワークをするとか、フィールドノートをつけるとか、考察するとかという、そんな余裕は与えてはくれなかった。

ある日、三日間連続で子どもの看病をしたことがあった。三日目の昼食のときのことである。お腹のやさしい消化のよいものを、とウドンをつくって用意した。しかし、娘はウドンを前にしてハシをもとうとしてくれない。

ハシをとろうとしない、食べてくれない。それは、明らかに子どもの食欲が落ちているからだろう。そうとわたし自身わかっているにもかかわらず、三日目になって、さすがに看病疲れがピークに達したのか、はたまた、はかどっていない自分の仕事のことが頭にあったのだろうか、子どもに対して「どれなら食べられる？　食パン？　白いご飯？　おかゆ？」とイライラして尋問のように聞いてしまい、ついには「どれ？　なに？　どっち？」と声をあらげてしまった。

そんなこと熱で体力や思考能力が低下している子どもに聞いてもハッキリしたニーズ（意思表示）な

んて出るわけない。そんなことなんて、自分だってわかっているのに。

わたしが声を荒げた後、おびえた目でわたしを見ながら、子どもはしばらく黙っていた。そして、目からポロポロポロポロポロ……と大粒の涙をこぼし出した。それから、ポツポツと泣きべそをかきながら、嗚咽をあげながら、ようやっとの感じで声をだした。「お腹がすいてる感じがするけど、何が食べたいのか自分でもわからないの。パパがいっしょに食べてくれればそれが食べたくなるかも」。そう言われて、あああああーまたダメ親やってしもたー、とドーンとハンマーで頭を叩かれた気分にさせられた。そやなー、他の人が食べてるもんはおいしそうに見えるしなー。これまでわたしは看病中、自分がうつされて倒れてはアカンとばかりに、子どもと一緒に同じごはんを食べることをさけとったわー、情けない、ああ自分が情けない。ケアラーとして、親としてワイは失格や。

その後、おかゆが嫌いな娘のために、やわらかめに炊いた白いご飯に味海苔を巻いて二人でいっしょに食べた。お腹がゆるい子どもにとって、消化の悪い海苔をあまり食べさせ過ぎるのはからだによくない。よくないとわかっていたけど、いっしょに食べた。「これなら食べられる?」「うん、おいしい」。「さっきはゴメンね。おっきい声出して怒って」。「うん」。

自己嫌悪におちいり大いに反省した後、それでも、時に、またしても、わたしは自分のイライラを娘にぶつけてしまうときがあった。娘が機嫌が悪くぐずってばかりいたときに、最初は所詮子どもの言っていることだから真に受けまい、と左から右に受け流そうとするのだが、そのうち、眉間の奥の方が重く鈍い痛みが差し込み、イライラは最高潮に達すると、目の上、目の奥に血が上るような感覚を覚え、頭のどこかの線がブチーンと切れてしまって「いつまでもブチブチ言ってんじゃない！！」大声で叫んでしまったりもした。その直後、またやってしもたー、となる。

時にはイライラが高じて、子どもに手をあげそうになって、そこをなんとか思いとどまり、それでも体が言うことをきかず、思わず子どもを抱きかかえて、子どもをブーンと「ふとんにふっとばす」こともあった。子どもをふとんにふっとばしながら、わたしのなかに、なんとなくある〈理想の子育て〉なるものが、「現実の子育て」のなかでふっとんでしまい、そんな淡い理想を思い描いていた自分がふっとばされてしまう。

虐待をする親が、怒りのおさまらないまま、怒りの矛先を子どもに向けてしまう、子どもにぶちまけてしまう。これは、わたしもまた、やっていることであったのだった。虐待の親がやってしまい、わたしがまだやってしまっていないことは、親であるわたし自身が子どもの生命に危険をさらしている、生命に危険を与えていることをしていない（であろうと思いたい）、ただその一点のみにしかすぎない（これが案外大きいといえば大きいことなのだが）。

「虐待する親」というのは、ある特定の人、性格に変調のある人がそうなると思っている人は少なくないと思う。「虐待」してしまいかねない、この、寸止め状態の、「息が詰まる」ような、わたしの、この感じ。

わたしは、いつ、どこで、虐待をしかねないことを、やってしまうのだろうか、とか、周囲の人は子どもの泣き声を聞いて、わたしを「虐待予備軍」とラベリングするのかもしれない、とか、自分で自分の振る舞いにハラハラさせられる。

何とかしたい、何とかしなければ、という思いだけは日に日にましていく。

(3)「こんなことで来ないでくれませんか?」——生殺与奪がわたしのこの手に握られている!?

子どもが乳幼児期のとき、妻が夜勤のある勤務の時期があった。妻が夜勤のため、娘と二人きりで過ごす夜。そんな中、急に吐いて泣き出すことがあった。

一番頼りになる妻に相談することなどできるわけもなく、一人で「どないしよー、どないしよー」とあわてふためき、頭がパニックになりながら、とりあえず汚れたシーツや娘のパジャマ、タオルやふきんを洗濯機に放り込み、娘を着替えさせたり、口の中をうがいさせたり、水分をとらせたり、体温計を娘のからだにあてて熱をはかりながら、落ち着け、自分、と自分で自分に言い聞かせる。

病院に行くべきか、このまま家で様子を見るべきか、いや、もしも、このまま様子見で重い症状が出てしまったら、一生後悔もんだと「ええいままよっ」と夜間小児救急をしている病院に電話をかけて、娘の体を冷やさないように毛布でくるみ、急ぎ車のエンジンをかけて夜の道へとすべり出てゆく。

不安が高じて夜間救急に駆け込んだのだが、当直の医者に言わせると「ただのお腹のかぜですよ。家で安静にしてれば大丈夫です」とのこと。不安で頭がいっぱいのわたしはホーッと胸をなでおろす。

だが、医者の一言が「ただの風邪でなんてことないです、心配性ですね」と言われたかのように聞こえてしまった。さも「これぐらいのことで来ないでくれませんか?」と言われたかのようにも聞こえてしまった。さぞバカ親とみられているのだろうなあ、とドッと落ち込んでしまう自分がいた。

医者からしてみれば、小児救急に駆け込まれてくる子どもの多くは夜間に来なくても大丈夫な症状のものだと思っているだろう。子どもの状態が重くなくても、親が不安にかられて夜間救急に駆け込む場合が多いため、本当に受診や早急の治療が必要な子どもが後回しにさせてしまう危険がある、と小児夜間救急の問題として取り上げられていることは、「バカ親」のわたしでも知っていた。

ただ、しかし、不安なときはすぐにも医者に診てもらいたいし、夜中に熱にうなされ、吐いてグッタリしている子どもを目の前にして不安に押しつぶされそうなまま一夜を過ごすことはとても耐え難い。そんな気持ちはどこに落ち着かせればいいのだろうか。

子どもを生かすも死なすのも、わたしのこの手に、この身にかかっている、生殺与奪がわたしの手に握られていると思うと、不安と恐さで我が身がうち震えてしまう自分がいた。今もその不安と恐さから逃れられたことはない。こう書いてしまうと、こいつは子育て不安にかられている、子育てに自信がない奴なんだ、と思われてしまうに違いない。

あるいは、子育てに熱心で、子どもを育てることにわが身を捨てて全身全霊で打ち込んでいるのか、と思われてしまうのかもしれない。だが、そんなに自分が子育てに自信が全くない、というわけでもないし、子育てのことしか頭にない、というわけでもない。

今までわたしは、主に「高齢者の介護現場」にフィールドワーク（参与観察）してきた。だが、その立ち位置は、いつでもその場から離れることができ、一息つけることができたわけだ。親になったら、おむつを代えること、夜泣きをする赤ん坊の子どもを抱っこし続けるなど、その場から子どもを捨てて逃げることは許されないのだ。

3 「脱私事化」にこじれるわたし（その1）——うけにくさ

(1)〈支援〉を受ける側が、提供する〈支援〉に合わせねばならない、のか？

アカン、このままでは、ホンマにアカン。このままでは、わたしは「育児不安な親」に、「虐待する親」になってしまう。やはりここは〝自分の手で〟とかたくなに考えてたらアカン。親や家族がすべてを背負い込むのではなく〝人の手〟をかりないと、「ケアの脱私事化」をはからないと。「育児の社会化」としての子育て〈支援〉につながらないと。わたしはそう思った。

「自分（親）がやらねば」「ここは何とか親が」「他人にまかせられない」という親の思い（「親性」）は、ある意味で知らず知らずのうちに「ケアの私事化」「家族ケア規範」にからめとられてしまう場合があると思う。

子どもが急に熱を出したとき、「ケア（看病）」をしなければならないアクターは、親でしかできないのか？　親以外にみることができるのであるのならば、誰がみることが可能なのだろうか？

以前のローカルコミュニティでの人と人とのつながりやつきあいが濃密だった社会においては、「親だけ」ではなかった状況もあったことであろう。子どもにとってしてみれば、体調がよくないとき、最も親密であろう人が側にいることで、不安がやわらぐことはあるであろう。ただ、子どもにとって最も親密であろう人が親であるかどうかは、その子どもの生活状況による。

また、親だけで熱や病気のある子どもを看つづけていくことには、時間的にも、肉体的・精神的にも限界がある。だからこそ、子どもと親が共倒れになる前に、親の代わりに子どもを看てもらえるための、安心して子どもを任せられる「ケアの脱私事化」としてのセーフティネット〈支援〉も必要だ。そう強く思う。

だが、そう強く思いながらも前述したように、わたしは病児保育やファミサポの〈支援〉にこじれてしまった。わたしが子どもの親として、子育て〈支援〉をうけられない、といった〈支援〉にこじれてしまったのは、「ケアの脱私事化」たる〈支援〉自体が「うけにくい」（と感じてしまった）ということがまず一つある。

わたしと同じく病児保育の〈支援〉を受けた体験がある白井も、「看護師が一対一で子どもの体調に留意しながら保育にあたってくれ」るなど、「もし利用できなかったら、生活のさまざまなところに支障をきたした」（白井 2009: 23）とそのサービスの恩恵について述べたが、この支援は制度的に利用しづらい面についても白井は述べている。例えば、「事前の登録と事前の医師の診断が必要」なことや「利用は土日を除く八～一八時まで」で「延長保育を行っていない」し「風邪の季節にはすでに定員が埋まって」いるのだ（白井 2009）。

わたしの場合も、病児保育を利用した際、所定の利用申請書と、保護者が子どもの容態を記入する病状連絡票、汗などをかくため着替えを何枚か、オムツ、日頃よく使って愛着あるオモチャや絵本、内服している薬、などなど持参するものが保育園以上にあった。病児保育所に行く前に、いろいろさまざまに準備が必要だった。〈支援〉との〈つながり〉をつける（〈支援〉をうける）こと自体、とても骨が折れることだった。

〈支援〉を受ける側が、提供する〈支援〉に合わせて動かなくてはならないような感覚。そんな感覚の中、わたしは、「めんどくささ」が先に立ってしまった。ムリしてでも自分が家で看た方がなんぼか楽、と思ってしまった。

このように実際のところ「病児・病後児保育」の〈支援〉を受けるのはけっこう難しい。結局白井は、養育者自身が仕事を休むか、親族などインフォーマルなネットワークに頼むか、病児対応ベビーシッターなど確実なサービスに依頼するか、別の選択肢を検討するのが現状だった（白井 2009）という。就労形態の多様化（休日や夜間の就労、不定期就労、派遣社員など）、親や近隣、友人の支援など、家族・近所のインフォーマルな支援の弱体化にある現代の社会のなか、子育てをする養育者の家庭の事情やニーズの多様化に対して現在の子育て支援制度は追いついていない（荒井 2009）。それは〈支援〉制度自体が、「子どもが健常児で、正規の被雇用者で、平日・日中の提示時間に就労し、産休と育休を取得でき、複数の保護者がいる」（白井 2009）といった「標準的な近代家族」を念頭においたままだからでもある。

こうした〈支援〉を受ける側が提供する〈支援〉に合わせることについて湯浅誠は、いくら支援サービスの制度を整えようとも、「実際にそれを利用する人たちの諸条件を整備しなければ、利用する人は出てこない」と論じている（湯浅 2008）。しかしながら、制度を利用する諸条件を整えるのは、利用する側に任されてしまっている現状がある。〈支援〉制度自体を整備すれば、こと足りるというものではない。利用する（利用するであろう）人たち自身が自らの手で、利用にこぎつけるまでの諸条件を整えることもまた必要となってしまう場合もある。〈支援〉を受ける側が〈支援〉に合わせなければならないのである。

利用する（利用するであろう）人たち自身が自らの手で、利用にこぎつけるまでの諸条件を整えなければならないという現状は、なにも子育て支援だけではなく、高齢者や障害者へのケアや支援に関するどの領域——とくにケアや支援を必要としている人たち——にも、さまざまな場面であてはまることではないだろうか。

（2）〈支援〉とつながる前に立ちつくし、迷い惑う——〝人の手を〟か、〝自分の手で〟か

また、支援をうけることができれば息がつけるかというとそうでもない。うけることができた（できる）としても、つまづく場合が少なくない。それはたとえば、「利用を躊躇することは間々ある」（白井 2009: 54）場合があげられる。支援をうけることに対して、その前に迷い、惑い、立ちつくし、様々な葛藤や悩みにぶつかってしまうのだ。

病後児保育の〈支援〉をうける場合、病中・病後で体調が万全でない子どもは、とくに精神的に不安

定だったり、いつもと違う保育所に不安になりがちである。こんな中、どうしても抜けられない仕事のためなど、いかんともしがたい理由で託児をするのだが、こんな時にそばにいてやれないなんてと、仕事を辞めたくなったり、身を切られるような思いがする、と病後児保育を利用した臼井はその心の内をのぞかせている（臼井 2009: 24）。彼女が夕方に子どもの迎えに行くと一日中柵にしがみついて「ママ」と泣いていたというその子の声は涸れていた、という彼女の述懐を読むと哀切な思いがよぎる。

わたしもまた、前述したように、「ファミサポ」による病児保育の〈支援〉は結局うけることはなかった。「ファミサポ」を利用しようと申し込みをした際、何人かのサポート会員さんと「お見合い」をした。そのとき、一人は車を使わないということで、もし何かあったときに病院に連れて行ってもらうことはムリだな、と思ったりしたことも利用までにいたらなかった理由なのかもしれない。

サポート会員さんは、多くが「子ども好き」な人たちである。ただ、「病気の時に預かるだけではなく、定期的にみたい」ということを間接的に言われると、病時にだけお願いするのに気がひけてしまったこともある。

「ファミサポ」のスタッフの人たちから聞き取り調査をしたときに、「利用する人は、勇気と覚悟、はじめの一歩という意識が必要」という話をしていた。しかし、家族外部の社会的資源を使うというのは、それほど気楽で気軽なものではなく、そこまで「勇気と覚悟」がいるものなのだろうか。

このように「支援の制度があっても、その利用をうけることを躊躇する」場合をどう考えればいいのだろうか。「困っているなら制度があるのでおおいに利用すればよい」と安易にすすめる声も聞く。しかし、「利用の躊躇」という脆弱さを抱えて生きる人たちに対してそのような声はなかなか届かないだろうし、逆にかえって耳障りなだけではないだろうか。

4 「脱私事化」にこじれるわたし（その2）——うけいれられなさ

（1）「親御さんも〝大変だった〟んですねえ」——支援する側と受ける側とのギャップ

子育て家族が子育て〈支援〉にこじらせるのは、〈支援〉の「うけにくさ」だけではなく、〈支援〉の「うけいれられなさ」もあるように思う。宮内は、私たちは「悩む主体」として繋がる可能性を有しているが、その際に、つながりを妨げている要因の一端は、「自らの苦悩の隠蔽」であり、自らの苦しみや悩みを表に出すことができない環境が、繋がりを妨げているのではないか、と論じている（宮内 2005）。

わたしたち夫婦が、ファミリーサポートセンターの子育て支援を受ける際、センターの支援者と話をするなかでその支援者から「親御さんも〝大変だった〟んですねえ」というコトバをかけられた。「親御さんも〝大変だった〟んですねえ」と言ったファミサポの支援者としては、「こうした支援を頼ってもいいんですよ」「自分だけで子育てを頑張るのではなく、悩みをもっと打ち明けていって、子育てを支援する人たちともっとつながっていきましょう」という意味で言ったのであろう。おそらく子育て支援者は、親の〈身になって〉発したコトバであったに違いない。そのコトバを受けとめる側の人によっては、そのコトバに救われ、肩の荷を少し降ろすことができた人もいるのかもしれない。

しかし、〈身をもって〉子育てをし、子育てにこじれているわたしにはそう受け取れなかった。その時の支援者からかけられたその言葉が何か、自分は「子育てが〝できない〟親」とみなされたように感じ、そしてまた、その支援者から「〈情け〉をかけられている」ように感じてしまった。そしてまた、支援者が見ている〝親の像〟との「隔たり」というのを感じた。

わたしは、子育てする親としての「悩む主体」としてファミサポの支援と〈つながり〉をつけようとした。だが、その支援者と〈つながり〉をつけられなかった。わたしのなかで、自らの苦しみや悩みを表に出すことができない、自らの苦悩を隠蔽してしまうような〈何か〉が生じたのだろう。

わたしは、自分と支援者との「隔たり」を感じた。その「隔たり」というのは、例えが適しているかどうかわからないが、「祭り」を企画、運営する人たちと「祭り」にただのぞきに来た程度の人たちとの「隔たり」なのかもしれない。企画、運営する人たちは、「祭り」に参加することは熱心かつ積極的で、参加者同士でワイワイと盛り上がっている一方で、行くだけ行って見ようと思って「祭り」に来ている人たちのなかには冷めてたり参加意識が低い、といったような「つながり」における温度差の感覚なのかもしれない。支援者のあいだだけで「盛り上がれば盛り上がるだけ」、支援を受ける側は「盛り下がっていく」、そんな「隔たり」を、〈支援〉をうけることに対する「うけいれられなさ」を私は感じたのかもしれない。

（2）〝だった〟という「一過性」の陥穽

また、〝だった〟という過去形の表現にも、〈支援〉をうけることに対する「うけいれられなさ」を感じたのかもしれない。わたしが「保育園行きはじめてから病気ばっかりしていて大変です」と「子育ての大変さ」を言うと、育児経験をしてきた人たちから「私の時もそうだった」「子どもを育てると皆経験することだから」「子どもとじっくり向き合える時期はこの時期しかないのだから、親ががんばらなきゃあね」とか、「今のじぶんに風邪や病気をする子どもは大きくなると病気しなくなるから（今はガマン、ガマン）」と慰めてくれ、励ましてくれた。

「この時期だけだから」という、この子育てをめぐってごくごく当たり前に言われ、とらわれているもの言いには、「一過性」の陥穽ともいうべき問題が潜んでいると杉山千佳は述べている（杉山 2005）。彼女は、「そもそも国民感情として『子育ては大変だ』と理解し、若い親たちの大変さに共感している人は実はあまり多くないのではないか」と、子育ての大変さに関して社会における認識の低さを指摘する。そして杉山は、子育ての問題がなかなか表面化しない要因のひとつに、「子育てが一過性のものであることを指摘している。

彼女によれば、子どもの成長に合わせて次々と新たな課題が生じてくるため、親たちは「先月の心配や不安を今月は忘れてしまう。そして、次に続く親たちがまた同じところでつまずく。その繰り返しで、何も解決されてこなかった」というのだ。

杉山の言うように、「子育てが一過性のもの」であるがゆえに、育児経験者であっても「喉元過ぎれば熱さを忘れる」かのように、「大変さ」が〝だった〟という「一時期のもの（だから、この時期だけ辛抱すればいいこと）」として転化され、「子育てが大変であること」の理解が社会に浸透しきれていないのではないだろうか。「子育ては大変だ」と声高に叫んでもどこか虚しくひびいてしまったり、「子育ては喜びの方が大きいのだから、そんなに大変って言うな」というような空気のなかでは、子育て〈支援〉が整えられていったとしても、その〈支援〉は子育て家族にとっては「うけやすさ」「うけいれやすさ」を感じるものになりえていかないのではないだろうか。

5 「ワーク・ライフ・バランス」とはいうけれど
――「ケアの私事化」と「脱私事化」とのはざまで人それぞれがもつ「家族ケア規範意識」によって引き裂かれる

（1）「子どもが熱を出したくらいで仕事を休むな」

働く養育者にとって「子どもが病気になった場合や病後の時期」の場合、「保育」による〈支援〉ではなく「就労」における〈支援〉のほうで柔軟に対応できるほうが望ましいと白井は述べる（白井 2009）。親が仕事を休んで子どもをみる場合、職場（の上司、同僚）の理解と協力が必要となってくる。

わたしの場合、当時のかかりつけの小児科医から「なんとか家でみれる体制をとってください」と言われた。だが、わたしも、妻も、仕事をそんなに休むというわけにもいかない。それでも、一週間に何回も職場を休み、会議を欠席や早退する日々が続いたりした。幸いにして、わたしの場合は、職場が協力的なこともあり、同僚からは「大変だねえ」と言ってくれ、わたし自身が仕事を休んで小児科や耳鼻科に娘を連れて行くことが数多くできた。[2]

しかしながら、職場の環境によっては「子どもが熱を出したくらいで仕事を休むな」と非難される場合も少なくない。以前、わたしが病児保育に関する調査を行った際に答えてくれた、Bさん（三〇歳代、女性、事務職員、子ども一人（六歳））は、育児のために休みが重なると、職場の上司や同僚の理解が難しくなってしまう、と言っている（出口 2014）。

彼女の場合の他にも、職場によっては、子どもが急に熱を出したので休ませて欲しい、早退させて欲しい、ということが何回も続くと「またか？」というような態度をとられることもあるという。また、サボっているわけではないのにサボっているような、後ろめたい気持ちも芽生えてくるという。

人によっては、子どもが熱を出して休むことが重なって、職場にいづらくなり、退職した人（特にそれはほとんどが母親だ）も少なくないだろう。「子どもが熱を出したぐらいで仕事を休むなよな」「そんなに休んでばかりだとこっちも仕事にならないんだよ」「そんなに頻繁に休まないといけないんだったら辞めてもらうしかないな」といったような、職場の無理解（職場の経営上やむをえない状況があるにせよ）がそこにはあるのではないだろうか。乳幼児期の子どもはちょっとしたことでも風邪を引いたり、熱をひいたり、感染症にかかりやすいものである。そんな、子どもが風邪や急な熱の時には親がみたいという「ケアへ向かいたい気持ち」を認めず、その思いを削ぐ「仕事中心社会」のあり方がそこにはある。

子どもが急に熱を出したとき、親は仕事を休んで子どもをみることができない。そんな「ライフ（私生活、親として子どもと共有する生活時間）」が「ワーク（仕事、労働）」によって圧迫される状況がある。子どもが急に熱を出したり病気になったりしたときに、「子どもをみたい」という自分の気持ちをぐっと押し殺してまで仕事に行かなければならないような、職場に手かせ足かせをはめられたような「仕事社会」の凝り固まりようを解きほぐすためには、職場のなかで何を変えていくことが必要なのだろうか。職場の環境によって「子どもが熱を出したくらいで仕事を休むな」と非難される。子どもを看るために休むのなら辞めてくれ、と脅される。そんなことで、子どもをみたい気持ちをグッと抑えて「やむなく、しかたなく」公的な病児保育サービス支援を用いるのならば、それは果たして「ケア（育児）の社会化」「家族ケアの脱私事化（ケアの脱家族化）」であるといえるのであろうか。

(2)「子どものことより仕事の方が大事なのか」

その一方で、病児保育の支援をうけるかたちで、熱を出し病気の子どもを預けて仕事をすると、職場以外の周囲の人からは「子どものことより仕事の方が大事なのか」と非難される場合もある。親自身が「親がみないと」と強く思い込む背景として、「子どもが熱が出たのなら、やはりここは親がみないと」という、誰ともなしに聞こえてくる声の存在があるのかもしれない。そんななかで、子どもから離れて仕事をすると「なんて親だ、子どもより仕事の方が大事なのか」という周囲からの非難が出てくるのかもしれない。

周囲の人から「子どものことより仕事の方が大事なのか」と非難されることで、養育者（特に母親）が仕事をやめて「ケアの私事化」に向かわざるをえないのも、ある意味で周囲の人たちによる「家族ケア規範」にからめとられてしまっているとはいえないだろうか。「子どものことより仕事の方が大事なのか」と非難されるなか、何の躊躇もなく、支援の「うけにくさ」「うけいれられなさ」も感じることなく、「ケア（育児）の社会化」として病児保育の支援をうけることは、なかなか難しい。

こうして養育者は、子どもが熱を出す度に、仕事に行けば周囲から非難され、仕事を休めば職場から非難されるという二進も三進もいかないジレンマにおちいる。「ワークライフバランス」や「両立支援」という制度とサービスが整備されつつ昨今である。だが、子どもの心身の負担を軽減しながら職場にも迷惑をかけず、なおかつ親自身の体調にも気をつけるというそのバランスをうまく乗りこなしていくことが、子どもの養育者にだけ要求されている。

（3）「ワークライフバランス」とはいうけれど……

「ワーク・ライフ・バランス（仕事と生活の調和）」による子育て〈支援〉としては、まず一つには、子育てと仕事とを両立するための支援の拡充であるだろう。ここでの話の場合だと、子どもが熱を出して休むことが重なって、「子どもが熱を出したぐらいで仕事を休むなよな」「そんなに休んでばかりだとこっちも仕事にならないんだよ」「そんなに頻繁に休まないといけないんだったら辞めてもらうしかないな」などと言われ、職場にいづらくなり、退職してしまうような人（それはほとんどが母親の方）を出さないように、病児保育の支援サービスを増やし、充実させていくことだろう。

ただしかし、ただたんに病児・病後児保育サービスを充実させることだけでは、「延長保育」が充実することで働く親の「長時間労働」が加重されてしまう恐れがあるのと同様に、「子どもが預けられるサービスがあるのなら、もっと長い時間働けるではないか」といったような長時間労働を強化する働き方を助長してしまいかねない。「育児（ケア）の脱私事化」のねらいは、親がさらに労働をしいられねばならない働き方を支援することでは決してない。

そこでやはり、子どもが急に熱を出したときに、同僚や上司に気兼ねすることなく養育者が気安く仕事を休める労働環境づくりが必要不可欠ということになるであろう。「子育てをしながら働く養育者が子どもが急に熱を出したときなどに子どもを看るために仕事を休むことがしやすい働く場」をつくり出し、「こどもが熱を出しても休めるような社会にするため」に「働き方」を変えていくことがひとつにはある。ただ、「こどもが熱を出しても誰にも気兼ねなく仕事を休めるような社会」は、早急に実現できるとはまだとても思えない。だからこそ、病児保育という子育て親の支援は欠かせない。

また、「こどもが熱を出したら親が仕事を休めるような社会」に対するとらえ方によっては、「こんなときには、なんといっても親が看るのが一番だ」という「家族ケア規範」のもとでとらえている人もいるかもしれない。この場合に気をつけなければならないのは、子どもが熱を出したからといって、こどもにとっても親にとってもいいことだからと決めつけて、「なんとしてもここは親がみなければならない」と強迫的に親に迫ることの危うさである。「ワークライフバランス」の元々の意図とは違って、かえって子育てをしながら働く親が「家族のケアの私事化」にからめとられる方向へ向かわせてしまうことはないのだろうか。

またさらに、「こどもが熱を出したら親が仕事を休めるような社会」にする方がいい、ととらえている人の中には、病児保育の支援をうけることによって、親と子の親密な絆やつながりを弱め、親がこどもを育てる責任感を失わせるのではないか、といった従来からあると思い込まれている家族の役割・機能を失わせるというとらえ方をする人もいるかもしれない。そういう人の場合は、「子どもが病時のときは家族が担うべき」という家族ケア規範意識が強いといえるだろう。

このように、人によって「ワーク・ライフ・バランス」をどのようにとらえるかで変わってくるといえるのではないだろうか。さらにいえば、「こどもが熱をだしたとき、誰が、どこで看るか」という問いに対して、「家族ケアの私事化」と「脱私事化」のはざまで人びとの意見や考えそして態度や行動がいろいろこじれてしまうのは、人びと一人ひとりで異なる「家族ケア規範意識」そして「家族とはこうあるべきという意識」がしみ出してしまうからなのかもしれない。

6　わたしは、アナタに、たのめるのか？
――「依存」を人間の基本的要件として

（1）人に「依る」こと

ここまでクドクドと言い訳めいたことを述べてきたが、そろそろ最後に、「アンタは、私に頼めんのか？」という問いかけにキチンと答えなければならないと思う。

でも、わたしは、あいかわらず、家族の他である人に依ることができず、ケアや支援にこじれて、うまくうけいれこなすことの出来ないでいる「脱私事化できない子育て者」であり、「ケアや支援の〈つながり〉難民者」である。とてもとても、「リスクヘッジ」だ、とばかりに積極的に器用にセーフティネットや〈支援〉を取り込んでいけるような「脱私事化できる人」には、まだまだとてもなれそうもない。かといって、親と子とで逃げ場がなくなってしまいかねないような関係性におちいってしまうことは避けなければならない。

白井は子育てをしていくのに「どだい私一人では無理なのだ」ということを思い知ったという（白井2009）。キテイ（Kittay1999=2010: キテイ 2011）は、「自立」を人間の基本的要件とした今までの時代の価値観を根底からつくりなおそうと提唱している。彼女は、私たち誰もがかつて誰かに「依存」していたし、またいつか誰かに「依存」せざるをえない状態になるかもしれないという「みな誰かお母さんの子ども」という考え方によって、「不可避の人間の依存」を人間の基本的要件としようと提唱している。このような「自立」を人間の基本的要件とした価値観から「依存」を人間の基本的要件とした価値観の組み替えはいかにして成し遂げられるであろうか。

（２）〈支援〉をうける役割にのみ甘んじてはならない、のか？

白井は、育児にたずさわる側は、「利用者」という「支援を受ける」役割にのみ甘んじてはならない、と主張している。彼らは、子育てにたずさわる者はただ消費者、受益者、客、被支援者であるのではなく、「シティズンシップ」にもとづいて子育て社会の参加者を目指すべきだ、と論じている（白井 2009: 253）。それは、子育てにたずさわる者自身が、子育てに関するネットワークのハブ（活動などの中心、中枢）として、さらにネットワーク化を促進できるというのだ。

例えば、ファミリーサポートなどの子育て支援ネットワークでは、支援を受けることも提供することも両方できる会員が存在する。このように、著者たちは子育て支援の制度やサービスを利用するだけではなく、子育て社会に参加し、創り上げ、改善するというアクティブな姿勢の必要性を唱えている。

もちろん、ある子育て家庭は「主体的に」「アクティブに」行っていける場合もあるだろう。あるいは、とりあえず、なりゆきで、なしくずし的に、なんとなく「支援者と家族ぐるみのつきあい」の関係になっていた、という場合もあるだろう。だが、「わらをもつかむ」思いで〈支援〉をうけるだけで手一杯という子育て家庭もあるだろう。「家族ぐるみのつきあい」と「ケアサービスとして利用するだけ」

のつき合いといった、つき合いの度合いや程度にもそれぞれの家庭の事情や状況で振り幅がある。

それぞれの子育て家庭では、個々での固有の特異な事情の違いがある。そして綱渡り状態のなかで子育てをしながら、自らの暮らしを保ちつづけるために利用するのが「子育て支援」なのだが、その支援をうけるにいたるまで手探りの連続であり、それまで綱渡りのような子育ての日々が続き、支援をうけることができたら息がつけるかというとそうでもなく、支援をうけてからもさまざまな葛藤や悩みにさいなまれる。

実際の家族のあり方が多様であるならば、「こどもが熱をだしたとき、誰が、どこで看るか」という問いに対して、「単一で一元的な処方箋」というものは意味をなさないのだろう。どれがいい、どうすべきだ、どれをとるべきだ、という答えは事前にあるわけではないだろう。ただし、「モデル化・理想化されたいわゆる標準家族」にとらわれず、からめとられずに、それぞれの家族がおかれた事情や状況に即して、どう考え、どうすべきなのか、人びとそれぞれの、それぞれの事情を軽んじない配慮がなされる必要があるのだろう。

(3) わたしは、あなたに、たのめるのか?

娘は一歳になってから通い始めた(というか通うことはほとんどできなかったのだが)保育園に通うのをやめた。はじめに通った保育園をやめてしまったのは、一歳児クラスでもかなりの大人数の園児がいたため、一歳になってすぐにいきなり数多くの子どもたちのなかに放り込まれて疲れてしまったのではないかと思ったからだ。

はじめに通った保育園では保育士さんにも大変よくしていただいた。わたしたち親としても大人数の保育園ではあっても野生児のように遊んでいる様子をみて、そういったところで揉まれてたくましく育ってくれれば、という親の身勝手な願いでその保育園を選んだわけであった。

だが、通わせてみてはじめてわかったことがあった。乳幼児を保育園という環境に慣れさせていく期間として、娘の一歳の誕生日を迎える前に「ならし保育」というのがあった。最初の日は午前一〇時頃から一一時ぐらいまでの一時間、保育園で預かってもらい、子どもははじめて長い時間、親から離れて他の子供たちと保育園の先生と時間を過ごすことになった。その次の日は午前中、その次の日はお昼まで、その次にはお昼寝まで、とじょじょに子どもを保育園に慣らさせていく。

ただ、子どもからしてみれば、自分の意思と関係なく、親から引き離されるのである。娘としては、まだ一歳なので、なぜこんなところ（保育園）に来させられ、なじみのある人たち（母親や父親、祖父母）から離れなければならないのか、わからなかったのであろう。

保育園にお迎えに行くと、まだ園とその保育士さんや園児たちになじめていないこともあるからか、キャーキャーとほかの園児たちが保育士さんと騒いで遊んでいるなか、その輪のなかから離れて、一人でポツンと大きなスポンジのブロックで遊んでいるのが目に入り込んだ。それを見ると、わが子ながら（わが子ゆえにか）切なくなってつい涙が出そうになってしまった。その娘は、わたしの姿を見ると、ホッとしたかのような顔を見せ、わたしのところに駆け寄ってくる姿にも胸をしめつけられてしまった。

娘も、子どもながらにストレスを感じていたのであろう。娘が保育園に通い始めたこの時期、わたしが驚かされていまだに印象深く覚えていることがある。ある日、わたしが保育園にお迎えに行って家に戻ったとたん、なんと娘は布団に崩れ落ちるようにドサーッと倒れてからだを横たえ、「ハァー」と長いため息をついたのである。わずかまだ一歳の子が、まるで仕事疲れのサラリーマンが仕事から帰ってからネクタイやワイシャツを脱ぎ捨ててソファーに倒れ込むようなことをしたのである。

なじめない「場」と「人たち」のなかにいることの居場所のなさ、居心地のなさを体験しているであろう娘に対し、わたしは胸が痛んだ。「良い支援をしている」と「定評のある」保育施設であるからと親が判断したからといっても、娘にとって「良い支援」をうけられるというわけではない。

子どもは子ども自身感じるところがいろいろとある。子ども自身の体調というのは予期せぬ時に、予期せぬ事態になる。そのようなことを子どももちろん親もまた知るよしもなかったりする。そして、親の子どもへの思いは、あくまでも、親のエゴにしかなかった。

最初に通った保育園をやめた後、妻とわたしは「わらをもすがる」思いで、五、六人の三歳未満児を預かって「家庭的保育」をしている無認可の「ベビーハウス」に子どもを託すことにした。少人数でみてくれる所なら病気もそれほどうつることもなく、預かってくれる場所にも慣れてくれるのでは、と思ったからである。

そこでは、住宅地のなかの一軒家を借りて保育をしていた。隣にその家を貸している大家さんが住んでいて、しょっちゅう訪れては子どもたちの相手をしてくれた。大家さんは、日々折々の子どもたちの様子を写真におさめてわたしたち親たちに見せてくれた。クリスマスや豆まきなどの行事には、大家さんやスタッフの方の旦那さんがサンタ役やオニ役をやってくれた。

わたしの子どもの方はというと、親である妻やわたしが拍子抜けするほど、あまり風邪をひかず、病気をせずに、元気に通うことができるようになった。ここでわたしは〈身をもって〉「思い知った」ことがある。わたしは、子どもを預ける際、「施設保育」しか思い浮かべていなかった。保育と言えば「施設保育」という「思い込み」が自分にあり、その思いしか至らない自分がいた。もっとも、「ベビーハウス」や「託児所」と呼ばれる場や「家庭的保育」の存在を知らなかったわけではない。

だが、子どもを預ける際、当然のように「施設保育」にしか目に入らず、一軒家で保育ママのような人たちが数人の子どもをみるという「家庭的保育」という存在には目もくれていなかった。わたしは、その保育の場とその場で子どもをみてくれ、たまたま「たのめ」る人たちに出会うことで、その「思い込み」や「かたくなさ」から、ホッコリと、ときはなたれたともいえるのかもしれない。

(4) 子どもが熱を出すことを「当たり前のこと」ととらえる

ワークライフバランスは、「働き方の見直し」をとなえている。それと同時に、その他の価値観を見直し、問い直しを迫る必要もあるのではないだろうか。そのなかの一つが、子どもが熱を出すことを「当たり前のこと」として「社会（とその社会のしくみ、システム）」がとらえなければならない、ということである。

ただたんに病児・病後児保育サービスによる「ケアの脱私事化／社会化」を充実させることだけでは、働く親の「長時間労働」が過重されてしまう恐れがある。それと同様に、長時間労働を重視する働き方を助長してしまいかねない。また、「こどもが熱が出たら仕事を休める社会」を求めるあまりに、親は「ケアの私事化」へと押し込められてしまいかねない。なので、そうならないように目配りをほどこす〈支援〉の必要が出てくるだろう。

ただし、ここで注意しなければならないのは、乳幼児期の子どもは熱を出すことが「常態」であるからといって、熱を出す子どものことを「病人」あつかいにしない、ネガティブにとらえない、ことである。長い間、小児科医療の現状をみてきた毛利と山田は、近年における子育て家庭は、ちょっとした鼻水や下痢で、子どもを病人にしたてている、子どもをすぐに「病人」あつかいしていまいか、と問題を投げかけている（毛利・山田 2007）。

毛利と山田は、「はな水ひとつたらさず、せきもせず、皮膚に傷ひとつついていなくて、強くたくましく生きている、というのを、子どもの健康像だと考え、そこからはずれた子どもは医療の対象だと考えてしまう人が少なくない」と指摘し、「からだの具合にだって、雨の日もあれば、お天気の日だってあるわけで、それこそがふつうの姿、健康な姿と言ってよい」のだといい、「はな水ぐらいたらしていても、いいのです。楽しく遊びまわっている子どもは、けがもしますし、皮膚もよごれます。元気のないときもあれば、あまり食べたがらない日だってある」と述べている。その上で、「健康と病気をすっぽりと二分したものとしてとらえ、病気ひとつしないバリバリの健康をめざしてしまうと、子どもたちをかえって弱くしてしまうのではないか」と論じている（毛利・山田 2007）。

これは推測、推察にしか過ぎないが、以前には、子どもがしょっちゅう熱を出したり、病気をしたり、ケガをしたりするのは「子どもの成長において当たり前」という意識が、人びとのなかにあったことと、そんなとき人びとはお互い様のように助け合っていた面があったのではないか。そういう意識がなくなったのは、論理の飛躍かもしれないが、「子どもは病気一つせずに健康に育っていくべき」という「健康至上主義」的な世の思潮がそうさせてしまったのかもしれない。

ちょっとくらい「はな水が出ているだけ」「下痢をしているだけ」の子どもに対して、「力みなく」子どもをみることができる余裕というものが、私たちの意識から離れていることもあるのだろう。これは一つに、早めに治しておかないと、親自身の仕事に支障が出るから、という親の都合というのもあるのだろう。

毛利や山田も論じているように、「子どもは病気一つせずに健康に育っていくべき」という「健康至上主義」的な世の思潮が、必要以上に私たちの健康不安をあおっているのであろう。ただ、子どものちょっとした鼻水や咳くらいで「病人扱い」をしない、また、緊急の対応を親がきちんと学ぶべきという医療側の指摘もわからないでもないが、ちょっとしたことでも不安になりやすいわたしたち親の、不安や焦燥感のもっていきどころ、落ち着かせどころはどこにあるのだろうか。その上での小児科医療体制、病児・病後児保育サービスシステムの構築が求められるのではないだろうか。

7 むすびに

「そして父になる」という映画があった。わたしは、いまだに「父になる」とはどういうことなのか、恥ずかしながらよくわかっていない。

もちろん、自分の子どもが生まれたとき、「父になった」。そして、今も娘の歯科検診や習い事に付き添っては「父です」と人前では名乗っている。

だが、「父」と自分で名乗ることに気恥ずかしさを感じて今まで生きてきた。世の中では「イクメン」と名乗って育児する父親たちが紹介されている。だがわたしは「イクメン」なんてとてもじゃないけど名乗れない。「へっぽこ」な親ぶりを発揮しては、自己嫌悪におちいってばかりの毎日である。

娘が小学二年生の時、娘とわたしはお互いがお互いでイライラしてしまうことが多々あった。ある日、娘は「どうしよー、どうしよー」と言ってパニックになりはじめる。どうやら、学校の宿題をしようとするはずみで、某通信教育会社から送られてきた、家で学習習慣をつけるための時計のスタートボタンをふと押してしまったらしい。

当時、娘は通信教育の教材の問題を解くときには、時計のスタートボタンを押す、という行動パターンを決めていた。ただ、そのパターン通りやらないと気が済まない、というか、そのパターンから少しでもはずれるとパニックになるのだ。

「それなら、宿題の方を先にやっちまえば」と、言ってもパニックはおさまらないだろうと思っていてもとりあえず言ってみる。その後、宿題の方をなんとかはじめても、繰り下がりの計算がわからないらしく、イライラしてキーキー叫び出す。わたしはキーキー叫ぶうるささに頭にきている。だが、それをぐっとこらえ、「どれどれ」と宿題の問題をみる。

しかし、その間も宿題にイライラしている娘は「え、なに言ってるの？　わかんない」と小うるさく言ったり、「パパの口がなんかにおう」とイラッとくる態度をとる（そこで私は「ポリデントしなきゃあねえ」と冗談を言ってきりかえせればいいのだが）。

わたしはイライラが高じてプッツンきれてしまう。「そんなに聞く気がないような態度をとるんなら、一人でやってなー！」。娘は「ごめんなさーい、ごめんなさーい！」。

イスをどったんばったんさせながら、娘は泣き叫ぶ。はあーっ、またやってもうた…。

娘のイライラがうつり、わたしもイライラする。わたしのイライラが、娘にもうつり、……。どうしたら、イライラがうつらないものか。

そんな時、わたしは、ある本を読んで、ほわーっとイヤされたことがあった。その本は、障がい（ダウン症と自閉症）をもつ子どもを育てている「哲学する父」である二人が、お互いの子どもについて語らい合っているものだ（竹内・藤谷 2013）。障がいがある、なしにかかわらず、親が思い、考えるであろう「子育て」や「親子」のかかわりについて、語らい合っている。[3]

「哲学する父」とはいっても、小難しい話はそれほどなく、それぞれの暮らしのなかでの「楽しいこと」「困ったこと」を語らい合っている。その「哲学する」父の一人、藤谷さんは、わたしのこの「イライラうつり」を「共感」ということばから次のように哲学している。

「共感」は概して人と人の関係において大切だと語られる。だが、「共感」はそんなに簡単には語れないのでは、と藤谷さんは言う。「共感」、つまり「感情を共にする」ということが、そのまま「癒やし」につながるとは限らない、と言う。

藤谷さんの娘さんでいえば、彼女が（藤谷さんから見れば）ほんのささいなことでイライラし始め、とげとげしい口調になってくる。すると、父である藤谷さんもまたイライラしてしまう。また、藤谷さんが仕事の疲れなどでイライラしていると、娘さんもイライラし始める。

藤谷さんのイライラ↓娘さんもイライラ↓娘さんのイライラを見て藤谷さんもますますイライラ、という事態が生じてしまうという。これが高じると、娘さんは切れてしまって、大声で叫び出したり、何かを投げつけたり、壁をたたき出したりと、爆発してしまうことさえあるという。

「感情を共にする」という意味では、このイライラや怒りを共にしてしまうのも「共感」と言うのでは？　と藤谷さんは問いかける。そして、藤谷さんと彼の娘さんとの場合の「イライラうつり」を「共感」の共振的増幅という事態、と呼んでいる。

ああ、「共感」の共振的増幅。へっぽこで〝父〟をこじらせているわたしと娘との場合のなんと似ている事態であることよ。

藤谷さんは、イライラの共振的増幅という魔のループにお互い入り込まないためにも、娘さんにあえて「共感」しないように努めようとする。もちろん、嬉しいこと、楽しいこと、わくわくするといった気持ちには大いに「共感」するのだが。

そんな嬉しいこと、楽しいこと、わくわくするといった子どもの気持ちに対して、大いに「共感」したことの一つをわたしは思い出した。娘が四歳のときのことである。それは、保育園のお迎えの帰りの車の中でのことだった。外は天気が悪く、空一面雲がかかっていた。

だが、一箇所だけ晴れ間がのぞいているところがあった。空一面の雲をよけて雲間から一筋のカーテンのように光がさしこんで、あたりを照らしていた。その光景を見て娘は、「お空さんのために雲さんがどけてくれたんだね。雲さんはやさしいね～」と言うではないか。

わたしは、車窓から「空さん」と「雲さん」との間にある一筋の光を眺める。眺めながらわたしは、娘がちょっとした光景にも感激していることに感心した。それと同時に、いやそれ以上に、娘が雲間からさしこんでいる一筋の陽の光を、「お空さんのために雲さんがどけてくれた」という表現の仕方に大いに感じ入り、おそれいってしまった。

子どもの発想は大人の想像をはるかにこえている、とはよくいったものだ。ボキャブラが足りないから、そのぶん、表現が面白くなる、というものの見方もできる。だけど、大人の発想では思いもつかない言葉や表現をときに発する。その表現の仕方に、幼児期の子どもといっしょにいることで、ハッとすること、ホッコリとすること、今見えている世界が別に見えること、そんなことも多々あったこともたしかだ。

わたしは、子育てや子育て支援について、えらそうに論じることなんて、できやしない。自らの〈身をもって〉考えると、子どもの〈身になって〉やっているつもりでも、うまくいかない、〈こじれ〉てしまってばかりの自分にホトホトいやになる時がある。自らの暮らしのなかで「ケアの私事化」と「脱私事化」のはざまでゆれうごき、〈支援〉にこじれてることを思い知らされる。

「家族のケアは家族で」といって、「家族ケア規範」にからめとられている以前に、わたし自身がそもそも「他の人に頼みづらい〈それは家族構成員の人であっても〉」「他力本願」ならぬ「自力本願」のクセがぬけきれていないことがあることも否めない。そんなやっかいな〈こじれ〉を抱え込みながら、その〈こじれ〉は、なかなかとかれることはない。

そんなわたしは、〈こじれ〉ながらも、個々の家族を自分たちの思い描く家族の想定のもとで「ひとしなみに」扱うことの危うさを感じる。それに抗したい、と思いながらも、自らのなりふるまいは、言っていること考えていること、やっていることとで乖離してしまっている。

自分のことを棚に上げることなく、その自らの自らの振る舞いの〝一挙手一投足〟を〈身をもって〉考え省察しようとするというのは、とても難しい。自らの「思い入れ」「思い込み」とは、「ものを考える際の自分のモノサシ」そのものだ。その自らのモノサシを自らの思考によって対自化して吟味していくことは、自分の弱いところをえぐり取られるような感覚を覚え、時にはその痛みに堪えられない。

そんな自らの「思い入れ」「思い込み」「かたくなさ」から脱け出し、ときほぐしてくれるような、どんな「たのめ」る「あなた」に、わたしはこれから出会えるのだろうか。

【注】

（1）この章は、主に、出口（2013）と出口（2014）の、二つの論文を加筆・補筆したものである。〈つながり〉にまよい、とまどう私のことについて、「つなまよ」「つなとま」ということばとともに、雑誌『支援』のコラムでも書いたこともある（出口 2011）。

（2）「父親」であるわたしが、物理的にも時間的にも子どもを看ることができてきたのは、時間に拘束される職種の労働者とは異なるわたしの職種によるものでもある。たぶん、職場にいなければならない、時間をかけて仕事をしなければならない他の父親より、ありがたいことに、わたしは子どもに向き合う時間をもうけることができた。

「父親」と「母親」、そして子育てをめぐるジェンダーに関して言えば、以前、病児保育に関する調査で聞き取りをした母親Kさん（保健師、三〇代、聞き取りをした二〇〇六年当時で第一子が一一歳男子、第二子が九歳男子、第三子が三歳女子）の場合、育児においては彼女の夫を「協力者」というとらえ方をしている。

子育ては母親が中心でありながらも二人でやっていくものだとKさんは言う。第一子、第二子の時は、祖父母に頼りがちだった。その時に、夫は協力してくれる体制メンバーにいない、とKさんは気づいた。Kさん自身は「二四時間営業で」子ども中心の毎日で、仕事をしていても「子どもをどうみよう？」というのが先に頭にある。にもかかわらず、Kさんの夫は、「自分の都合で」仕事を入れてくるので、困惑することがあるという。そのため、夫に育児に協力をしてもらうため「たえず声をかけるようにした」と言う。

そのためもあり、例えば病院に夫が連れて行ってくれるなど、最近は夫が協力してくれるようになったという。Kさんは、「妊娠すると、じょじょに〝母親〟になるし、子どもも母親のおっぱいを吸うと自然と母親を好きになるけど、父親は〝努力〟が必要」だと言う（出口 2014）。

（3）この部分の文章は、『支援』五号で「〝父〟をこじらせる私の癒やし本」と題したブックガイドの文章（出口 2013）を修正し加筆した。

【文献】

鮎川潤　1998「『家族のディプライバタイゼーション』――『ディプライバタイズ』する家族」『季刊　家計経済研究』第40号、27-34

荒井浩道　2009「夜間保育所――制度からこぼれ落ちる家族への支援」白井千晶・岡野晶子編著『子育て支援制度と現場――よりよい支援への社会学的考察』新泉社、152-162

出口泰靖　2013「『子育て〈支援〉』にこじれ、『〈支援〉される家族』にこじれて――家族ケアの『私事化』と『脱私事化・脱家族化』とのはざまで」『支援』３号　特集：逃れがたきもの、「家族」、生活書院、118-137

出口泰靖　2014「『熱を出した子ども』をめぐるケアの『私事化』と『脱私事化』――『親が看るか』『病児保育の支援をうけるか』で揺れる養育者の体験を手がかりに」米村千代編『境界と差異の社会学』人文社会科学研究科研究プロジェクト報告書、第260集、千葉大学大学院人文社会科学研究科 102-119

出口泰靖　2015「〝父〟をこじらせる私の癒やし本（ブックガイド：竹内章郎・藤谷秀著『哲学する〈父（わたし）〉たちの語らい――ダウン症・自閉症の〈娘（あなた）〉との暮らし』生活思想社、2013）『支援』５号、特集：わけること、わけないこと、生活書院、322-323

出口泰靖　2015「子育てする親たちの〈紐帯〉の創造性と可能性――浦安に住み、都心に出て働く親たちによる震災時後の〈紐帯〉を手がかりに」米村千代編『流動化する紐帯』、人文社会科学研究科研究プロジェクト報告書、第301集、千葉大学大学院人文社会科学研究科、153-166

Kittay, Eva Feder. 1999=2010; Love's Laber: Essays in Women, Equality and Dependency. New York, NY:

Routledge.（岡野八代・牟田和恵監訳『愛の労働あるいは依存とケアの正議論』白澤社）
エヴァ・キテイ　2011「ケアの倫理から、グローバルな正義へ――二〇一〇年一一月来日講演録」エヴァ・フェダー・キテイ、岡野八代、牟田和恵『ケアの倫理からはじめる正議論　支え合う平等』（訳＝牟田和恵、岡野八代）白澤社
宮内洋　2005「〈繋がり〉の再編」好井裕明編著『繋がりと排除の社会学』明石書店、330-331
牟田和恵　2005「親密なかかわり」井上俊・船津衛編『自己と他者の社会学』有斐閣アルマ
毛利子来・山田真　2007『育育児典』岩波書店
岡野晶子・白井千晶　2009「私たちの出産・子育て体験――個人的なことは社会的なこと」白井千晶・岡野晶子編著『子育て支援制度と現場――よりよい支援への社会学的考察』新泉社、9-25
白井千晶・岡野晶子　2009「これからの子育て支援」白井千晶・岡野晶子編著『子育て支援制度と現場――よりよい支援への社会学的考察』新泉社、241-270
杉山千佳　2005『子育て支援でシャカイが変わる』日本評論社
竹内章郎・藤谷秀　2013『哲学する〈父（わたし）〉たちの語らい――ダウン症・自閉症の〈娘（あなた）〉との暮らし』生活思想社
玉野和志　2005『東京のローカルシティ』東京大学出版会、192-197
湯浅誠　2008『反貧困――「すべり台社会」からの脱出』岩波書店

第二章

〈わけられ〉をめぐる〈つなまよ〉〈つなとま〉

——〈わけられ〉へのあらがいと、〈わけない〉なかの〈わけられ〉と

1 「がっこう」のかっこう

（1）「がっこう」のかっこう

この十数年間、わたしは「学校」によく行っている。娘が小学校に入学して以来というもの、親の立場で、運動会や文化祭といった学校行事をはじめ、授業参観やＰＴＡ総会、保護者会、保護者面談といった保護者に関するものに出向いているからだ。

小学校低学年時には、学校の敷地内にあった学童保育に娘は通っていた。そのため、週二、三回は学童保育の終わる時間帯にお迎えに行っていた。その学童保育は、夏休みや冬休み、春休み中も使ってい

た。そのため、その期間中は一週間のうち何回か、朝夕の送り迎えのために、ほぼ「毎日のように」学校に行っていた。

娘の学校に行くたび、自分が通っていた学校時代を思い出す。まるで、自分が子どもの頃にもどって登校でもしているかのような気分におちいってしまう。その度にわたしはいつも妙な気持ちがうずまき、かけめぐる。それは、鼻の奥がツンとするような、においであったりする。それはまた、背中を中心にして身体じゅうがムズムズするような、こそばゆい、くすぐったさであったりする。

そんな言葉にしにくい気持ちが、まるでわたしとは別の生き物のように、もぞもぞとうごめき、はいずり出てくる。からだじゅうをかきむしりたくなるような、この感覚。

こう言ってしまえば、学校嫌いだったのか、「学校アレルギー」なのか、と思われてしまう。だが、どちらかといえば、楽しかったことはいっぱいあった。なので、好きだったことと、憎らしかったこととが入り混じっている。

はたして、子どもにとって、「がっこう」とはどんな「かっこう」をしているのだろう？

まず、「がっこう」という場は、「子どもは、わけへだてなく教え、育てよう」といったように、〈わけない〉ところでもある（あろうとする）のだろうと思う。日頃の授業をはじめ、遠足、修学旅行、班行動などで、「みんないっしょ」に、一人もかけることなく、「わけへだてなく」、平等に、仲良く行動することが求められる。

その一方で、「がっこう」という場は子どもにとって、さまざまなことで〈わけられ〉るところなのだろう。まずは学校ごとにわけられ、「生徒」「児童」としてわけられ、学年にわけられ、クラスにわけられ、班にわけられる。そして、テストの点数や成績でわけられ、体力測定でわけられる。

また、「男子」と「女子」で、「背の高い子（のっぽ）／低い子（ちび）」で並び〈わけられ〉る。足の速い子、遅い子で〈わけられ〉る。「体重の重い子（デブ、肥満児）」「軽い子（がりがり、もやしっ子）」で〈わけられ〉てしまう。

その他、仲良しグループをつくって〈わけられ〉る。などなど、教師の側がわけようとしなくても、子ども同士のやりとりで子ども自身が〈わけられ〉てると感じてしまう場合もあるだろう。

はたして、〈わけられ〉ることと〈わけられ〉ないことのあいだで、子どもにとっての「がっこう」は、どんな「かっこう」をしているのだろう。とくになにより、わたし自身が、子どもの頃において、「がっこう」はどんな「かっこう」に見えていたのだろうか。

(2) 子どものなかでの、「〈わける〉こと、〈わけない〉こと」

そこで、ここでは、わたし自身が小学校や中学校にいた時分、思い出に残っていることを書いてみたい。小学生の頃の自分がどんな子だったのか、どのように振る舞っていたのか、思い出すのは簡単なようで、案外難しい。意外とその頃の記憶があいまいで、とても断片的なものしか残っていない。

記憶をたどって書くことになるので、おおいに記憶違いな面も多々あるかもしれない。だが、どんな「感じ」を抱いて学校生活をおくっていたのか、断片的ではあるが、思い出すことがある。そんな「感じ」の、断片的な思い出をほじくり出すように書いてみたい。そういう意味では、わたし個人の体験、そのなかでも体で感じた体感的なこと、そんな身を通した記憶をたぐりよせながら書いていく。

とくに、ここでは、子どもたち同士でのやりとりや交わりをめぐるわたし自身の心象風景を書いてみたい。子ども同士のやりとりのなかでの、「〈わける〉こと、〈わけない〉こと」をめぐってわたし自身の体験を書いてみたい。

それらのなかには、わたしの目に映り、頭の片隅に残っている、いやキリキリと痛み、胸にしこりのように残っているものもある。それらのなかから、わたしという子どものなかでは「がっこう」とはどんな「かっこう」をしていたのか、思い出をひき出しながら書いてみたい。

わたしの体験したことは、教育学などの専門的な立場によってさまざまに分析され、し〈わけられ〉るものなのだろう。だが、ここではあえて、「当時のわたし」が、見て、感じて、体験して思ったことを、なるべく、そのときの「感じ」のまま書ければ、と思う。そして、「今のわたし」がそれからどう思い、考えるようになったのか、なるべく素直に、恥をしのんで書きつづってみようと思う。

2 〈わけられ〉〈決めつけられ〉ることへのあらがい

(1)〈わけられ〉ることをイヤがる子ども時のわたし

〈わけられ〉ること、〈決めつけられ〉ること。小学生の頃、それを、異様なまでに、イヤがるわたしがいた。五年生のクラスでは、ささいなことからクラスメイトから〈わけられ〉、〈決めつけられ〉てしまっていた。テストで少し良い点数をとったら最後、「やーい、てーんさーい」とからかわれ、冷やかされた。「あいつは家に帰っても遊んだりテレビなんか見ないで勉強ばっかしてる」と〈決めつけられ〉た。

先生からほめられたりすると、「良い子ぶってんじゃねー」と「いけ好かないやつ」と勝手にみなされ、〈わけられ〉、〈決めつけられ〉、バイキンのように扱われ、はじかれた。別に「天才」じゃないのに、「良い子ぶって」ないのに、そんなふうに言われ、からかわれ、ちゃかされ、冷やかされ、はやし立てられるのが、腑に落ちなかった。

(2)「デグチの、デシリー」

そんな〈わけられ〉、〈決めつけられ〉が中学にあがると強まったようにわたしは感じた。中学にあがる時、親の転勤で瀬戸内地方から東北地方に移り住むことになった。それまで、大阪、兵庫、広島、愛媛と転々と移り住んできたので、「転校生」になるのは慣れているつもりだった。なので、中学校の入学式のとき、誰も知り合いもいない教室で、わたしの方から率先してクラスメイトに近づいて接していった。

だが、東北の山間地域にあるその中学校は、「転校生」がほとんどいない地域で、「転校生」慣れしていないようだった。

わたしのその「不敵な」態度は、クラスメイトの子にとって、かなりとまどわせるものだったようだった。わたしが今まですごした小学校では、毎学期のようにクラスに一人は転校していく子がいて、そして逆にまた転校して来る子がいた。転校生というのは物珍しいものではなかった。ところが、わたしが転校した中学は、「転校生」というのはほとんどない〝現象〟だった。転校生がいること自体、物珍しい出来事だったのだ。

その後、話す言葉が違っていることから、自分が使っている方言を冷やかされた。それまで生まれも育ちも瀬戸内であったわたしにとって、瀬戸内地方の言葉は自然だった。大阪、兵庫、広島、愛媛とグルっと瀬戸内海をとりかこんだ府県を転々と移り住んでも、よく似ているところもあってか、自分の使っている言葉を「へんなの」と思われたことはほとんどなかった。

そういうこともあってか、いきなり東北地方に行っても、西日本の言葉を中学校のなかでも使っていた。それが周りの子どもたちと違っている人であることを際立たせるものだとは思いもしなかった。わたしが転校した中学では、「転校生」というのはほとんどいないし、ましてや西日本の地域の言葉なんて直に聞いたことがない〝耳につく〟言葉だったのだろう。

そのうち、前に住んでいた愛媛の名産を使って、「ミカン星人」「ポンジュース野郎」とはやし立てられた。「お前んちは、水道をひねればポンジュースが出てくるんだろう」と言われた。

さらに、「からかい」「冷やかし」は、わたしの「見た目」「体型」にまでひろがっていった。わたしは子どもの頃から人よりおしりが出ていた。なので、「デグチの、デシリー」と、あだ名が「デシリー」みたいな感じで呼ばれ、からかわれ、はやしたてられた。

（3）断ち切れない「からかいによる〈わけられ〉の迷宮」

当時のわたしはどちらかというと、からかわれ、冷やかされることで、自分がみじめな思いをしているというよりむしろ、クラスメイトが浴びせるあまりにも執拗なからかいや冷やかしに対して、腹が立ってしょうがなかった。「転校生」や「方言」という違いならまだしも、体型の特徴にまで〈わけられ〉をしてくるクラスメイトに、いい加減にしろー、と叫びたかった。それゆえ、わたしは真っ向から「からかい」「冷やかし」に「やめろー‼」と刃向かっていった。

するとわたしをからかい、冷やかすクラスメイトたちは、やめるどころか、「本気で怒ってやがんのー」と、「からかい」「ひやかし」をさらに繰り返した。わたしは、からかうクラスメイトたちに対する怒りもさることながら、その抜き差しならぬ「からかい、ひやかしによる〈わけられ〉の迷宮」にはまって、ニッチもサッチもいかず、その迷宮からぬけ出せずにいること自体イライラしていた。

ただ、からかう子たちは、四六時中「からかいモード」にいたわけではなく、時にはわたしとしゃべくり合って笑い合うような時もあり、わたしはその子たちのすべてを憎むわけでもなかった。「ひとりひとり」で会って話をする分には、さほど悪いやつらではないなあ、と思うことがままあった。

しかし、グループや集団というかたちになると、からかい、はやしたてはいっこうにやむことがなく、執拗に繰り返された。わたしは、その迷宮に見事に入り込んでしまい、出ようにも出られず、身も心もすり減らされ、消耗していった。

ただし、その「からかいによる〈わけられ〉の迷宮」のなかで、わたしはクラスの中でただ一人孤立して怒りやイライラの中にいたわけではなかった。クラスの中でも仲の良い友人が何人かいて、その子たちとは一緒に語り合い、ふざけ合い、笑い合い、遊び合ったりしていた。

しかし、その友人のなかの何人かは、わたしと同じように、いやわたしより以上に、からかいや冷やかしを浴びせられていた。例えば、わたしと仲が良かった友人の一人が、十二指腸潰瘍になった。医者にすすめられたのであろうか、「豆乳を飲むとよくなる」と言われたのであろうか、親に持っていかせられていたのであろう、紙パックの豆乳を持ってきて授業の休み時間の合間にそれを飲んでいた。

それをクラスメイトは当時流行っていたCMで「おまめのおっち、ちー」とうたってはやしたて、バカにしてからかっていた。また、顔が大きく、四角くて色白の友人は、「はんぺん、はんぺーん」と言ってからかわれた。

さらに、頭の後頭部の形を揶揄された友人は、まるで絶壁のようだということで「ゼッペ、ゼッペー」というあだ名をつけられ、からかわれていた。親の仕事の都合でタイに何年か移り住んで戻ってきた「帰国子女」の友人は、水泳の授業の時間のとき、泳ぎ方の特徴を揶揄され、「タイ人、タイ人」と呼ばれた。わたしは、友人たちの体や顔の特徴や、病気だったりそれまでの暮らしぶりに対して、わざわざ揶揄してあざけ笑う態度に対して、自分のこと以上にはらわたが煮えくり返るような怒りを感じていた。

だけども、友人たちは、からかっている子に対して、わたしのようにさほど抵抗したり、がむしゃらにはむかう姿勢をみせる様子は見られなかった。「うるせえ」と一言吐き捨てるようにつぶやき、苦々しい顔をするだけで、あまり相手にしていなかった。

彼らは、まっ正面に向き合うことで「からかいによる〈わけられ〉の迷宮」に入り込むとぬけ出しにくくなってしまうことを身をもって知っていたのであろうか。わたしのように怒りの感情に振りまわされるようなことはなかった。

（4）「からかいの呪縛」

江原由美子は、「からかいの政治学」という性差別に関する論文のなかで、「からかいの呪縛」という名の節を書いている（江原 1985）。そこには以下のように述べている。

もし、「からかわれた側」が、侮辱されたと感じたり、いわれのない非難を被ったと感じた場合、それに対する抗議は一体どのようにして可能なのだろうか。／「からかい」に対する抗議は困難である。なぜなら、「からかい」の宣言は、それが「遊び」であることを主張するのであり、「からかい」の行為や言葉が、通常の社会的責任を免れることを表明するからである。（中略）「からかい」の行為や言葉に対して、その内容に対し、「真面目」に批判し抗議しても、それは「遊び」のルール違反であり、オーディエンスに対し説得力を持つ主張とはなりえない。／（中略）したがって、「からかわれた」側は、いかにその「からかい」

に対し怒りを感じようとも、怒りを回路づけることに困難を覚えざるをえない。このため、「からかわれた」側の怒りは屈折し内にこもることになる。「からかい」への抗議が出会うと予想される様々な困難を思うだけで、抗議への意欲は薄れがちである。したがって最良の策は「からかい」を全く無視することだとさとるのである。／（中略）「からかい」は怒りを回路づけえぬゆえに、一人相撲を取っているような空しさを引き起こすのである。「からかい」の構造にまきこまれた者は、「からかい」の呪縛にとらわれてしまうのだ。それを解くことは、あたかもぬかるみの中に足をとられてあがくがごとくである。（江原 1985: 186-188）

わたしもまた、江原の言うような「からかい」の構造にまきこまれ、「からかい」の呪縛にとらわれ、その怒りをどこに向けることもできず、「からかい」の呪縛を解こうとしても、「一人相撲を取っているような空しさ」をおぼえ、「ぬかるみの中に足をとられてあがいていた」。わたしの友人たちは「からかい」に対し怒りを回路づけられないことが困難だと気づいていたから、「からかい」を全く無視するにこしたことはない、とさとっていたのだろうか。

その後、中学一年から二年にあがると、わたしをからかってきたクラスメイトともクラスがわかれ、からかわれることはなくなった。わたし自身もまた、その土地の方言に慣れ、使うようになり、なじんできたこともあったのだろうか。わたしにあらゆる場面でちょっかいを出していた、かつてのクラスメイトとも、その後たわいもない会話で笑い合うこともあった。

（5）「いじめられ」として〈わけられ〉ることへのあらがい

わたしの、この中学にあがってすぐの体験は、専門家からしてみれば、「いじめ」体験として分析され〈〈わけられ〉〉るのかもしれない。今のわたしとしても、「いじめられ」た体験として、他の人たちに語ったりすることもできている。だが、当時のわたしは、「いじめられ」ているとか、「いじめられっ子」として自分が〈わけられ〉ることに対して突っぱねるように拒絶していた。それは絶対に自分で認めてはならない「カテゴリー」であった。

わたしは、クラスメイトから、はやし立てられ、おちょくられ、からかわれ、あざけられることを、親にも、先生にも、誰にも相談しなかったし、相談しようとも思わなかった。家に帰ると、一人きりになれる場所である「家のトイレ」に閉じこもって、親に気づかれないよう、声を押し殺して泣いた。「ちっくしょー！、あんにゃろー！」と心のなかで叫び、悔し涙で顔をくしゃくしゃにした。しばらくムシャクシャした気持ちをトイレのなかでぶつけると多少気分が落ち着いてくる。その後、泣き顔が残らないようにしてトイレから出る。こんなことをしばらくは繰り返した。

担任の先生は、クラスメイトから「出口くんがいじめられている」との報告を受けていたようだった。ある日、担任の先生に呼び止められ、「だいじょうぶか？」と話しかけられたことがあった。でも、わたしはヘラヘラとした態度で、「なんのことですか？」と、「いじめ」なんかあってませんよ、さも平気なような態度をみせていた。先生に「自分はいじめられている」とわたし自身がそのように〈みなし〉て認めてしまい、「○○くんからいじめをうけている」と言えば、その子から報復を受けることを怖れていたのか？　いや、どちらかというと、○○くんも「ひとりひとりで」話をすれば、さほど悪いやつじゃないということをわかっていた。だから、○○くんを「いじめっ子」あるいは「悪者」にしたてあげてしまうことは、わたしにとってしてみても本意じゃなかったのだろうと思う。

たぶん、わたしのこの体験を専門家や支援者に聞かせると、あなたのこの「いじめ」の否認は、「いじめられていると思われたくない」という心理状態からきていると考えられる、と分析され、〈わけられ〉てしまうことだろう。またある専門家は、当時のわたしに対して、こうも言うかもしれないだろう。「あなたにとって、『いじめ』と認めることは、とてもつらいことでしょう。だけども、『いじめ』と認めることは『人生において負けること』ではないのですよ。あなた自身が、まずは『いじめ』と認めることが必要ですよ。そうでなければ、その『問題』は、いつまでたっても、何も、『解決』なんかしやしないのですよ。あなたは、まず、『いじめじゃない』と、目をそらさず、認めることが必要です。まずは、そこから一歩を踏み出す勇気が必要です。がんばりましょうね」。

たしかにもちろん、「いじめ」と〈みなす〉ことで、解決の可能性へと向かうことも少なくないだろう。「いじめ」と周囲の子ども、その親たち、教師たちに、社会に認めさせることで、その「いじめ」から抜け出す道筋を見つけ出せる場合も多々あるだろう。

こうした専門家の言い分は、今のわたしだと頭では理解はできる。ただし、そんな専門家の分析には、からだではいまだに今のわたしもなじめない。なんだろう、からだを縦か横かに細かく切り刻まれるような感覚を覚える。そんなふうに、さも訳知り顔に分析され、〈わけ〉てほしくはない、という思いが強くわきあがってしまう。かといって、〈わけられ〉ることがイヤだからといって、「ありのまま」の姿のわたしをみてほしいのか、と思われるかもしれないが、そういうわけではない。当時のわたしとしてみれば、自分が体験したことは、「いじめっ子」とか「いじめられっ子」とかといったように、白黒はっきりわけられず、つかみどころのないものだったのではなかったのではないかと思う。

こうして当時のわたしは「いじめ」とカテゴリーづけることなく、脱け出す道をさぐろうとしていた。「いじめられ」ると思わないことで、かろうじて自分を保っていたのかもしれない。ただ今から思うに、わたしのこの「いじめ」として認めようとしなかった振る舞いは、「いじめられっ子」と自ら認めている子どもたちを下にみる、さげすむ行為にならないだろうか。「いじめられっ子」になったらみじめだ、人生終わりだ、とわたしも心のどこかで〈決めつけ〉ていたのでは、と問われれば、はっきり否、と即答できる自信はない。

さらに、わたしが「からかいの迷宮」に入り込んでも耐えられたのは、先ほど述べたように、クラスの中でただ一人孤立していたわけではなく、クラスの中でも仲の良い友人が何人かいた（そしてその友人たちも「からかいによって〈わけられ〉ていた）こともあったのだろうと思う。だから、「いじめ」と〈わけられ〉るようなものでないのかもしれない。また、たとえ「いじめ」と〈わけられ〉るものであったとしても、学校や教室が「生き地獄」であるかのような苦しみのなかにいる子どもたちからしてみれば、わたしの体験などかすり傷程度のものなのだろう。

3 〈わけない〉なかでの〈わけられ〉

（1）子ども同士での〈わけない〉間柄

しかしながら、これはどうしても「いじめ」なのではないか、とみなさざるをえない出来事にも出くわしたことがある。小学三年から四年まで、西田くん（仮名）という、とても仲がよかったクラスメイトがいた。西田くんは、足をひきずって歩いていた。つま先を引きずって歩くので、靴は常につま先がすり切れていた。ひざの裏側には、何回もしたという手術の縫い跡があった。今でも病院にしょっちゅう行ってる、と西田くんから聞かされた。その縫い跡が目に入る度に、わたしは子ども心にも何とも言えなく痛々しく見ていた。

下校の時は、よく西田くんと帰っていた。その下校途中、の道すがら、下級生の一年、二年生が彼の歩き方を見て、通りすがりに、西田くんのひきずって歩く歩き方をマネしてちゃかしたり、からかっていた。それを見るたび、「おい、マネすんじゃねー」とわたしは気にくわなかった。当時のわたしは、西田くんがどんな病いをもっていたのか、どんな障害をもっていたのか、知らなかったし、知ろうともしなかった。そもそも、その頃のわたしは「障害」や「障害者」という言葉を知らなかったし、「足が不自由な子」という表現すら知らなかった。時代背景的には広く「障害」について理解と啓発を求めた

「国際障害年」が一九八一年にあった。だが、わたしと西田くんが出会っていたのは、その前のことだ。そんな感じだったので、西田くんに対し、今の自分にあるような「あの人は障害をもっている」感覚や意識をもったことがなかった（もつべき知識もなかった）。

西田くんとは学校から帰ってからよく外で遊んだ。友だちと何人かで彼の家の玄関の前に立ち、呼び鈴を鳴らすでなく、「にーしーだーくーん、あーそびましょー」と、独特の節回しの入った大きな声で呼びかけては遊びに誘った。西田くんとはよく野球をして遊んだ。野球、とはいっても、人数が少ないので、ゴムボールとバットだけでグローブなしの、「透明ランナー」や「ファアボールなし」の特別ルールをつくって三角ベースみたいなものをやっていた。でも、西田くんのために「特別ルール」をつくった記憶がない。西田くんはいつも本気で投げ、がむしゃらに足をひきずって走り、遊んでいた。わたしたちも容赦も手加減もしなかった。西田くんはいつも広島カープの赤いキャップをかぶっていた。アウトになると「ちきしょー」とめちゃくちゃ悔しがり、ヒットを打つと必死に駆け回り、セーフになると顔いっぱいの笑顔で喜んだ。感情むき出しになって、汗まみれになって、カープの赤いキャップがずれて落ち、キャップが落ちてから見えた髪は、汗でびっしょりと濡れていた。そんな、がむしゃらになって遊ぶ西田くんの姿が、今も鮮明に目に浮かぶ。

（2）「わけへだてなく」子どもに接する教師と親、そのなかにある〈かたむけよう〉

担任の先生から「西田くんは足に障害があるから、みんなで助けてあげて仲良くしましょうね」とい教わった記憶がまったくと言っていいほど残っていない。

ただ、わたしのほかのクラスメイトも、担任の先生も、そんなに手をかすことはなかったし、しなかったと思う。というのも、西田くんは教室までの階段も、わたしと比べて時間はかかったけど、自分で階段をあがっていたからだ。下駄箱で靴も自分で履いていた。体育の時も自分で体操服に着替えていた。きっと、西田くんのお母さんが甘やかして育ててこなかったのだろう。わたしのなかでの印象では、西田くんのお母さんはとても厳しそうだった。西田くんのお母さんとは、学校の行事でよく出会った。西田くんのお母さんは、学校によく西田くんの送り迎えにも来ることがあったりして、クラスのみんなと顔なじみになっていた。今からしてみると、きっとお母さんは西田くんがわたしと同じ学校に入るために尽力したのだろう。だが、「養護学校（今の特別支援学校）」の存在も知らない当時のわたしは、どういう経緯で西田くんがわたしと同じ学校に来たのか知りようもなかった。

西田くんの家の庭で野球をして遊んでいたとき、友だちの一人の打ったボールがわたしの目にあたったことがあった。マンガで出てくるような青タンを目の回りにつくって家に帰った時、後を追いかけるように西田くんのお母さんがわたしの家まで来て、謝っていた姿を覚えている。今にして思えば、お母さんにしてみれば、西田くんの友だち付き合いには、とても気になっていたのだろう。西田くんのためにも、友だちであるわたしたちに気を配っていたのではないだろうか。

学校での担任の先生は、教師歴数十年のベテランで、女性の先生だった。担任の先生は、西田くんとわたしたちとを「わけへだてなく」みてくれていたのだろうと思う。だが、彼女の、西田くんへの「かたむけかた」や「熱心さ」「教育的な配慮」は、並大抵のものではなかったように思う。学校では一年に何度か、火事や地震を想定した避難訓練があった。担任の先生は、迅速に行動しなければならない避難訓練の時だけ、西田くんを自分の背におぶって階段をかけ降りていた。その日頃から肌と肌をあわせるかのような〈かたむけよう〉は、子ども心にも何かキラキラして、眩しく見えた。

（3）西田くん、「いじめられ」る

そんな西田くんの学校生活が一変した。

そのきっかけは、あるクラスメイトの筆箱がなくなったことだった。みんなでさがそう、ということになった。さがしているうち、なぜなのだろう、西田くんの机の中から、なくなったと思われていた筆箱が出てきた。

クラスメイト全員から、「西田くんが盗って隠したんだ」と、いっせいに西田くんに非難の目がそそがれた。西田くんは最後まで、「僕じゃない。僕がやったんじゃない」と泣き叫んで否定した。この時、わたし自身はどうふるまっていたのか、思い出せない。わたし自身、西田くんを責めていたかどうか、わからない。西田くんがクラスメイトから責められていたことを思い出すことしかわたしにはできない。彼の友だちだったのに、わたしは彼を弁護も助けることもできずに、その非難の中で「傍観」を決めてかかっていたのだろうか。なぜだろう、その時の記憶が抜け落ちている。

その日から、西田くんの見るまなざしが変わっていった。文具を隠した、盗った「事件」が、一回だけで終われば、関係が修復できたのかもしれない。不思議なことに、大人になって考えてみると、どう考えてみてもおかしいことなのだが、一回で終わらず、西田くんに疑いがかけられてしまう「事件」が、二度、三度と起こった。その「事件」がどんなものだったのが、具体的に思い出せない。でも、似たような「事件」だったと思う。

こうして、西田くんは、クラスメイトからさげすまれる目でみられるようになってしまい、しだいに「いじめられ」るようになった。西田くんが「いじめられ」ているところに、たまたま、ばったり出くわしたことがあった。倒れている西田くんのからだが、あるクラスメイトの足で踏みつけられていた。その子は有名企業の社長の息子で、いわゆる「金持ちの家のぼんぼん」だった。西田くんは、地面にはいつくばって泣きじゃくっていた。悔しさと苦痛で、西田くんの顔は砂まみれになって、くしゃくしゃにゆがんでいた。

(4)〈わける〉と〈わけられ〉のからみ合い

あれから数十年経った今でも、西田くんの苦痛にゆがんだ顔を思い出す。それは、消えることのない、ずっと長い間たまっている心の檻になっている。取り返すことのできないその思い出がよみがえるたび、なぜわたしはかばおうとしなかったのか、助けようとしなかったのか、自分で自分に問いかける。その問いかけに、今までわたしは、こう答えてきた。理由は決まってるじゃないか。そこでかばおうとしたり、助けようとしたりすると、自分もその「いじめ」の標的にあうからだ。怖かったんだろう。

その問いかけに、今のわたしはこう答える。いや、違うかもしれない。そうじゃないんじゃないか。ひょっとすると、わたしもまた、西田くんに対する担任の先生からの〈かたむけよう〉をうらやましく感じ、彼にねたみ、そねみ、そんな嫉妬する感情から「いい気味だ」と思っていた、そんな節はなかったのだろうか。そう自分自身に問いかけると、そんな思いは微塵のかけらもなかった、といえばウソになるだろう、と今にして思う。

なぜなら、当時のわたしは、担任の先生からかわいがられていない、と思い込んでいる（自分で先生から自分がどう思われているか自分のことを〈わける〉）節があった。わたしは担任の先生から、クラスのなかでは「いたずらや悪さなんかほとんどしない」、「学校の成績も良く」、「おとなしい、よい子」の部類に〈わけられ〉ていた（と思い込んでいた）。それどころか担任の先生から、「出口くんは、しっかり者」と〈みなされ〉、〈わけられ〉ていた。わたしはそんな「しっかり者」と〈みなされ〉、〈決めつけられ〉ることに、しっくりときていなかった。わたし自身は、ただ単なる「お調子者」の「目立ちたがり屋」だと思っていた。授業中に具合の悪い子がいた時、教室を抜け出すチャンスとばかりに「ハイハイ、僕、保健室に連れて行きます」と率先して手を挙げて目立とうとしていた。それらの行動が、逆に「お世話好きの、しっかり者」として〈みなされ〉、〈決めつけられ〉てしまっていた。「出口くんは、しっかり者だから、先生がみていなくても大丈夫よね」と妙なプレッシャーを与えられ学校生活を送っていた。もっとわたしもかまってほしい、そんな思いがあったように思う。

先生が西田くん以外に熱心にまなざしを注いでいたのは、「いたずらっ子」や「勉強ができない子」であった。わたしではなかった。ある日、風邪をひいて熱があったのにかかわらず、無理をおして学校に行った時のことだった。下痢気味だった。授業中、お腹がゴロゴロいって悲鳴をあげていた。なんとかガマンして、授業終了のチャイムがなってすぐに、一目散にトイレに駆け込んだ。だが、間一髪セーフ、とならず、ズボンをずらしパンツを脱ぐ前に無情にもウンチは出てしまった。幸いにもズボンは汚れずにすんだ。とはいうものの、ドボッとパンツのなかにうもれたウンチをどう始末したらいいかパニクった。どないしよう。ひとまず、そろ〜とズボンについて汚さないようにウンチまみれのパンツを脱ぎ、トイレの中にあるそうじ用具室にこっそりとパンツを隠し、教室に戻った。戻るやいなや、ランドセルからビニール袋を取り出し、ウンチの臭いにおいがもれないよう、ビニールにパンツを入れてしっかりと結んでふさぎ、誰にも気づかれないように、ウンチまみれのパンツが入ったビニール袋を、学校の中庭の木の植え込みの茂みに投げ捨てた。その後は、ノーパン状態でその日は一日すごしたた。そんなことがあった。「ウンチをもらしてしまった」と先生に救いを求めて言えば、やさしくしてくれ、助けてくれたかもしれない。でも、「出口くんは、しっかり者だから、わたしがみていなくても大丈夫よね」という〈みなされ〉や、「しっかり者」という妙なプレッシャーがジャマしていたように思う。

西田くんへの肌と肌とのぬくもりを感じるような〈かたむけよう〉を傍でみていて、わたしもまた先生との肌のぬくもりを欲しがっていたのであろうか。ある日、国語の授業の時間に、「力太郎」の寸劇をすることになった。わたしは力太郎とは別の力自慢の若者の一人の役をやることになった。「お姫様」は先生がやることになった。先生（お姫様）から助けてくれてありがとう、とギューッと抱きしめられたとき、わたしは役をすっかり忘れて、恥ずかしい気持ちと嬉しい気持ちでとてもくすぐったかった。はじめて先生の、肌身のぬくもりを感じ、かまってもらったと思った瞬間だった。ただ、「しっかり者」とみなされ、ある意味はなれて接せられてきたことが災いしたのか、かえって肌と肌で接せられると、嬉しさ反面、それ以上にとまどいやおびえも同時に感じてしまっていた。

わたしは、自分のことをかまってほしい、という担任の先生への強い思いから、西田くんに対して、どことなく、なんとなく、ねたみ、そねむ気持ちがあったのだろうか。その嫉妬心が、西田くんがいじめられている光景を見ても、助けだそうという気にならなかった、そんなことはなかっただろうか。今からしてみれば、そんなふうに考えてしまっている。そう考えると、あながち、否定はできない気がしている自分もいる。

西田くんは、ほんとにクラスメイトの文具を盗んでいたのだろうか。ひょっとしたら、たぶん、わたしと同じように、先生から細やかな心遣いを受けていた西田くんのことを心の隅でねたみ、そねみ、嫉妬した子が、面白半分、からかい半分で西田くんの机のなかにこっそり他の子の筆箱をしのびこませたのじゃないだろうか。

だから、わたしはその子を責めることができない。なぜなら、わたしもまた、どこか心のどこかで、西田くんへの先生の〈かたむけよう〉をうらやましく思い、ねたみ、そねみ、嫉妬したクラスメイトの一人に違いないのだから。

（5）「みんなわけへだてなく」「みんないっしょに」にそらぞらしさを

それから、西田くんは次第に学校に来なくなった。あれだけ彼にかたむけてきた担任の先生も、彼を見はなしたかのようだった。ある日、西田くんの母親が単身、緊張の面持ちで、わが息子の無罪、無実を訴えに来た。だが逆に、クラスメイトたちと担任の先生によって、責められ、非難され、痛罵をあびせられた。西田くんの母親がひとり、孤立無援のなかで先生から、子どもから責められている。その教室のなかにわたしもいた。

その場でわたしは、何をしていたのだろうか。情けないことにこの時の自分を覚えていない。クラスメイトたちがことあるごとに叫んでいたのが今でもわたしの耳にこびりついている。

こうして西田くんとわたしは、友だちとして一緒に遊ぶことはなくなってしまった。その後、5年生、6年生となり、クラス替えによって彼とは違うクラスになった。その違うクラスで彼に対するいじめはなくなり、彼は見違えるように元気になって学校に通えるようになった。でも、クラスが替わったせいか、彼と一緒に遊ぶことはほとんどなく、遠くで歩いている彼を見かけるぐらいになってしまった。小学校の卒業式を終えると、わたしは別な地に引っ越すことになった。その小学校の卒業文集には、彼は「将来歴史学者になりたい」ということを書いていた。わたし自身が卒業文集で何を書いたのかまったく覚えていないのに、西田くんの書いたことはこうして覚えている。心の奥底で、罪悪感を抱えていたのだろうか。こうして、西田くんとはそのままうやむやなまま、疎遠になってしまった。

今も西田くんのことを思い出す。真相を彼から聞きたかった思いがわたしにはあった。だが、疎遠となった今となっては聞く術もない。西田くんに会いたい、とも思うが、今となっては会わせる顔が見つからない。どんな顔をして会っていいか、わからない。

一度、西田くんのように歩いてみたことがあった。そんなことをすることで、日頃、どんな気持ちでいたのか、わかるわけもない。だが、歩いてみた。

西田くんの歩きは、ひざを曲げずにつま先を引きずって歩く。わたしは同じように足を運ばせようとこころみる。うまく、足を出せない。勢いあまって転んでしまった。

ここでの話は、わたしが見聞きし、思ったことの心象風景のようなもので、記憶違いのこともあるだろう。当時のことを思い出しながら書いてみたが、別な語り口、描き方があるのではないか、と今もこう書きながら思ってしまう。わたしの当時の友だちや、西田くんからみれば、違った記憶や思い出が語られ、別の「事実」が語れることだろう。

いや、むしろ、真相は、〝藪の中〟のままなのかもしれない。今の齢になっても、「みんな、わけへだてなく」「みんな、なかよくいっしょに」という「学校のかっこう」が、わたしにとってなぜか空々しく感じる。それは、西田くんに対してわたしのしでかした取り返しのつかないことが、わたしのなかで古傷となり、それがいまだにズキズキと痛み、うずくからなのかもしれない。

(6)〈わけない〉なかで〈わけられ〉てしまうこと

西田くんは、「いじめられ」ていた時期、彼はどんな気持ちでいたのだろうか。わたしのように「いじめられ」ているとみなされ、「いじめられっ子」と〈わけられ〉ることがイヤじゃなかっただろうか。自分は「障害」をもっていたからいじめられた、自分は「障害」をもっているから、他の子たちとは違うのか、〈わけられ〉たのか、と彼は思ったのだろうか、それともそうは思わなかったのだろうか。

こう言うと、「障害」をもつ子が地域の学校に行くといじめられる、という一般論にからめとられそうになる。ここでわたしが思うのは、前述したわたしの中学生の頃の体験のように、学校の場では、子どもたち同士のあいだのなかで〈わけられ〉があるのではないだろうか、ということだ。障害があろうがなかろうが、学校というところのなかでの子どもは、さまざまなところで、さまざまなかたちで、それも思いもよらないところで〈わけられ〉る。

さらにもっと言えば、「障害」あるなしにかかわらず、子どもたち同士のあいだのなかで、〈わけられない〉なかでも〈わけられ〉てしまうこともあるのではないだろうか。「〈わけない〉なかで〈わけられ〉てしまうこと」という言い方は、字義通りとると矛盾したもの言いをしているかもしれない。それは例えば、教師のなかで「わけへだてなく」、〈わけない〉なかでやっているつもりでも、子どもも時代のわたしの先生への思いでもあったように、子どものなかでは別なところから〈わけられ〉を感じ取る場合もあるのだろう。

ここでもこう言うと、「先生がえこひいきした子どもはいじめられる」という、さもありなん一般論にからめとられてしまう。子ども時代をふりかえってみると、わたしは、西田くんに対して「障害をもった子」として〈みなす〉こと、〈わける〉ことはなかった（「障害」という言葉じたいも知らなかった）。わたしと西田くん、そしてそれ以外の子どもたち同士でも、西田くんとわたしたちとを〈わける〉ことはほとんどなかったように思う。担任の先生も、「えこひいき」することなく、西田くんとわたしたちに「わけへだてなく」接してくれたのだろうと思う。ただ、西田くんを「えこひいき」してはなくとも、わたしたち子どもは先生の〈かたむけよう〉は何となく、だが敏感に感じとっていた。担任の先生の西田くんへのかかわりよう、〈かたむけよう〉をみるわたし（たち）のまなざしは、なぜか、なにか、〈わけられ〉ている、と思っていたのだろうか。少なくとも、わたし自身のなかでは、心のどこか、心の隅っこで、〈わけられ〉ている感覚を覚えていたのだろうか。わたしの場合それは、わたし自身が、西田くんだけではなく、他の子どもたちと比べられてわたしが「出口くんはしっかり者」と〈みなされ〉、〈わけられ〉ていたことに対してしっくりこなかった（わたし自身はたんなる「目立ちたがり屋」と思っていたのに）こともおおいに関わり合って絡み合っていたことでもあったのだろう。

このように、子ども同士のあいだのなかで、教師と子どもとのかかわりようのなかで、〈わけない〉ことのなかで、〈わけられ〉てしまうような、わたしのような体験をしている人はいないのだろうか。もちろん、ここで書いたことは「わたし自身の体験」であり、「わたし自身の実感」に限ったことだ。単なる「思い入れ」の強い「思い込み」にすぎないことかもしれない。わたし個人ひとりの体験、体感であり、すべての子どもにとっていえることではない。でも、これは、どこかの学校で、誰かが、わたしと西田くんのように、同じような体験をしたり、体感していることなのかもしれない。

4 学校のかっこう、「みんな」と「ひとり」としての「かっこう」

(1)「みんないっしょ」と「ひとりひとり」との対立

学校というのは、「みんな」ということばがよく使われるところだと思う。演奏会や運動会などでは、「みんなでいっしょに」一致団結、一丸となって取り組むことが何かにつけ求められる。遠足や修学旅行、班行動など「みんなで、なかよく」行動しましょうとうながされる。このように、「みんな」ということばは、学校という場でよく好まれて使われている。教育社会学者の苅谷剛彦によれば、学校は互いに対立する「二つの原則(もととなるルール)」が入り込んでいる、という(苅谷 2005)。第一の原則は、学校の生徒であることが、「みんないっしょ」であることを求めるといったような、「みんないっしょ」の原則である。例えば、授業、朝礼、修学旅行や運動会などの行事にしても、「みんないっしょ」に同じことをするように求められる。また、「みんないっしょ」の原則には、「みんなが協力すること」や、「みんな仲よくすること」が含まれる。いっせいに何かをするときに「お互いに助け合う」とか、いっしょにいる間、「みんなが友だち」になるといったことが期待される。学校以外の場所だったら、これほど「みんないっしょ」であることは期待されない。だが、学校という場のなかでは、「みんないっしょ」が「いいこと」であり、「是である」とされ、この「みんないっしょ」の原則が期待されるという。

もう一つの原則として、苅谷は、「ひとりひとり」の原則をあげている。これはまず一つには、「成績、評価、進路」としての「ひとりひとり」の原則である。例えば、「みんなでいっしょ」に授業を受け、「みんないっしょ」に試験を受けても、成績は「ひとりひとり」につけられる、勉強などの結果を「ひとりひとり」別々に評価する、といったことを指す。進路というのもまた、「ひとりひとり」につけられる成績によって分けられ、その結果、それまで「みんないっしょ」にいた同級生は、「ひとりひとり」別々に離れ別れて違う学校に行くことになる。さらに「ひとりひとり」の原則として、「個性（自分らしさ）の尊重」を苅谷はあげている。この個性尊重をベースとした「ひとりひとり」の原則にしたがえば、それぞれの生徒の自分らしさをできるだけ生かそうということになる。「生徒たち一人ひとりの意見を大切にする」、「生徒一人ひとりが自分で選んだことを尊重する」、「ひとりひとりの違いを認める」など、勉強の成績以外の面でも「ひとりひとり」違う扱いや対応をしようというものであるという。

苅谷は、この「ひとりひとり」の原則と、「みんないっしょ」の原則とはお互い対立することを指摘している。「わたしはこうしたい」「自分ならそんなことはやりたくない」といった生徒ひとりひとりの違いを大切にし、「ひとりひとり」の違いを認めてしまうと、「同じであること」を基本に、「みんなでいっしょ」に何かをやったり、協力し合うことが難しくなるからである。したがって、「ひとりひとり」の違いを認めたうえで、なおかつ「みんないっしょ」をするのは、とてもむずかしいことなのだ、と苅谷は述べている。そして、「ひとりひとり」の原則と「みんないっしょ」の原則をどうやってうまく学校という場の中におさめていくか、この問題を解くことが鍵になる、と苅谷は述べている。

だが、ガチンコで対立している「みんなといっしょ」と「ひとりひとり」が仲良く並び立つことがはたしてできるのであろうか。

(2) 子どもにとっての「みんな」と「ひとり」

子どもから見た「学校のかっこう」は、苅谷が論じているような「みんないっしょ」「ひとりひとり」の原則とは異なる、子どもにとっての「みんな」と「ひとり」があるように思う。子ども同士のなかでは、「みんな」がやっているから、「みんな」が言っているから、「みんな」が持っているから、といったように、「みんな」ということばが微妙に異なった感じで使われる。

わたしが小学校低学年の時、スーパーカーが流行した。クラスの男子の誰もが、スーパーカーの描かれたお弁当箱、筆箱を持って学校に来るようになると、わたしも無性に欲しくなった。また、「スーパーカー消しゴム」も流行った。休み時間の教室で、ボールペンのバネでその消しゴムを飛ばしあいっこをし、走行距離を競い合ったり、お互いの消しゴムをおはじきのようにぶつけ合って机から落ちたら負け、というゲームに興じていた。消しゴム、といっても、文字なんかぜんぜん消せやしない、実用品としての用を為さない代物だった。だが、フェラーリやランボルギーニ、ポルシェの消しゴムは大人気だった。

そうなると、たくさん消しゴムを買いたくなる。親からは「そんなにたくさん買ってどうすんの」と言われるが、「みんな持ってるから」「みんな買ってるよ」と言い訳をする。また、自転車もまるでスーパーカーのようなフォルムの変速ギア付きの自転車がはやりにはやると、わたしも欲しくなった。その際も、「みんな持ってる」「みんな買ってる」と言って子ども独自の「みんな原則」を持ち出すのだ。また、いたずらや悪さをして親や教師から怒られると、「みんなやっている」と口答えして言い返したりする。すると、親や教師から「みんなのせいにするんじゃない、自分のせいでしょ!」と怒られたりもした。この場合の「みんな」って、なんなのだろう、とフト思う。

一方で、「ひとり」ということばも、「一人ひとりの個性を大事に」「子ども一人ひとりはちがう、ひとりひとりのちがいやよいところ、特長をのばしていきましょう」といった感じでよく使われる。ただ、子どもにとっての学校という場は、この「ひとり」というのがとりにくいところではないだろうか、と感じてきた。近年、学校の場の中で「ひとり」でいたり行動したりすることを「ぼっち」や「ぼっち行動」と言ったりするように、「『ひとり』ぼっち」になることを極度におそれ、避けられている。

(3)「ひとり」と「みんな」、「わける」と「わけない」

「ひとり」と「みんな」のことばに着目して独自の「いじめ」論を展開してきた論者に芹沢俊介がいる。彼によれば、「いじめ」の根っこには「ひとりになるのを恐れる」というわたしたち人間の弱さがあると言っている。すなわち、「いじめ」は、「ひとり」が怖いばかりに、「ひとり」であることの不安と怯えにさいなまれ、「ひとり」であることに耐えられない子どもたちが、「みんな」という「集団身体」への帰属感とそれとの一体感を欲しがり、「集団身体」に自己確認と安心を求めてすがりつこうとするところに生まれる、というのだ（芹沢 2007）。

また芹沢によれば、「みんな」というのは、「すべての人」という意味ではないという。「みんな」という意識のあり方には、「集団身体」にその一員として一体的に属しているという感覚というのがあるという。「集団身体」というのは、おおよそ一九五〇年代後半からはじまり、一九七五年前後に完了した地域社会の「学校化」というものがもたらしたものだという。子どもたちにとっての歴史上最大の不幸は、学校外の場で自治的で自立的につくっていた子どもたちの群れ集団が解体してしまった出来事だと芹沢は言う。学校の場の外にあった子どもの群れ集団は、年齢差を超えた、一つひとつの明確な顔の集まりとして自立的・自治的に構成されていた。その群れ集団を、「学校化」の波が一掃してしまった、学校が子どもたちの暮らしのすべてになった、と芹沢はいう。「学校化」によって、教室に集められた子どもたちは、一つひとつの顔を消され、全体が一個の身体であるように、すなわち「集団身体」として行動するように求められはじめた、と芹沢は述べる。

（4）「みんな」を求めず、「ひとり」になれるには？

芹沢は、「いじめ」が終わるための条件を以下の二つをあげている。ひとつ目は、「みんな」という帰属性を求めないこと、二つ目はわたしたち一人ひとりが「我あり」という状態である「ひとり」になることができる力を持つことをあげている。「我あり」というのは、一人気ままに行動したり、考えたりできるような、随意性を保証された状態の「ひとり」のことである。安心して安定的に自分が自分であること、すなわち同一性に自足している状態のことであり、自尊感情は、こうした「我あり」のうえに成立する肯定的な存在感覚を指しているという。それとは反対の状態、「我なし」の状態というのは、「自分が自分として自足できないという同一性を奪われた状態のこと」（芹沢2007）であるという。

それでは、「みんな」という帰属性を求めず、「ひとり」になることができるには、どうしたらいいのだろうか。芹沢は、わたしたち一人ひとりが「我あり」という状態である「ひとり」になることができるためには、どんなことがあっても切れることがない絶対の信頼の対象である「隣る人」を内部につくることが必要だという（※この「隣る人」という言葉を芹沢は、児童養護施設の施設長をつとめてきた菅原哲男の言葉から援用している（菅原哲男『誰がこの子を受け止めるのか』言叢社、2003）。

それでは、「みんな」という帰属性を求めないで生きていくためにはどうすればいいのだろう。芹沢はやはり、「隣る人」が鍵となると述べている。芹沢によれば、「みんな」という「集団身体」に身を寄せないではいられない子どもたちは、「ひとり」になれるための条件に欠けている、すなわち子どもたちの内部に絶対の信頼の対象としての「隣る人」が心の中に育っていない（「我なし」の状態）、そのためにその欠如感を埋めようとして、「みんな」という「集団身体」に依ろうとするという。

だとすると続いて、どうしたら「隣る人」が子どもたちの内部に生まれるのだろうか、という疑問が生じる。芹沢は、子どもたちに一人ひとりに特定の「受けとめ手」が現れること、そこに登場した受けとめ手に受けとめられるという体験（受けとめられ体験）をたくさんすることを通して、その受けとめ手が子どもにとって絶対の信頼の対象になっていくことによって、「隣る人」が子どもたちの内部に生まれるという。「受けとめ手」というのは、子どもが存分な受けとめられ体験をできるように「そこにともに居続ける」特定の存在であるという。この存在が絶対の信頼の対象として子どもたちの中に内面化されたとき、子どもたちは「我あり」という状態における「ひとり」になることができるという。

（5）学校は「我あり」としての「ひとり」になることができるのか？

芹沢の「みんな」と「ひとり」ということばを用いた「いじめ」論は、「いじめ」だけにあてはまるものではないと思う。学校という日常でのありふれた姿、「かっこう」を映し出しているようにも思える。それは、芹沢の言うところの「我あり」としての「ひとり」になることができない、そして、「みんな」という帰属性を求めがちになってしまう、「みんな」という「集団身体」に身を寄せないではいられない、学校のなかでの子どものかっこうであるのだと思う。

わたしは、中学一年のとき、「みんな」（といってもクラス全員の「みんな」ではなく、一部のグループの「みんな」）による「からかわれの輪」にはまり、そこからはい出すことができずにいた。からかっていたクラスメイトは、からかいという行為をしなければ「我なし」としての「ひとり」にされてしまうような、「みんな」という「集団身体」に身を寄せないではいられなかった子どもたちだったのだろうか。「からかい」は、「我あり」としての「ひとり」になることができない子どもによる行為だったのだろうか。

そして、西田くんに対する一連の出来事は、「隣る人」がいなかった「我なし」状態としての「ひとり」にいたわたしやクラスメイトのような子どもたちによるものなのだろうか。西田くんの「隣る人」であろうとした担任の先生を、「隣る人」として求めようとしたわたしやクラスメイトが引き起こした出来事であったのだろうか。

はたして、学校という場は、「みんな」という「集団身体」に身を寄せなくてもよい場になりえるのであろうか。学校に集う子どもたちの誰もが、「集団身体」としての「みんな」に依らずして、「我あり」の状態にある「ひとり」になることができうるのだろうか。

いやその前に、学校の場で、子どもたちは、どのように「みんな」がつくられ、どのように「ひとり」がかたちづくられるのだろうか。わたしには、いまだに何もわかっていない。

(6)〈みなし〉や〈決めつけ〉からの〈ずらし〉

わたしは子どもの頃、先生や周囲から「まじめで、しっかり者」として〈みなされ〉、〈わけられ〉た。それは、「ひとりひとり」の個性として、良かれと思われて、〈みなされ〉、〈わけられ〉たものであったのだろう。固着し、身動きのとりづらい、周囲から押しつけられる「個性」ほど、しんどいものはない。そう〈決めつけられ〉続けることでがんじがらめになり、自分の身がすり減らされ、削られてしまうような感覚を覚えた。

ただ、小学六年生のとき、音楽の先生がふと、「出口くんは、まじめ一辺倒だと思っていたら、ときにふっと間の抜けたことをやったりするのね」と言われたことがあった。音楽の先生は、わたしのその「間の抜けた」ことに注目して面白がってくれた。まわりからは、「まじめで、しっかり者」、それがわたしの「個性」であると〈みなされ〉つづけてきたわたしだが、実はかなりの「お調子者」で「おふざけっ子」でもあった。いつも毎朝、教室に入るとき、どんなズッコケた入り方をしてクラスのみんなを笑わせようか、いつもそんなことばかり考えていた。

自分への〈みなされ〉が、〈決めつけられ〉になってしまうとき、その〈みなし〉や〈決めつけ〉をたえず〈ずらし〉てくれるような存在。相対立するかのような「みんなといっしょ」原則と「ひとりひとり」の原則が同時に重んじられる学校の場（苅谷 2005）のなかで、しめつけられるようなしばりのなかにいるわたしのなかで、音楽の先生の、その何気ない〈ずらし〉の言葉が、ほんの少しだけ気を楽にしてくれていた。音楽の先生だけではなく、他の友だちからかけてくれた、その絶妙な〈ずらし〉の言葉や振る舞いに何度か出会うことから、学校生活をこれでも楽しくすごすことができたように思う。

「受けとめ手」や「隣る人」というのは、芹沢の言うような、どんなことがあっても「切れることがない絶対の信頼の対象」でなくてもいいように思う。自分ががんじがらめにされるような、身動きのとりづらくしてしまうような〈みなされ〉や〈決めつけられ〉から、ふとしたことで、ほぉ〜とやわらぎ、ほぐされていく。そんなこわばりや凝り固まりから、ちょっとでも〈ずらし〉してくれるような、子どものなかの、いろんな、さまざまな面を見出してくれ、それらをおもしろおかしがってくれるような、

「受けとめ手」「隣る人」がいてくれるだけでいい。それは子ども同士であってもいい。先生や親、近所の人であってもいい。そんな人が一人でもいてくれると、ほっと息をつくことができる。そんな場合もまた、あるのではないだろうか。

【文献】

江原由美子　1985「からかいの政治学」『女性解放という思想』勁草書房
苅谷剛彦　2005『学校って何だろう――教育の社会学入門』ちくま文庫
芹沢俊介　2007『「いじめ」が終わるとき』彩流社

第三章

ケア・支援をめぐる〝むき出し〟な〈つながり〉

――ケア・支援する人の〝こころのパンツ〟の脱ぎっぷりと暮らしぶり

1 〝こころのパンツ〟を脱ぎましょう⁉

十数年前、ある認知症ケアの場でわたしは、川島さん（仮名）という人から「わたしはケアの仕事をする人に『〝こころのパンツ〟を脱ぎましょう』と言ってます」という話を聞いた。

ある日、そのケアの場で他のケアスタッフと利用者が彼に、何か歌え、とけしかけた。そこで、川島さんは「わたしの地元にはニワトリの七不思議がありまして……」と言い、ある唄を歌い出した。

「コッコッコッ、コケコッコ　ニワトリ　クソひって（ふって）しりふかない　それでもタマゴはおいしいよ」。「コッコッコ、コケコッコ　ニワトリ飛び乗ってすぐ終わる　それでも赤ちゃんできちゃうよ」。「もともとは何の唄？」「これ、何のメロディーやったかいね？」とケアスタッフと利用者が言い合い、ある利用者が「はとぽっぽ！」と正解を出す。すると、「そうでしたねー」と皆はドッと笑いながら拍手する。

「ニワトリはどうやってするん？」という問いかけに、二番の歌詞の情景がどんなものか、川島さんと他のスタッフがそれぞれ雄鶏、雌鶏となって、ノリに乗って？その情景？を演じはじめた。お互い名優（怪優？）でニワトリの子づくり風景を見事に演じた。かなりの「下ネタ」全開の快演（怪優？）ぶりにドン引きする人がいるのではないか、とわたしなどはハラハラしまくった。ところが拍子抜けするくらいに皆、迫真？の演技に爆笑と喝采の拍手を惜しみなくおくっていた。

このケアの場では、まず意識的にでも「安心を贈り続けること」「楽しむこと」を心がけていた。だがそれは、「今、ここ」の時と場を、楽しんでもらえば（楽しませれば）それでよい、と考えているわけではない。

「認知症」とされる人のなかには、記憶にかかわる暮らしのしにくさや、判断に時間がかかることなどにより、不安や焦燥感、困惑にさいなまれ、「今、ここ」を十分に楽しむという体験がもてない人が少なくない。また彼らは、自分が何かする度に、周囲から「しっかりしてよ」と叱責される体験をくり返す。さらに、「そんなことはしなくていいからおとなしくしてて」と保護的に抱え込まれたりする体験をし続ける。そのような体験をくり返すなか、孤立しがちとなり、周囲の者とふるまい合い、通い合う場面が極端に減ってしまう、と言われる。[1]

そんな「心から楽しむ」ことができにくくなっている「認知症」とされる人たちの〈身になって〉考え、動くのならば、彼らに「心の底から」楽しむという感覚を取り戻してもらう場の雰囲気が大切となる。そのためには、ケアの場の中にいるケアする者もまた、ケアされる者と同じように、「心の底から」楽しもう、というのだ。

ケアする側にたつ者としてはどうしても、その人の「生命・生存」の安全と管理に心がいってしまいがちになる。「認知症」とされる人たちとお互い「心底」楽しんでいるという時間と空間をともにもちにくくなりがちになる。

だが、「心を閉ざしがち」で、「心から楽しむこと」ができにくくなっている認知症とされる人たちの〈身になって〉考えれば、「心を許せる」相手になるためにも、まずはわたしたちが「心から楽しむ」姿を見せ続け、自分から相手に対して心を許し、心を開いて相手に接していきましょう、わたしたちの方から〈身をもって〉〝こころのパンツ〟を脱ぎましょうよ。この「〝こころのパンツ〟を脱ぎましょう」という言葉は、こういうことなのだろう、と当時のわたしは思った。

そしてまた、当時のわたしは、ただただ単純に、川島さんの〝パンツ〟の脱ぎっぷりに脱帽し、彼の〝熱い〟メッセージに深く感じ入り、憧れの念をいだいた。今後自分も「認知症」とされる人たちと関わり続けることになるのなら、わたしもまた、〝こころのパンツ〟をおおいに脱げるようになろう、と思った。

2 〝こころのパンツ〟には何がある？

その後、わたしはある地域で介護の市民活動グループに関わらせてもらっていたときがあった。そのとき、メンバーの方から「住み込みをやらない？」と言われたことがある。今度グループホームをつくるので、その一室を貸してあげるから、そこに住み込んで、入居する認知症の高齢者の人たちと暮らしをともにしながら彼らを見守る仕事をしてみないか、と誘われたのである（当時は介護保険がはじまる前だったので、そんな柔軟な運用ができたのだろうが）。

当時のわたしは、関わる側の目線で、「認知症」とされる当事者とどのように関わっていけばいいのか考えていきたい、と思っていた。このまま研究し続けても研究稼業として研究職などの仕事で食べていく見込みはほとんどない不安とジリ貧状態のなかで生活していた。

ただ、研究していく上でも、もっと関わる側の立場になってみたいと、職安（現在のハローワーク）に通い求人票をめくる（当時はパソコン検索はなかった）毎日をおくり、ある介護施設の夜勤職員として採用されようと就職実習を受け（採用はされなかったが）、「ホームヘルパー2級」（当時の名称）の講座に通って資格を取ろうとしていたときであった。「住み込みをやらない？」と誘われた時、このまま介護する仕事に邁進していければ、と思っていた。

あれから年が過ぎ、大学教員の職を運良く得た後も、研究と介護の仕事の「二足のわらじ」でやっていけないかと可能性をさぐってもいた。教員をしながら、ＮＨＫ学園に入学して通信制の高校生をしながら実習生として介護施設に通い、国家試験を受けて介護福祉士の資格を取ったりしていた。

だが、その後のわたしはというと、いまだ「潜在介護福祉士」のままである。介護の仕事としては、教員をしながら、自立生活センターのアテンダントとして障害者の介助の仕事もしてきたりもした。

だがそれから問題関心の目線が少し変わっていった。というのは、「認知症」とされる当事者となり、介護を受ける立場になったら、自分はどうなるのか、どうしたいのか、そういうことを考えるようになったからだ。

「する側」からケア・支援のことを考えるよりむしろ、「される側」から考えていきたい。そのようにわたしの問題関心が移り変わっていった。それは、もっと「認知症」とされる当事者の側から介護や支援を考えていきたい、と思ったことでもある。

といえば、かっこいいのだが、実はもう一つかっこ悪くて人には言えない理由がある。そう思いたくないのだが、介護する仕事、支援する仕事におそれ、おののいている。それがもう一つの理由だ。

ケアを仕事とする人にとって必要だと川島さんが言っていた〝こころのパンツ〟を脱ぐことに迷い、惑う自分がいる。年を重ね、〝こころのパンツ〟どころか、〝こころのヨロイ〟をますます身にベタベタと自らつけまくり、がんじがらめになって身動きがとれなくなってきている。

はたして、ケアや支援で食べていくには、〝こころのパンツ〟を脱ぐことが必要不可欠であるのだろうか。ケアや支援をする者が〝こころのパンツ〟を脱ぐという態度、気構えをもてばいい、ということなのだろうか。ケアや支援をする者だけの「気のもちよう」次第なのだろうか。

実際わたし自身がいまだに〝こころのパンツ〟を脱げないがゆえのひがみもあって、そんなことをウジウジとついつい感じてしまっていた。わたしはこの〝こころのパンツ〟というものがすっかりわからなくなってしまっていた。

それ以前に、そもそも〝こころのパンツ〟、その〝こころのパンツ〟を脱ぐ、ってなんなのだろうか、と今さらながらグルグルと考えを巡らすようになってきた。自分のなかの恥じらいを捨てること、自分をオープンにすること、自分の気持ちをはだかにすること、あけっぴろげになること、そういったこと（だけ）なのだろうか。いやむしろ、それだけではないだろう。〝こころのパンツ〟には、もっといろんな意味が込められ、含まれているのではないだろうか。

〝こころのパンツ〟の意味するもの。ここでは、今まで数は少ないながらもさまざまなケアの場に関わらせてもらいながら、わたしが「ケア・支援する人」の暮らしぶりについて見聞きしてきたことを手がかりにして、〝こころのパンツ〟にはどのような意味が含まれているのか、ケアや支援で食べていくには果たして〝こころのパンツ〟を脱がないといけないのか、いろいろと思いをはせ、掘り下げて考えをめぐらしてみたいと思う。

3 〈自分の生きざま〉と〈集う人たちの生きざま〉を重ね合わせる

〝こころのパンツ〟を脱ぐことを考えるにあたって、ここで、自分の〈生き方〉として「宅老所」という支援のあり方を選び取っている人たちについて取り上げてみたい。

「ケア」や「支援」の場は、人間の触れ合いやぶつかりあいの中で起こった出来事が生じるところでもある。そんな場や、その場の人たちの〝たたずまい〟といったものを臨場感をもって、コトバでもって伝えるというのは、難しい。

また、「百聞は一見にしかず」、と言う。何度も聞くより、一度その場に行って自分の目で見れば、その場のことがよくわかるという。しかし、一見だけではよくわからない場というものもある。

宅老所「井戸端げんき」もそんな〝得体の知れない〟場の一つだ。そんな得体の知れない場のことを一見しただけで書けるわけがない。ただ、わたしが「井戸端げんき」を何度かお邪魔したとき、そして代表の伊藤さんとお会いしていろいろ話をうかがったとき、わたしの身に何か「ワサワサ、ザワザワしたもの」を何度も感じてきた。そこで、わたしがそこで感じてきた「ワサワサ、ザワザワしたもの」が何だったのか、伊藤さん自身の「宅老所という場を通したカラダに根ざした」コトバを手がかりに考えてみたい。

「宅老所」は、一九八〇年代後半あたりから全国各地で点描のように広がっていったケア・支援の場である。「〈生き方〉としての宅老所」を唱える「井戸端げんき」という宅老所では、今までにさまざまな〈生き難さ〉な事情をかかえて暮らしてきた人たちが、「井戸端げんき」で働く人たちと出会い、共に生きていくなかで〈生き直し〉ていく姿がみられる。

また、〈生き難さ〉から〈生き直し〉ていく姿をみせるのは、通い集う人たちだけではない。彼らの〈生き難さ〉から〈生き直し〉によりそっていく側のケア・支援する人たちもまた、何らかの〈生き難さ〉をかかえて宅老所のなかで〈生き直し〉をはかっている。

代表をつとめる伊藤英樹さんは昔、知的障害者施設や高齢者の介護施設の職員をしてきた。しかし、高齢者は高齢者福祉、障害者は障害者福祉という縦割りで仕切られている福祉現場での生き難さ、働き難さを感じながら、自分はどう生きていけばいいのかがもがき苦しんできた。

そんな伊藤さんが宅老所を開いたきっかけは、彼の父親がくも膜下出血で倒れて介護が必要になり、通っていたデイサービスで利用を断られ、他に受け入れてくれるところはなかったことがきっかけであった。彼の父親は、どこにも行けず家にこもっていたら昼夜逆転の生活になってしまい、生きる意欲も失ってしまった。

伊藤さんはデイサービスの枠のなかでおさまらなかった父親の生活を取り戻そうと思い、二〇〇二年に在宅で介護する生活から自ら宅老所を開き、父親には「利用者第一号」として通ってもらい、自分はその「スタッフ一号」として父親を介護する、というお互いの〈生き直し〉をはかることとなった。

伊藤さんは、「井戸端げんき」を立ち上げるまで「生きている実感」が乏しいという〈生き難さ〉をかかえていた。だが、宅老所の活動をはじめてからその実感のなさはなくなり、〈生き直す〉ことができたという。ただしかし、彼はいまだに「いつも誰かに振り回されて、誰かに迷惑をかけて、徒労と自己嫌悪にさいなまれながら、その日その日を乗り越えている」（伊藤 2008）と自分の人生、とくに情けない自分を姿を「臆面もなく」語る。

また彼は、宅老所に通い集う人たちの〈生きざま〉を語る際、固有でドラマティックな〈生きざま〉をみせている彼らと自分の〈生き方〉とを重ね合わせるかのように語る。宅老所を研究している奥田は、伊藤さんたち「宅老所」実践をしている人たちというのは、自分はどう生きて、どう死にたいのか、ということを、宅老所に来る人たちの生き方を通して実践し、自分や宅老所を「物語り」として語っていると指摘する（平野・奥田 2011）。

また奥田は、「物語り」は、多様で複雑な現実を、語り手から聞き手へと語られることで、意味づけられ、解釈され、形作られてゆくという点で、「〈生き方〉としての宅老所」はまさに「物語り」であり、その「物語り」を受け取った側は、自分の人生と重ね合わせてその「物語り」を読み解くことになると述べる（同上）。ならば、わたしもまた、「〈生き方〉としての宅老所」の「物語り」を受け取る側として、わたし自身の自分の生き方と重ね合わせて、そこでの「物語り」を読み解いてみたい。

4 〈生き方〉としての宅老所「井戸端げんき」

(1) 脱「障害種別」、「固有名詞」の人の支援

宅老所「井戸端げんき」は、千葉県の木更津駅から歩いて五分、本町商店街の通りに面した路地を入った突き当たりの二階建ての民家にある。「宅老所」は、地域で家族以外の高齢者を引き受ける場だ。「宅老所」によっては、高齢者だけではなく、障害児者や、赤ん坊や子どもを、同時に、同じ場で、分け隔てなく預かるところもある。障害者の問題でも、高齢者の問題でも、福祉のことで困りごとがあったら、いつでも、誰でも、何でも請け負う。伊藤さん曰く、「福祉の便利屋」だ。[2]

〝通常の〟福祉サービスでは、「障害福祉」は「障害者のみ」を対象とし、「高齢者福祉」は「高齢者のみ」を対象とした切り分けされたサービスを提供する。ところが「井戸端げんき」では、制度にとらわれず利用者の人たちのためになることだけを自由にやっていたらいつの間にか、いろいろな人がごちゃごちゃといられる居場所となっていた。

「井戸端げんき」では「障害者」「高齢者」というカテゴリーわけはしないいし、する必要もない。結果的に、脱「障害種別」な支援、そして「固有名詞」の人の支援となっている。

例えば、井戸端げんきに通っている六〇歳後半のヨウコさんは、当初、金切り声で「殺せー、殺せー」

と叫んでばかりいた。その声は、伊藤さんたちも他の通所者もノイローゼになってしまいそうなくらいだった。ただ、ヨウコさんは、美空ひばりの歌を歌っているときだけ、落ち着くことができた。

そこで、井戸端げんきに来ているヒデキさんにヨウコさんの隣でひばりさんの歌を一緒に歌ってくれるよう頼んだ。ヒデキさんは詩吟の教室に行っていたというし、歌も好きだという。

「統合失調症」をもっているヒデキさんは、数十年間、人から頼み事をされたことがなかった。彼は、一生懸命ヨウコさんの隣で一緒に歌を歌ってくれた。すると、ヨウコさんは「殺せー」と言わずにヒデキさんと仲むつまじく歌い合うようになった。

ヒデキさんは、「井戸端げんき」で「精神障害者」福祉としての支援をとくだん受けているわけではない。彼は、「殺せー」と叫んでしまう「高齢者」のヨウコさんの側にいて、唄が好きなヨウコさんと一緒に歌う。いつの間にか、ケアされ支援される側の「利用者」のヒデキさんは、別の「利用者」であるヨウコさんをケアし支援することで、それがまた自分自身への「ケア」にもなっている。

(2)「想定内」ではすまされない「固有名詞」の人の支援

宅老所は、「固有名詞」の人の支援をする。〝通常〟の施設は、一日のプログラムや時間割を決めて生活し、毎日「企画ずくめ」で過ごす。ある意味で、「想定内のことでなりたっている」。それに対し、井戸端げんきは「あらかじめニーズを想定しない」し、「何をするかは、その時考える」という。介護保険以降の介護施設、介護事業所など介護の仕事は、危険なことを回避し事故が起きないようにするなどリスク管理などが叫ばれるなか、「想定内のことでなりたっている」ことが必要不可欠となってきている。だが、「想定内のこと」で営まれる施設では、徘徊したり暴力を振るったり、集団の調和を乱したりする高齢者の面倒は見られず、そうした高齢者は通所や入所を断られる場合が少なくない。「井戸端げんき」でやっていることは、サービスに利用者が合わせるのではなく、利用者のニーズに合わせてサービスの形を変えていく。その意味では「想定外のことで成り立っている」といえる。

例えば、「井戸端げんき」に通っていた人でユタカさんという人がいた。ユタカさんは膝を悪くしてからは、車いすの生活になった。通ってくるまでは、「意地悪じいさん」な存在だったらしく、車いすと杖をもち、道行く通行人や近隣の人に嫌がらせをしていた。

そのうちケアマネさんから伊藤さんに電話がかかり、ユタカさんは膝を悪くしてからお風呂にきちんと入れていない状態で、「他のデイサービスに行っても、難しくてサービス提供者側から断られる始末で、なんとかお風呂だけでも入れられないか」と相談をもちかけられた。

実はユタカさん、昔は商店街一帯のまさに「世話役」だったという。保健所による飲食店の衛生面の指導の際、保健所の役人と一緒に店を回る役目を担っていた。目の見えない後妻のトシコさんとも、彼女がご主人に先立たれたところに、ユタカさんが一緒に暮らして面倒を見てきた。

そんなもともと「人の面倒見のいい」人が、膝を悪くして車いすの生活になって面倒を見られる側になり、「自分が面倒を見られること、人の世話になる」自分が許せず、そのこととどう折り合いをつけていいのかわからずにいた。

かつては商店街の世話役だったユタカさんが、地域から孤立して周囲からは「意地悪じいさん」と変わり果ててしまった、そのように見えたのはそんな事情があったのだ。

そこで伊藤さんたちは、ユタカさんが「人の世話にはならない」と「デイサービスの利用者になる」ことを拒んでいるのなら、こちらがサービスをするのではなく、「一緒に手伝ってくれない？」と頼むことにした。ユタカさんは「それじゃ俺が面倒見てやるよ」と言って「井戸端げんき」の「世話役」としてかかわってもらうことになった。

すると、ユタカさんは伊藤さんたちの想定外なことをしはじめた。彼は伊藤さんたちを引き連れ、「こいつらのこと、よろしく頼む」と商店街の店を挨拶して回った。だが、すぐお風呂に入ってくれたわけではなく、宅老所の中にも入らなかった。これも伊藤さんたちにとって「想定外」のことだった。ユタカさんは「ここは年寄りが世話される場所だろう。若い者の面倒を見ている俺が入るわけにはいかん」と言い、「おまえら、食え」と持ってきた饅頭を玄関先から投げて帰っていった。ユタカさんは彼なりの、「面倒を見る側の役割」を立派に果たしていたのだ。

どう風呂に入ってもらおうかと考えた矢先、玄関先で「たまには、お風呂に入っていけば」と言ったところ、ユタカさんは「いいよ」と言ってくれた。一緒に入ろうと誘えばユタカさんもお風呂に入ってくれると思い、伊藤さんは先に服を脱いで裸になりお風呂で待っていた。

すると、自分が入るのだとは思わず、腕まくり、足まくりして「おまえの背中を流してやる」と伊藤さんの背中を洗ってくれた。これもまた「想定外なこと」だったわけだが、でもそこでやっと宅老所の中に上がってくれたのだった。

5 〈間柄〉になることとしての〝こころのパンツ〟を脱ぐこと

(1)「人柄」だけでなく、〈間柄〉も

「井戸端げんき」という〈生き方〉としての宅老所では、相手との「関係性」としての〈間柄[3]〉というものにこだわってかかわり合っているように感じられた。

たしかに、「サービス労働」としての介護や支援での語られ方、論じられ方も、ケアする側とされる側との「関係性」は重視するよう唱えている。だが、それはあくまでもその人の「生活歴」などとしての「相手の人柄」が重視されるにとどまるのではないだろうか。そこからさらに踏み込んで、支援者である自分が相手とどういう〈間柄〉をとっていくのか、といったことに重きをおくようなことはないだろう。

なぜならば、「サービス労働」としての介護や支援では、誰が利用者としてやって来ようとも、だれが支援者として関わっても、同じように介護や支援ができるように心がけている傾向があるからだ。

また、訪問介護事業所では「ケアサービス利用者からお茶やお菓子を出されてもいただかないよう」に言われることがある。お茶を飲み合う〈間柄〉にはなる必要がない。それは、サービスを利用する人

たちにそんな気をつかわせるようなことはしないように、そして何の気兼ねなくサービスを利用して欲しいという心遣いでもあるからなのだろう。ただそうなると、固有で特定の〈間柄〉にならずともよい、必要はない、ということになる。

ここでいう〈間柄〉というのは、「わたしケアする人、あなたケアされる人」という間柄にとどまるものではない。またここでの〈間柄〉は、「ケアする側」が「ケアされる側」とどのような関係をつくるか、に限られたことでもない。

（2）「頼み - 頼まれ」の〈間柄〉

例えば伊藤さんとユタカさんとの間にそんな〈間柄〉があったりする。[4] 前述したように、ユタカさんは膝を悪くして車いすの生活になった後、道行く通行人や近隣の人に嫌がらせをしていた。「井戸端げんき」に通うようになるまでそのままいけば、「意地悪じいさん」な「人柄」でとおってしまっていたに違いない。

以前のユタカさんは、商店街一帯の「世話役」をするなど、もともと「人の面倒見のいい」という「人柄」だった。そんな人が、膝を悪くして車いすの生活になって面倒を見られる側になり、「面倒を見られる、人の世話になる」自分が許せず、そのことどう折り合いをつけていいのかわからずにいた。かつては商店街の「世話役」だったユタカさんが、地域から孤立して周囲からは「意地悪じいさん」という「人柄」と変わり果てたように見えたのは、そんな事情があった。

ユタカさんは、「人の世話にはならない」と「デイサービスの利用者になる」ことを拒んでいた。そこで伊藤さんたちは、それならばこちらが「サービスする」のではなく、「一緒に手伝ってくれない？」と「頼み－頼まれ」の〈間柄〉になることにしたのだった。

「お風呂に入らない」ことに関しても、前述したように、ユタカさんにどう風呂に入ってもらおうかと考えた矢先、玄関先で「たまには、お風呂に入っていけば」と言ったところ、ユタカさんは「いいよ」と言ってくれた。一緒に入ろうと誘えばユタカさんもお風呂に入ってくれると思い、お風呂に一緒に入って「ハダカのつき合い」という〈間柄〉になろうと伊藤さんは先に服を脱いで裸になりお風呂で待っていると、ユタカさんは自分が入るのだとは思わず、腕まくり、足まくりして「おまえの背中を流してやる」と伊藤さんの背中を洗ってくれた。それでも、そこでやっと宅老所の中に上がってくれたのだった。

（3）「ケアされるケア」という〈間柄〉

〈生き方〉としての宅老所は、〈自分の人生〉と〈集う人たちの人生〉を重ね合わせる。「わたし介護する人、あなた介護される人」という意識がどこかで脱している、抜けている。

また、それは、自分の気の持ちようでなるわけでは決してなく、そんな意識にさせる場と空間というものがある。例えば、働き手の人たちの中には「じいちゃん、ばあちゃん」（「井戸端げんき」では集い来る高齢者の人たちを「じいちゃん、ばあちゃん」と言う）の膝枕でゴーゴー寝ている人が時々いるという。

膝をかしている「じいちゃん、ばあちゃん」の方は、人から頼りにされて満更でもない様子だという。

伊藤さんは頼られることで「じいちゃん、ばあちゃん」の張り合いが出ていることでは、これも「立派な〈仕事〉をしている」と言う。このような、ある意味で逆転した「頼り‐頼られ」な関係性〈〈間柄〉〉は、「ケアされるケア」といえるだろう。

この「ケアされるケア」というのは、ケアする側の人がケアされる側の人にケアされる、ケアを受ける側にある人が、ケアをする側の人に対してケアする、「ケアされる側がケアすること」そのこと自体がケアされる人にとってのケアになっていることをいう。

（4）相手と〈間柄〉を取り結ぶこととしての〝こころのパンツ〟を脱ぐ?!

このように、〈生き方〉としての「宅老所」では、その人がどういう「人柄」なのか、だけではなく、それよりむしろ、支える側である自分が集い、通ってくる人たちとどういう〈間柄〉になりたいのか、どうつきあいたいのか、ということに重きをおいている。

〈間柄〉というのは、自分と相手との固有な、唯一無比のものであるのだろう。ただし、その人と支える側との間で時がたつなかでうつりゆき、変わっていく点では、〈間柄〉というのは、あらかじめ定まったものではない。

〝こころのパンツ〟を脱ぐ、というのは、相手に自分の「人となり」、「人柄」をみせていくことだけではないのではないだろうか。自分と相手とがどういう〈間柄〉をとっていくのか、どんな〈間柄〉になっていくにせよ、「ケアする側とケアされる側」という垣根を取り払い、相手と〈間柄〉を取り結んでいくことも〝こころのパンツ〟を脱ぐということに含まれているのかもしれない。

6 「プライベート」な時という〝こころのパンツ〟からの脱けだし

(1) 「おつとめ」と「つきあい」——「仕事のオンとオフ」の意識のなさ

〈自分の人生〉と〈集う人たちの人生〉を重ね合わせる〈生き方〉としての宅老所のような支援を志向する人たちは、「仕事のオンとオフ」と呼ぶような暮らしぶりはないようにみえる。伊藤さんは、「仕事」という意識をもってやっているのではなく、「仕事」という意識の切り換えもない、と言っていた。例えば、ユタカさんは他のデイサービスから「朝早く来る、そんなに朝早く来られてもデイサービスは開いていないから困る」と断わられてきた。そんなユタカさんが起きるのにあわせてまだ日も明けてない時刻に伊藤さんたちは迎えにいく。

もちろん、「井戸端げんき」のデイがはじまるまで時間があるので、近くのコンビニによってパンや肉まんを買って一緒に朝ごはんを食べる。〝通常の〟デイサービスの職員は、ここまでのことはしないだろう。「井戸端げんき」ではサービスに利用者が合わせるのではなく、利用者のニーズに合わせてサービスの形を変えていく（伊藤 2008）。伊藤さんはユタカさんとの〈間柄〉を「利用者と職員」ではなく、たとえ年は離れていても「友だち同士」の感覚、「一緒に生きている仲間だと思っている」から、苦にしたことはない、これが自然かな、と言っていた。

それはまた、「おつとめ」としての「サービス労働」としての支援とは異なり、〈生き方〉としての宅老所はその人の暮らしや人生との「おつきあい」としての支援でもあるのだろう。

サークルやネットワークを「つきあい」という視点で論じた天野は、「動けぬつきあい」と「動けるつきあい」ということを述べている（天野 2005）。「動けぬつきあい」というのは、「場」や「位置＝役割」関係に拘束された人びとの営むものをいい、多くの場合、集団所属が運命的に決定されている血縁や地縁、仕事縁（社縁）など、選べない縁にもとづくつきあいにみられるという。そしてまた、この種の義理をともなうつきあいは、しばしば「つとめ」あるいは「おつとめ」と呼ばれる。

これに対して、人びとが生きていく過程で、既成のしくみや人間関係によっては解決できない欲求や課題とむきあう場合がある。そうしたとき、そこに欠けているものを埋め合わせるべく、新しい共通の目的や課題を媒介にして人が人と出会い、人がお互いに呼びかけあい、人びとが集まる、拘束のゆるい非定型的な集まりのことを「動けるつきあい」という（天野 2005）。

ただ、ここで天野は、「動けるつきあい」での人と人との適切な距離というものは、たやすく生まれるものでないことに注意しなといけないとも述べている。至近距離で乱暴に接近しすぎたり、遠慮しすぎて遠ざかりすぎたり、あちこち迂回したり、つきあいが成熟していくためには、「時間」が必要であり、つきあいは本来、効率を求めないところに成り立つものであるとも言っている。

「井戸端げんき」で働いている人たちのなかには、働くところがなくて、他で働く場所がなくて、ここにいる人もいるという。むしろ、「おつとめ」としての「サービス労働」としての「介護」を求めてやって来た人は、思い描いてきた介護の場所とは違うから面接に来ても拒んで帰っていくこともあるという。ある意味、「介護」をやりたくて、ここに来た人はいなくて、「一生懸命生きるためにやってくる」人が多いという。

わたしが時に学生を引き連れて「井戸端げんき」を訪れると、いつもプロ野球チームの楽天のTシャツを着ているケアスタッフの女性がいる。わたしや学生たちは、彼女の音頭についついのせられて、木更津の夏祭りにかかせない「やっさい、もっさい」という踊りを見よう見まねで踊らされたりする。今ではムードメーカー的な役割をしている、そんな彼女は以前、離婚してシングルマザーになり、三人の子どもを養うために仕事をしなければならなかった。今までに清掃業、お弁当屋さん、キャディーさんなどをやってきたが、どれも二年ともたなかった。だが、「井戸端げんき」では一〇年間以上も働き続けている。

彼女は面接にやって来たとき、まだ0歳の子どもを連れて来た。面接中、我が子のオムツをかえながら受け応えをしていたという逸話を他のスタッフがわたしに披露してくれた。彼女は、「おつとめ」という「動けぬつきあい」の場では動けなかったのだが、「動けるつきあい」の場では働き続けることができたということでもあるのだろうか。

（2）「仕事と私生活の時間を分かつ」という〝こころのパンツ〟から脱けだせるのか

わたしの知人のなかに、地域で知的障害や身体障害をもつ子どもや成人が地域で生活できるように支援する仕事をしている人がいる。彼は、自分の自宅を開放してそこに知的障害をもつ人たちの部屋を用意して受け入れ、彼らと一緒に生活している。彼らとその家族を支援するために忙しく飛びまわり、仕事も生活も知的障害をもつ人たちと共にいる。

また、彼は身体障害をもつ人と一緒にバンドをくみ、身体障害の人がボーカルを担当し彼はベースを担当していたりもしている。かつてわたしは彼に「自分ひとりになってのんびりする時間もないですねえ」と聞いてみたことがあった。すると彼は、「こうやって自分でも楽しんでいるから大丈夫」と答えた。自分の楽しみもまたその支援の仕事のなかに取り込んでいる。「仕事が趣味、趣味が仕事」といった月並みで陳腐な表現もある。だが、ここではしっくりくるものではないだろう。

〈生き方〉としての宅老所で働く人たちもまた、個人の、私的の、自分ひとりだけの時間を持ちたいという意識はないようにみえる。だが、それは「自分の時間」を相手に差し出し、明け渡している、ということでも、昔ながらの篤志家のごとく、自らの私生活をなげうって滅私奉公型で働いているわけでもなさそうだ。

「井戸端げんき」での働き手の人たちは、休みの日に集い通ってくる人の所へ行って一緒に外へ出歩いたり、ドライブして遊びに行ったりすることが少なくない。ある意味で、「仕事」と「私生活」との境目・境界があまりない。「仕事」と「私生活」を切り換えて暮らしてはいない。

これを周囲の人たちは、やれ「休日出勤」だの、「サービス残業」だの、「無償労働」だと批判的に言うかもしれない。わたしなどは「自分だけの時間」というのがないのでは？　と疑問に感じてしまう。独身者だとできるのかもしれないが、結婚をしていたり、子どもを産み育てている家庭持ちの人だとそうはいかないのではないかとも思ってしまう。

だが、以前まで別の介護施設に勤めていた人によると前の施設にいたときより「井戸端げんき」では〈休み〉がある、というのだ。というのは、前の施設で働いていた時には、流れ作業のようななかでしゃかりきになって働いていたから、休日中は廃人のようになって寝るだけだった。

だが、今の「井戸端げんき」という仕事場のなかでは「自由に振る舞えて動けている」から、日々の暮らし自体にも「ゆとりや余裕がある」という。だからなのか、休みの日であれ、別に仕事をしなくてもよい時間であれ、集い通ってくる人たちの所へ行って彼らとの〈つきあい〉を楽しんでいる。

それはつまり、前の仕事場では「時間のなかに自分がない」状態だったが、今は「自分がある時間」がもてている、「時間のなかに自分がある」といえるのだろうか。それゆえなのか、「仕事」と「私生活」の切り換えや境界は必要でない、「自分（ひとりだけ）の時間」は要らないのかもしれない。

ただし、仕事と私生活との時と場の境目をあえてハッキリと分けなければならない支援の仕事もまたある。わたしの知人に、「虐待されている」と判断された子どもを保護する仕事をしている人たち（児童相談所のケースワーカー）がいる。「虐待している」とされる親たちのなかには、自分の子どもを暴力に訴えてでも奪い返そうとする人たちも少なからずいる（もちろん、「虐待している」とされる親のすべてがそうであるわけではない）。
虐待されている子どもの身の危険が迫ることは絶対に回避しなければならないために、彼らとは個人的な連絡先（自宅や携帯の電話やメール）を明かして取り交わすことは絶対にしない。彼らに自分の私生活を知られないように神経をとがらせるのは、知られたら最後、子どもを保護する支援職の人たちはもちろん、彼らの家族や家庭にも暴力的に脅されるなど身の危険が迫る場合が少なくないからだ。自分自身とその家族の身を守るためにも、絶対に仕事と私生活との境界線をはらなければならない。そんな支援の仕事もある。

ところで、わたしはというと、「自分ひとりだけの時間」をポケーっと過ごすことに愛しさを感じてしまう。自分ひとりの「とき」と「プライベート」に入り込まれることのとまどい、うろたえを感じてしまう。また、他人の「とき」と「プライバシー」に入り込むことの気まずさ、気後れ、気遅れ、ためらいを感じてしまいがちだ。

わたしは、「ワークライフバランス」に関する議論の前提にあるような、仕事と私生活、私的な時間、家庭生活は「分けるもの」「分けることができるもの」「分かつべきもの」としてみなす仕事観、労働観にどっぷりとつかりすぎているのだろうか。「自分（ひとりだけ）の時間」をもつことに重きをおく時間の価値観に飼い馴らされているのだろうか。

7 〝むき出し〟な〈つきあい〉としての支援

（1）「お願いです。最期をわたしに看取らせてください」

「井戸端げんき」では、本人とその家族との信頼関係が築けている場合、伊藤さんたちがその人の最期を看取っている。他の宅老所のなかでも、「ここで人生の最期を」という最期を迎える場としての、「看取り」の場の提供をしているところが少なくない。

だが、「井戸端げんき」ではスタッフの方から、「お願いです。最期をわたしに看取らせてください」と家族にお願いをすることもある。それは、その人が看取り期になったからといって、その人との築き上げてきた〈間柄〉や〈つきあい〉がここで切れてしまうにはしのびないと切に思うからだろう。

「井戸端げんき」から車で一〇分ほどの住宅地に、共同民家「かっぱや」がある。「かっぱや」という屋号は、ユタカさんが昔やっていたラーメン屋さんの屋号である。宅老所は、〝基本的〟には「通い（デイサービス）」の場だ。ただ、宅老所は「固有名詞」の人の支援をする。なので、今まで住み続けてきた土地での暮らしを長く続けてもらうために、「泊まり」が必要な高齢者には〝当然のように〟「泊まり」の支援もする。それはすなわち、それは、「ここで人生の最期を」という最期を迎える場としての、「看取り」の場の提供にほかならない。「井戸端げんき」では家族との信頼関係が築けている場合、伊藤さんたちが最期を看取っている。

最初は宅老所のなかにもなかなか入ろうとしなかったユタカさんも、「俺は人生の最期までここにいるからな」と言ってくれるまでになった。彼も「井戸端げんき」で看取ることができたという。伊藤さんたちは、看取りの際、亡くなった「じいちゃん、ばあちゃん」の体を拭くなどして、旅立ちのお世話をしたりする。そして、おみおくりしてよかった、と思うという。「（伊藤さん曰く）じいちゃん、ばあちゃん」に出会うと、この人はどういう着地点にあるのかな?と考えていく。こうした「人との関係性」が力になる。人間をそのたびそのたび学び直す。

人生最期にいい過ごし方、「人生の卒業」ができるように、お年寄りとのいい別れ方をやっていきたいと言う。いわばもうそれは「介護者」としてではなく、〝おくりびと〟ならぬ〝みとりびと〟〝つきあいびと〟という支援の仕事があるかのようでもある。

それは、「人生のバディ（同輩）、パートナー（同伴者）」としての〈間柄〉となって生きることでもある。ただし、それはまた、それなりの（というか、よほどの）覚悟もともなうものでもあるだろう。そこでの看取り-ユタカさんたちが人生最期の日々の暮らしを意に染まない形で過ごさないように支援し介護していくこと-は、なかなか簡単なことではない（その様子については、伊藤さんの著書〔伊藤 2008、伊藤 2010〕を読んでいただきたい）。そこには、「井戸端げんきに通う人たちの〈生き方〉として、最期を迎えるまで、息を引き取るまで、最期まで〈生き抜く〉ための支援とケアの場としての宅老所の姿がそこにある。

それはまた、彼らの〈生き方〉を支援する伊藤さんたちの「〈生き方〉としての宅老所」でもある。伊藤さんは、「わたしのやっていることは、〝介護〟じゃないんです。〝介護〟をしたくて、この仕事をしているわけじゃないんです。出会っている人たちと〝ただ一緒に生きているだけ〟なんです」と言う。伊藤さんたちは「一緒に生きる」ことをさせてもらっている、と言う。このようなスタイルでやっていくと、「介護としての仕事」ではなくなってくるのだろう。「介護サービス」としてのような〈スタイル、スタンス、姿勢〉とは違ってくるのだろう。いわば、「脱介護」なのだ。逆に言えば、「介護」だけでは、「固有名詞」の人の暮らしや人生の「支援」とはならないのだろう。

伊藤さんは、「仕事」という意識の切り換えはないと言っていた。「仕事」という意識をもってやっているのではなく、まさに〈生き方〉そのままだという。「固有名詞」の人の暮らしや人生の支援をするならば、いわばもうそれは「介護者」としてではなく、家族以外の「人生のバディ（同輩）、パートナー（同伴者）」として生きることになるのだろう。

（2）「おカネ持ち」より「ひと持ち」

伊藤さんたちは、決しておカネを稼いで裕福な暮らしをしていきたいと思ってはいない。それでも食べていけるだけの生活の糧はえられているし、日々の暮らしに困ることもない、と言う。

「井戸端げんき」の働き手の人たちの中には結婚し、子どもを産み育て、その暮らしを成り立たせている人たちもいる。そんな彼らは仕事場に自分の子どもを連れて来る人もいる。働き手の子どもが学校帰りにやって来て、通い集ってくる人たちと交じって時間をすごしている。

働き手同士のあいだで私生活を包み隠すということはほとんどないという。彼らは、自らの家族の事情についても伝え合い、私生活を見せ合い、共有し合っている。その家庭での暮らしの事情にあわせて働き方を補い合い、働き手同士で助け合っている。

社会学者の上野千鶴子は、「おカネ持ち」より「ひと持ち」になることをすすめる（上野 2009）。ある意味で、伊藤さんたちも、「おカネ持ち」でない代わりに、豊かな「ひと持ち」であるといえるだろう。ただし、口では簡単に「ひと持ち」なんて言えるが、「ひと持ち」になるのはそんなに簡単なことではないとわたしは思う。たしかに、〝こころのパンツ〟を脱がなくても、「おカネ」さえ払えば簡単に手に入る「サービス」はたくさんあるだろう。

「おカネ」を介したつきあいというのは、「おカネ」さえあれば、手軽に手に入る。「ひと持ち」というのは、そんな「おカネ」を介したつきあいなどではない。

どんな「ひと」との〈つきあい〉をもっているのか。つき合っているのはどんな「ひと」であるのか。このような、ひとえに人との〈つきあい〉のありようにかかってくるのではないだろうか。

自分が困ったときや助けがいる時に「助けて」と求める場合、ある意味で、自分の悩みや弱み、恥ずかしい面を相手にさらけ出さねばならない。そこで自分の悩みや弱みをさらけ出すことができるような、信頼のおける、気の許せる、頼み合え助け合えるような、〝こころのパンツ〟を脱ぎすて合うことができるような、そんな「ひと」たちが、はたしてわたし自身の身のまわりにどれほどいるだろうか。

（3）ケア・支援をめぐる〝むき出し〟な〈つながり〉

〈生き方〉としての宅老所で働く人たちは、自分の弱さを自分で認めている人たちでもある。矛盾しているようだけど、だからこそ強いのだろう。自分の弱さを人にみせる意志の強さとでもいうのだろうか。それはまた、ある種の「安心感」があるようにもみえる。この場がある限り、この場が続いていく限り、仮に自分自身が暮らしの支えが必要になっても、ここにいる他の人たちが支えてくれる。それは今も支えてくれている、という「ひと持ち」であることの強みでもあるのだろう。

こうして考えていくと、「〈生き方〉としての宅老所」のケア・支援というのは、「人と人との〈動けるつきあい〉」やその〈つきあい〉をめぐる「時」と「場」をある意味で〝むき出し〟にしてしまっているように思える。今からして思えば、〝こころのパンツ〟を脱ぐとは、そんな意味も含まれるのかもしれない。

ただし、「〈生き方〉としての宅老所」での「人と人との〈動けるつきあい〉」やその〈つきあい〉をめぐる「時」と「場」を〝むき出し〟にする場というのは、ある意味で「危うさ」がつきまとっているように思う。

〈つきあい〉について研究した天野は、自然な親しみの上に成り立つ〈つきあい〉はたしかに不安定であり、〈つきあい〉にともなう「馴れ合い」は互いの差異と意志の確認を妨げやすい。だから、「動けるつきあい」の場というのは、つねに「自己と他者との、そして内に向けての凝集性と外への開放性」との危ういバランスをどうとっていくのか、「危機」を内部にはらんでいると論じる（天野 2005）。そして、「動けるつきあい」がどこまで創造的でありうるかは、自他の相互行為の「プロセス」が必要とされ、それぞれのメンバーの共感を実存の深みからどれだけ引き出しえているかにかかっているという（天野 2005）。

わたしの職場で教えている学生の中に、卒業後、「サービス労働」としての介護の仕事に就いた者がいた。その学生は、「サービス労働」としての介護を仕事としての社会的地位を高め、そのなかで「介護」をよりよきものに変えていきたいという希望をもっていた。

その学生が「井戸端げんき」という働き場に接した時、働き手の人たちの、またその働き場である宅老所の存在の〈物語り性〉の濃さと強さに対して、自分とは何か違うものを感じていた。それは、人前で自分の「物語り」を出すことの気恥ずかしさを感じているようでもあった。また、自分の「物語り」をさらけ出せるほど、人は〈強く〉はないのでは、という疑問のようでもあった。

そしてまた、わたしと一緒に宅老所に行った学生たちのなかの何人かが、伊藤さんのことを〝神〟だ、と今風の言葉でこう表現していた。あがめ奉るようなその表現は、わたしもそんな〈生き方〉をしてみたい、という憧れ、畏敬の念であるのだろうか。

いや、どうやら、そうではなさそうでもある。人に雇われて働き食べていく「おつとめ」としての労働・仕事観や「自分（ひとりだけ）の時間」に価値をおく時間観を前提に生きてきた学生にとっては、近寄りがたい、わたしにはできない、なれない、わたしとは違う世界の人という、ある種の断絶感でもあるのだろう。

「動けるつきあい」という「型」にはまらないもの／ことへ自由さを感じ、なじみやすさを感じる人もいれば、逆に「型」にはまらないもの／ことの不安定さに対して、なじみにくさを感じる人もいる。それはまた、「おつとめ」という「動けぬつきあい」としての「型」にはまったもの／ことへに対して窮屈さを感じる人もいれば、「型」にはまったもの／ことに自分がいることへの安心感を感じる人もいることでもあるのだろう。かといって、「こっちはこっちで、あっちはあっちで、勝手にやっていけばいいだろう」と言ってしまうのもどんなもんだろうかとも思う。

(4) わたしのなかの危うさ

かくいうわたしも、「井戸端げんき」を訪問したとき、そして代表の伊藤さんにいろいろ話をうかがったとき、何かワサワサ、ザワザワとわたしの身が大いに揺さぶられるような感覚が生じた。わたしはある種の「危うさ」を覚えた。その「危うさ」は、「井戸端げんき」に対してではない。それはわたし自身に対する「危うさ」だ。

わたしは、自分の弱さを人に見せられずにいる。〝むき出し〟になれずにいる。その意味では、意気地がなく、〝こころのパンツ〟が脱げられずにいる。「宅老所」をやる人たちの自分の弱さを開放し開示する〈強さ〉に圧倒され、その一線を超えられずにじくじたる思いの中でジタバタしている。

わたしはこれまで、人生や生活における様々な場面で人との〈つきあい〉をブチブチと切って生きていくような〈生き方〉をしてきた。わたしがある種の「危うさ」を覚えたのは、自分の中の、〈つきあい〉や私的時間や仕事に対するある価値観がすっかりしみついたわたしの土手っ腹に向かって、鋭利な刃物で斬りつけられたように感じた、そんな「危うさ」があったからなのかもしれない。

わたしは、人に頼る、人に我が身をまかせることができない、という「ひと持ち」の悪さのまま、ここまできた。そんな自分の〈生き方〉のつけが今になってまわってきたのかもしれない。

ケア・支援のなかで〝むき出し〟に生きている人たちがいる。一方で、〝むき出し〟にできない、してはらならないケア・支援の仕事を引き受けている人たちもいる。わたしは彼らを見て、わたし自身何を感じ考え、どうしていくのか、自分で自分に問いかけ、問い続けるしかない。そう生きている人たちからわたしは目をそらさずに、生きていくしかない。

【注】

（1）この川島さんのエピソードにはじまる文章は、出口泰靖『あなたを「認知症」と呼ぶ前に』（生活書院、2016: 262-265）で書いたものを再構成した。

（2）この節での文章は、雑誌『支援』の「支援の現場を訪ねて」のコーナーで書いたもの（「支援の現場を訪ねて　井戸端げんき（木更津市）」『支援』1号（生活書院、2011: 138-139）に補筆したものを載せている。

（3）この「人柄」と〈間柄〉というのは、教育社会学者の杉本厚夫の考えから示唆を受けた。彼は、「あの子、知らんから遊べへん」「あほやなあ、遊んだから友だちになるんやで」と言い合っている子どもたちの話にハッとしたという。子どもは知らない者同士でも、遊びを通じて仲よくなって仲間になっていく。その場合、子どもたちの最大の関心事は、「誰と遊ぶか」ではなく、「何をして遊ぶか」となる。つまり、そこにいる人がどんな人かという「人柄」ではなく、そこにいる人とどんな〈間柄〉をつくっていくのかが重要なのだという（杉本 2011）。ここでいう〈間柄〉というのは、固定的なものではなく、相手とともにつくっていくという関係性である。この〈間柄〉によって付き合い方を変えることで、多くの知らない人と付き合うことができるという（杉本 2011）。

（4）ユタカさんについては、雑誌『支援』の「支援の現場を訪ねて」のコーナーで書いたもの（「支援の現場を訪ねて　井戸端げんき（木更津市）」『支援』1号（生活書院、2011: 138-139）に補筆し、再構成した。

【参考文献】

天野正子　2005『「つきあい」の戦後史』吉川弘文館

出口泰靖　2011「支援の現場を訪ねて　井戸端げんき（木更津市）」『支援』1号、生活書院、138-139

出口泰靖　2016『あなたを「認知症」と呼ぶ前に――〈かわし合う〉私とあなたのフィールドワーク』生活書院

平野隆之、奥田佑子　2011「継承される『生き方』としての宅老所―世代間での対話」宅老所・グループホーム全国ネットワーク、小規模多機能ホーム研究会、地域共生ケア研究会編『宅老所・小規模多機能ケア白書2011』筒井書房

伊藤英樹　2008『奇跡の宅老所「井戸端げんき」物語』講談社

伊藤英樹　2010「『ただ生きる』ことと『生きる意味』が一致した場所」三好春樹監修『生き方としての宅老所』ブリコラージュ

三好春樹　2010「世界の化けの皮をはぐ」三好春樹監修、高橋知宏・藤渕安生・菅原英樹・伊藤英樹著『生き方としての宅老所』雲母書房

杉本厚夫　2011『かくれんぼができない子どもたち』ミネルヴァ書房

上野千鶴子　2009『男おひとりさま道』法研

四章の前に——
支援の現場エッセイ

デイの行き帰りは、〝BMW〟に乗って

ケアや支援に根づく〈あたりまえ〉を
〈根っこ〉から掘り返す
次世代型デイ「DAYS　BLG!」

1　「乗るならもっと、格好のいい車がいい」

いつからなのだろう。わたしはいつの間にか、高齢者のデイサービスの「送迎」車というのを、デイの名前と電話番号が描かれた「白いワンボックスカー」と決めてかかり、何の疑問も感じずに、その車の姿を見ていたように思う。

そんな思いがよぎったのは、東京都町田市の「NPO法人　町田市つながりの開」が運営するデイサービス「DAYS　BLG!」（以下BLG!と略）の「送迎車」が、外車の〝BMW〟（しかも2ドア!）からはじまった、という話を聞いたからだ。

「ああいう車には乗りたくない」。それはメンバー（BLG!では、ここに集う人たちを「メンバー」と呼ぶ）のひと声からはじまったという。「ああいう車」、そう、あのデイサービスの名前と電話番号がついた「白いワンボックスカー」だ。「〝お迎え〟の車だなんて、〝人生のお迎え〟、〝あの世のお迎え〟み

たいだ」。「乗るならもっと、格好のいい車がいい」。「どうせなら、外車がいい」。「若い時には乗れなかったから、ぜひＢＭＷにしてくれ」。メンバーたちから、つぎつぎに、さまざまな声があがった。そういうメンバーたちから出た声から、「送迎車選び」がはじまった。「送迎車選び」からはじめるデイサービスなんて今まであったろうか。しかも、デイを利用する側の人たちによって。

メンバーの人たち自身が気に入る車をもとめ、彼ら自らで車の販売店に足を運び、あっちこっち探して見てまわった。メンバーみんなで意見を出し合い、考えあった結果、さすがに新車は手が出ないので、中古のＢＭＷになった。ただ、その後の修理代の方が高くついた。しかも2ドアだから、乗るのが結構大変だったり、というおまけもついたりした。

2　高齢者デイに根づく固定観念

そもそも、デイの送迎は「白いワンボックスカー」と誰が決めたのだろう。おそらく、送迎しやすい、という事業者側・サービス提供者側の「都合」で、なんとなく定着した、といえるのではないだろうか。もちろんたしかに、あの「白いワンボックスカー」だと、車いすがのせやすい。足腰など体の不自由な人も乗りやすい。利用者の人たちのためを思って、あの「白いワンボックスカー」が彼らの移動には便利で適切な車だと選ばれてきたのだろう。

だが、ＢＬＧ！のメンバーの中にも体の不自由な人もいる。その人などは、「かっこいいＢＭＷ」に乗るために、２ドアであっても頑張って張り切って乗るのだそうだ。

この送迎車を選んで決めるとき、外車じゃない方がいい、とかＢＭＷじゃなくて他の車がいい、なんてメンバーの人たちの中で違った意見は出なかったのだろうか。そんな疑問を投げかけたところ、メンバーの人はこう言った。「みんな大人だから。だけど、自分の主義じゃないとだめ、ということではない。車種選びは、みんなは言いたいこと言い合う。みんなで話すとき、自分の意見を押し通すのではなく、予算がいくら、というのなら、現実的になって考えて、話し合って決まっていく」。

この「送迎車」をめぐってのエピソードだけをとってしてみても、「一般的な」デイだと、送迎の際はどんな車に乗りたいか、利用者の人たちに希望を聞いたりはしないだろう。ましてや、送迎車を利用する人たち自身で意見を出し合ったり、自ら足を運んで車選びに行ったりもしないだろう。今までのデイでは、そんな視点や発想はほとんどない。

利用者であるメンバーの人たち自身がまずはどう思っているのか。どう考えているのか。何をやりたいのか。本人の意思に合わせていくこと。そこから出発していく。それこそがＢＬＧ！の出発点なのだそうだ。

3　今日一日をメンバーの人たちでつくっていく

ＢＬＧ！では、サービス提供者によって決められたメニューをこなす、というものはない。今日一日どうすごすかは、メンバーの人たち自身が話し合って決めていく。わたしが訪問した日もそうだった。わたしが訪れた日は、メンバーは九名いた。朝、今日来るメンバーがみな集まると、まず午前中におこなう、いくつかの受注された仕事を誰がやるか、メンバーの人たちで話し合いながら分担を決めていく。メンバー本人が今日は何をやるか、選び、決めながら、携帯用のホワイトボードに書き込んでいく。

どれをやりたいか、ほかにやりたいことはないか、こっちの人員が足りないと、じゃあ、自分がこっち行くわ、メンバーの人たちで話し合って決まっていく。わたしが訪問した日は、近くのＨＯＮＤＡカーズの店へ行って展示車両を洗車する仕事が入っていたが、この日はあいにくの雨のため、とりやめとなる。わたしが訪問した日は、門松の竹を切ってとってくる、たまねぎの皮むき、領収書貼り、年末なので大掃除もしたい、などなどの仕事や希望が出てきた。

今日のお昼ごはんをどうするかも、話し合って決まっていく。従来のデイのように、サービス提供者がお膳立てをするのではない。お昼ご飯を作れる人、作るのが上手い人がいれば、ＢＬＧ！のなかで食べる組と、外に出て食べる組とにわかれたりする。お昼ご飯を作って食べる組は、さらに材料を買い出しする人などが選出、選抜される。わたしが訪問した日の昼食は、外へ出てカラオケランチをしに行くチーム、お弁当を買ってきて味噌汁は自分たちで作ってBLG! のなかで食べるチームにわかれることになった。お昼までに皆がやることを決めると、メンバーの人の中から、掛け声をかける人が選ばれる。「エイ、エイ、オー!」。気合いを入れて声をかけ合うやいなや、わらわらとみな外に飛び出し、仕事にとりかかりはじめる。

メンバーとスタッフが仕事にとりかかりはじめると、電話が鳴りはじめる。メンバーの一人である奥村さん(仮名)がおもむろに電話をとる。「はい、BLG!」。彼は刑事ドラマ『西部警察』の大門刑事のような渋い声で電話の受け答えをしている。誰がメンバーで、誰がスタッフなのか。

そもそも、デイサービスは、ケアサービス提供者側によって、利用者がサービスをうけ、ほどこされる場として決めつけてしまってはいなかっただろうか。BLG!では、メンバーとスタッフが一緒になってつくりあげている印象を強くうける。

4 出たり、入ったり、で、出たり

BLG!にわたしが行ってみて強い印象をもったもう一つのことは、は、出入りが自由、という印象が強かった。メンバーの人たちはみな、出たり入ったりがひんぱんで、自由気ままに出歩いている印象をうけた(もちろん、スタッフも一緒に並んで出歩いている)。

ＢＬＧ！に通いに来ているメンバーの人たちのなかに、奥村さん（仮名）という男性がいる。彼は現在七二歳。石油会社の営業マンとしてバリバリ働いてきた。六八歳の時、前頭側頭型認知症という診断を受けた。今は週二回、ＢＬＧ！に通っている。

わたしが訪れた日、奥村さんは、「本屋に注文して買ったり、図書館から借りてきた」と言って、本をどっさりと手提げかばんに入れ、かかえこんでＢＬＧ！にやってきた。その中には、ケアや支援の専門家が書いた本や、上野千鶴子さんなど研究者が書いた本もある。「本がすごいいっぱい入ってますね」とわたしが驚くと、奥村さんは「だからこの前、手提げのひもがブチッと切れたんだ」と笑っていた。

わたしなんかよりとても勉強熱心な奥村さんは、実は、わたしの大学院のゼミにゲストスピーカーとして来てもらって話をしてもらったことがある。ＢＬＧ！に訪問しようとわたしが思ったのも、奥村さんに是非遊びに来て、と誘われたからでもある。

奥村さんは診断を受けてからしばらくは、家から外に出ることができなくなり、社会から引き離された感じになったという。そこからＢＬＧ！に出会って社会とのつながりを取り戻すことができたという。ＢＬＧ！に通うようになってから、わたしのような当事者の語りを聴き取りたいと思っている人たちに対して自らの体験を語り出し、自らの意見を発信し始めている。

わたしが訪問した日も、ある地方新聞の記者の取材を受けていた。その奥村さんは昼食後、わたしと新聞記者の人に「ここじゃあ、なんだから、近くのスタバに行ってゆっくり話そう」と誘い出した。そして、スタッフにひとこと言い残したかとどうかもわからないまま、さっさと玄関に行って靴をはきはじめた。あわてて新聞記者の人が一緒に行ってきますね、とスタッフに確認をとっていた。奥村さんは、もうスタスタ外に出てスタバに向かって行っていた。

5　デイは「目的」ではなく「手段」

代表の前田さんの話によれば、「一般的な」デイは、デイという場所に行くこと自体が「目的」となっている。そして、デイに行くことで、そこで目的が達成され、完結してしまう。「一般的な」デイは、ほとんどデイのなかで日中をすごす。その中ですべてが完結し、自宅に送る時間になるまで、一日の中でそんなにひんぱんに外に出たり入ったりがひんぱんに繰り返されることはない。そんなにひんぱんに外に出ようものなら、まさに「徘徊」と決めつけられてしまうだろう。「外に出たい」とたとえ言ったとしても、話題をかえられ、場面を変えられ、外に出られずに終わることだろう。代表の前田さんは、まるでそれはインド発祥のスポーツ「カバディ」のような包囲網がはりめぐされている、と冗談めかして言っていた。

メンバーの奥村さんも次のように言う。「今までのデイでは、全員、同じことしかできない、させてもらえない。全員、右向け右だ。箱になかにとじこめられているようだ。一つの箱の中で監視させられている。そこでの利用者は、まるで〝商品〟みたいなものだ。つつがなく、商品に遜色なく返すことができたらいい、というのが今までのデイの役割だ」。

それに対し、ＢＬＧ！では、その場に行くこと、そこからはじまる。ＢＬＧ！は「目的」ではなく、何かをしたいと思っている人たちの希望をかなえるための「手段」の場なのだ。

６　「実はおじちゃんも認知症なんだよ」――子どもたちが「認知症」を肌身で感じる

当初のＢＬＧ！は、住宅地にある平屋の一軒家だった。同じ屋根の下の別の部屋が小学生対象の学習塾になっていた。同じ敷地内に住んでいる大家さんから、たまたま学習塾と一緒に一軒家の平屋を借りていた。

子どもたちが来る日時になると、ＢＬＧ！は駄菓子屋にも変身し、ＢＬＧ！のメンバーは駄菓子屋のオッチャン、オバチャンにもなる。他の駄菓子屋よりも安いと、子どもたちに好評だという。これなども、今までのデイのように、子どもと交流会を、イベントとしてやるわけではない。あくまでも、日常の光景としてである。

ＢＬＧ！のメンバーが子どもとやりとりする場は、他にもある。メンバーは出前で、学童保育に行き、絵本や紙芝居の読み聞かせもしている。先ほどのメンバーの奥村さんがＢＬＧ！のなかをわたしに紹介してくれたときも、「ここに紙芝居があって」といくつか紙芝居を取り出し、学童保育の読み聞かせを披露してくれた。

そんな紙芝居のなかにも、認知症に関する紙芝居もあり、一通りその紙芝居を披露した後で、「実はおじちゃんも認知症なんだよ」と子どもたちに告げるという。そして、「認知症と聞いて、どんなことを思い浮かぶ？」「認知症になると、どんな感じになると思う？」と認知症の当事者であるメンバー自身が子どもたちにたずね聞いたり、自らの体験を語ったり、子どもたちと話し合ったりして、子どもたちが「認知症」を肌身で感じる場を提供している。

7 「一般的な」デイに馴染めない男性でも集いやすい場

BLG！のメンバーは、五〇代の若年認知症の人から、九〇代の人もいる。メンバーの登録者数は三〇名弱で、一日に一〇名が利用する。男性が多い。わたしが訪問した日も、九名のうち、七名が男性だった。「一般的な」デイでは、女性の比率が多い。

男性のメンバーである奥村さんは、「仕事人間でこれまで仕事上のつき合いで人間関係をつくってきた多くの男性は、退職して仕事がなくなると、女性と比べて地域に出て何かをするということが今までなかったため、街や地域に自分の居場所というものがまったくない。集うところがない。しかも、今までのデイだと、『折り紙や、ちいちいぱっぱ、そんなことなんてできるか』ってタンカ切っちゃうような男性の人たちは、一般のデイに行っても、そこからはじき出される」と話した。そういう意味では、BLG！は「一般的な」デイに馴染めない男性の人たちにとっても集いやすい場であるという。

8　従来のデイはかえって介護家族の負担を増す!?

代表の前田さんから話しを聞いたとき、おおっ、そういえばそうかもしれない、と思ったことがある。「一般的な」デイは、実際のところ、介護家族のために、介護家族の介護負担を減らすために運用されている。今現在の日本社会における、通常ある従来型のデイサービスは、つきつめてみてみると、当事者本人のためのもの、というものではないというのが現状だ。実際のところ、介護する家族に一息ついてもらう（レスパイト、休息）ためのものになっている。介護する家族の負担を減ずるためのものになっている。

その「一般的な」デイが、その「介護家族のために」という運用の仕方ゆえに、皮肉なことに、その負担が増すことになっている、と前田さんは言う。従来のデイは、介護家族の負担を減らしているつもりが、かえって負担を増やしているって、いったい、どうしてだ、どういうことだ。

すると、前田さんは次のような話をしはじめた。例えば、「一般的な」デイの利用者は日中、それも午前中にお風呂に入るところがほとんどだ。その後、昼食を食べる。利用者は、お風呂にも入ったし、ご飯も食べて満ち足りた気分になる。当然のように、眠くなる。お昼寝をすることになる。スタッフも「眠いのね」と寝かしておく。本人の意思を尊重することでもあるのだろうか、ある意味、寝かしっぱなしの状態だ。しこたま眠ったところで、午後三時頃にデイから帰宅する。すると、夕方、午後六時頃に目がらんらんと覚醒する。覚める。家にいても落ちつかなくなり、「○○さんに会いに行かねば」「仕事に行かねば」とソワソワ、イソイソしはじめる。夜になっても寝られない。家族はその対応に追われ、家族もまた寝られず、睡眠不足になり、へとへとになる。

たしかに、自宅で家族がお風呂に入れる負担は大きい。その負担を減らすために、デイでお風呂がある。お風呂に入ってきてもらうと助かる。しかし、デイにいる時間ほとんど寝ていた利用者は、家に帰ってきたとたん、目がさえてしまい、落ち着きをなくし、活動したがる。家族の負担を少しでも減らすためのデイが、かえって家族の負担が増えてしまっている。本人の立場からしてみれば、お風呂は、たいていの人は夜、寝る前に入っていた。そういう生活のリズムからかけ離れて、介護職員の都合、介護家族の都合で、午前中にお風呂に入れさせられてきた。

そして、もとより当事者本人の身体的な機能も奪ってもきたと前田さんは言う。午前中お風呂に入り、お昼を食べ、午後眠ってしまっていては、日中、何の活動もしないことになり、本人の身体機能も低下させてしまっていることになる。本人と家族とをわざわざわけて、片方だけを支援するから、こういうことになるのではないか、と前田さんは主張する。ケアや支援で、本人と家族とを別々にわけて考えてしまっている。本来、ケアや支援に、本人も家族もかけてはいけないのだ、と。

デイに通うことで家族の負担も増やし、本人の身体機能も低下させている。それでは、デイというのは、いったい、誰のために、何のためにあるのだろう。デイの運用そのものを、根本から見つめ直し、立て直さなければならないのではないだろうか。

9　ケアや支援に根づく〈あたりまえ〉を〈根っこ〉から掘り返す

お昼を食べた後、メンバーの奥村さんとスタバでひとしきり話し込んだ後、わたしは、メンバーの人たちと玉ねぎの皮むき、なかの大掃除、すすはらいをした。門松づくりのための竹の切り出し作業に行っていたメンバーがもどってきて、みんなでトラックに積んであった竹を運び出した。午後の作業や仕事がひと段落したあたりで、今日の振り返りのミーティングを行い、メンバーの人たちは今日の感想を言い合う。最後に締めの挨拶と一本締め「お手を拝借～、ヨー、パン‼」で解散となり、メンバーはそれぞれの家路につく。

メンバーの人たちが帰ってスタッフの部屋の掃除を手伝い、それを終えると、スタッフの人が「出口さんも自由に書いてください」と絵具を持ってきた。訪問したときから気になっていた。ＢＬＧ！の壁

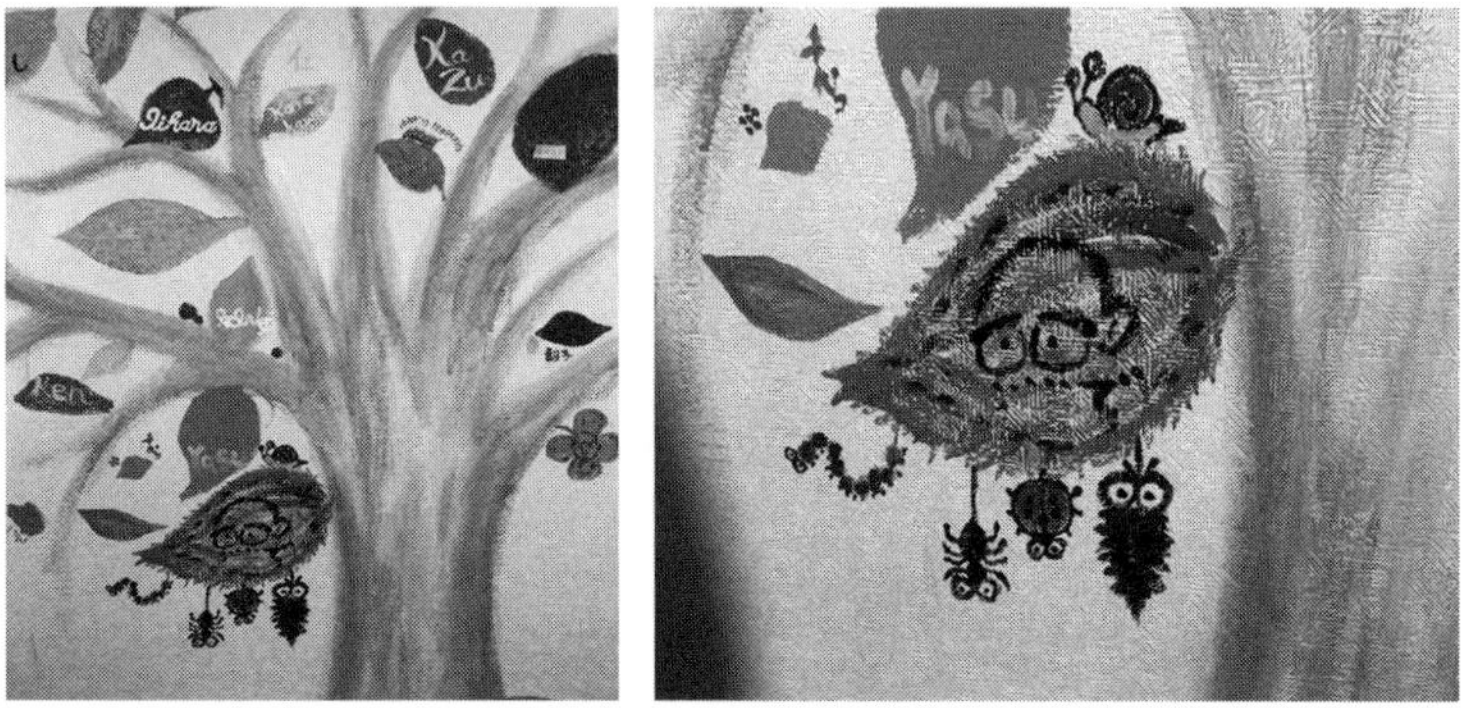

DAYS BLG! の壁画に落書き !?

いっぱいに描かれていた、大きな、そしてカラフルな樹木の絵。壮大な壁画だ。その絵の樹木の枝に、訪問した人が葉っぱなどの絵を描いて残しているのだという。

よくよく見れば、タレントのダンカンさんも来たらしく、自画像とサインが描かれていた。スタジオジブリの絵描きさんも来たらしく、葉っぱと芋虫が本格的に描かれている。ならばわたしも、と負けじと、樹木の壁画に葉っぱとカタツムリやてんとうむしやイモムシなどをいっぱい描いてみた。

壁画に絵を描きながら、ＢＬＧ!は、この樹木の〈根っこ〉のようなものなのかな、と思いはじめた。「ＤＡＹＳ　ＢＬＧ!」というデイサービスの名前らしくない、変わった名前には意味がある。「Ｂ」は「Barriers」の頭文字をとっている。これは、「周囲の環境が生きづらい、暮らしづらい、バリアで障壁のない」という意味を込めている。「Ｌ」は「Life（ライフ、生活）」。「Ｇ」は「Gathering（ギャザリング、集う場）」。「!」の「exclamation」も「社会に発信していこう」という意味がある。

「一般的な」デイで、〈あたりまえ〉のように行われていることが、ＢＬＧ！ではメンバーの人たちから「なんでそうしなきゃいけないの？」と疑問符がつけられる。冒頭で述べた「送迎車」にまつわるエピソードといい、ひんぱんに出たり入ったりが繰り返されていたりといい、デイの〈あたりまえ〉が問い直され、創り直される。ＢＬＧ！の名前は、今までのデイ、そして今までのケアや支援に根づいてしまっている〈あたりまえ〉を、もう一回〈根っこ〉から掘り返し、〈根っこ〉から変えていき、もう一度植え直して今までとは異なる樹木にしていこうという強い思いが込められているような気がした。

ＢＬＧ！とそこに集う人たちは、社会とつながることってどういうことだろう、人と人とがつながることってどういうことだろう、人が暮らしていくことって、暮らしの〈根っこ〉にあるものって、なんなのだろうと、根本的な問いをわたしに投げかけてくる。わたしは、もっと、暮らしの〈根っこ〉にあるものはなんなのか、とくに自分の暮らしのすぐそばにある〈根っこ〉に目を凝らしてみてみなければ、とわたしは思いをあらたにした。

第四章

〈つながり〉の〝病み〟と〝闇〟をだきよせて

1　はじめに

〝根なし草〟だな……わたしは。なんとなく、そう思いながら生きてきた。そんな〈つながり〉に病み、〝闇〟をかかえたまま、ここにいる。

まず、〝地域〟という〈つながり〉に病んできた。なぜなら、わたしには、〝ふるさと〟が、ないからだ。〝ふるさと〟と呼べるような場所がない。「出身はどちら?」「地元はどこ?」とたずねられると、こたえようが、ない。

もちろん、「生まれたところはどこ?」と聞かれたときは、出生地としての「大阪」とは答えられる。

だが、生まれてから二年ほどで別な土地に移り住んだ。なので、大阪という土地の思い出は、ほとんどない。そんな土地では〝ふるさと〟には、なりえない。

その後、方々の地を転々としてきた。その都度、土地土地での、人と人との〈つながり〉が切れてきた。そのため、「出身地」や「地元」と呼べるような場所が、〝ふるさと〟となる地が、ない。〝ふるさと〟や地元の人との〈つながり〉も、ない。帰る〝地元〟も〝ふるさと〟も、ない。生きて暮らすうえでの〈つながり〉の〝根っこ〟がない。そんな〝根なし草〟のまま、ここまできた。

〝家族〟や〝地域〟などの人と人との〈きずな〉や〈つながり〉を大切に。そんなポジティブで前向きな言葉が、わたしの耳にグサグサと突き刺さってくる。そのようなかけ声だけでは埋めることのできない〝闇〟をかかえてしまう時や場合もある。人と人とが関係をとりもち、〈つながり〉をつくること。そのなかでの不確かさ、弱さ、もろさ、危うさ、ままならなさ、どうしようもなさ、気まずさ、わずらわしさ、もどかしさ。〈つながり〉をつくるまでの、つくってからの、まよい、とまどい。

そのような〈つながり〉の〝闇〟にのみ込まれ、おぼれ、もがいてしまったまま、どうすることもできないでいる。

2　〈つながり〉の〝病み〟と〝闇〟——「支える側」からの〈つながり〉

〈つながり〉の〝病み〟と〝闇〟をかかえていることは、ほかにもある。わたしが「認知症」とされる人たちの〈生〉を「支えようとする側」から関わり始めた頃、「支えられる側」とされる人たちと、どのように〈つながり〉をつければよいのか、まよい、とまどい続けていた。

（1）「ケーサツ、いくか！」——向けられる〈怒り〉にとまどう

当時わたしが出入りしていた介護施設で、タケシさん（仮名）という入居者がいた。ある日、その施設の行事で運動会がおこなれた。わたしはタケシさんの担当となり、彼の付き添いにあたることになった。タケシさんは、会えばいつもニコニコしている、とてもほがらかな方だった。そのため、わたしも気楽に接することができていた。タケシさんの付き添いを頼まれたとき、わたしはなんの抵抗もなく引き受けることになった。

運動会は、施設の庭で行われた。長い間歩くことができない人は、車いすに乗っての参加となった。タケシさんは歩くことはできる。だが、車いすに乗って行くことになった。わたしは後ろで車いすを押して施設の庭に出むいていった。

タケシさんは、入場ゲートで待っている間、「なんか、ドキドキしてきたよ」と言っていた。小中学生の気分にでも戻ったかのように気持ちが高ぶっていたようだった。その後、タケシさんは福袋を取ってゴールする「福袋ダッシュ作戦」という競技に参加した。わたしは彼の車いすを押して前へと歩を進めていった。「タケシさん、あの紙包み、取ってくださいよ」とわたしが言うと、「ああ、あれとりゃあ、いいのか」と、タケシさんは満面の笑みでニコニコしながら、車いすに乗ったまま、福袋に手を伸ばし、軽々とひょいと取っていた。

午後の競技の頃になると、疲れ気味の入居者の人たちの中には、うたた寝をし始めている人も出はじめた。タケシさんも、自分の出番がもう何もなかった。そのせいか、おかんむり状態になり、頭につけていた鉢巻も殴りつけるように捨ててしまった。「あーあ、だめじゃないですか。そんなことしちゃ」とわたしが言っても「いいんだよ。こんなもの」と不機嫌な顔をして言う始末だった。表情にはハッキリと不機嫌とみてとれるものが浮かんでいた。

職員によるアトラクションがはじまった時、タケシさんが車いすから降りて、テントから外に出ようとした。わたしは慌てて「そっちに行くと、踊っている人の邪魔になりますよ」と引き留めた。だが、どうしても行くと言ってきかない。

彼はどこかに（どこかはわたしにはわからないが）行かなくては、という思いがあるのだろうか。それとも、だんだん、この運動会がつまらなくなってしまったのだろうか。

そのうち、外に出ようとするのを引き留めようとするわたしにむかって、鬼のような形相をして腕をふりあげてきた。これには驚きを隠せず、狼狽えてしまった。日頃は、にこやかな表情しかみせなかったタケシさんなのに、いったい、どうしてしまったのだろう。

独りで歩いて出ようとするタケシさんと、それを引き留めようとするわたし。押しあいへし合いやっているうち、タケシさんは声を荒げて「ケーサツ、行くか！」とわたしにむかって叫びはじめた。タケシさんにとってわたしは、自分に危害を加えようとする〝乱暴者〟に見えているのだろうか。職員の人たちが見かねてタケシさんをなだめようとしても、彼らにも「警察行くか！」とどなっている。わたしはすっかり、タケシさんと一緒にいることに気まずさを感じてしまっていた。

職員の人がわたしの代わりにタケシさんに付き添ってくれ、「そこら辺でも歩こうか」と、施設のまわりを歩くことになった。半ば疲弊気味のわたしの眼に、職員に付き添われて不機嫌そうに歩いているタケシさんの姿が見えた。

わたしは、他の職員の人がフォローしてくれたことにホッと胸をなでおろした。だが、内心ホッとしたのは、〈怒り〉を向けられたタケシさんから、離れることができたことからでもあった。向けられた〈怒り〉から離れることができたこと、それで胸をなでおろしている自分自身がいた。その自分自身に対しても、情けなさを感じてしまい、ずどーんと落ち込んでしまった。

支えようとする人から、「暴言」を吐かれ、「暴言」を浴びせられる。「暴言」だけではなく、「暴力」をふるわれる場合もある。そんな人と、どのような〈つながり〉をとればいいのだろうか。そんなことについて、ケアや支援の現場ではいろいろ話し合われ、議論されていることだろう。

だが、タケシさんとわたしとの体験をふり返って思うことがある。タケシさんにしてみれば「暴言」ではない。運動会のさなか、何らかの理由で〈怒り〉がわきおこり、その〈怒り〉をわたしに向けていた。タケシさんにとっては〈怒り〉であって、「暴言」ではない。「暴言」というのは、あくまでも、かかわろうとしているわたしの側からみた「もの言い」であるにすぎない。

かかわろうし支えようとする人が、わたしに向かって〈怒り〉を投げかける。そんな人に対し、どう〈つながり〉をとりもつことができるのか。わたしは、向けられる〈怒り〉にとまどい、まようばかりだった。はては〈怒り〉から逃げまどってしまっていた。

介護アドバイザーとして活動する福野初夫さんによると、「認知症」とされる人たちは「怒らされている」ことが多いという（「介護での『怒り』」山梨日日新聞二〇一六年一〇月七日の記事より）。特に、「お風呂行きましょう」「トイレ行きましょう」といった職員の都合で行われる「丁寧な命令語」による働きかけがしつこいと、〈怒り〉が生まれる。

ご多分にもれずわたしもまた、タケシさんに「丁寧な命令語」による働きかけばかりしていた。わたしの働きかけのしつこさによってタケシさんは「怒らされた」だけ、だったのかもしれない。

（2）「どんな関係なんですかねえ」――無力感にさいなまれる

あるケアの場に訪れた時、ゴトウさん（仮名）という方に出会った。彼女は自分の家が名のある戦国武将の家の出であることをわたしに語ってくれた。「世が世ならお姫様だったんですねえ」とわたしは驚いて言った。すると、彼女は「まだ屋敷があって親戚がその家に入っているけど、もうしばらく行ってないねえ。こんな〝呆け〟ばあさんが行ったら、向こうだって迷惑するだろうからねえ」と笑いながら語ってくれた。

わたしが声をかけるときには、彼女はいつも次のように言う。「こんな〝呆け〟ばあさん、誰も相手にしてくれんだよ。『ちょっと』と呼び止めようとしても、みんな無視して行っちまうだよ」。

またそのケアの場に訪問したとき、午後から公園に散歩しに行くことになった。その公園のなかで、ゴトウさんはわたしたちのことを見渡しながら「この人たちは（わたしにとって）どういう関係なんですかね?」としきりにつぶやきはじめた。

ゴトウさんがいつもいるケアの場（彼女にとってはおしゃべりする場）とは違う公園という場所に身を置かれてしまった。そのことから、いつも一緒にいる人たちがあいまいになって混乱し、自分のまわりにいるこの人たちは誰だろう、自分といったいどういう関係があるのだろう、と困惑したのだろうか。「こんな〝呆け〟ばあさん、誰も相手にしてくれない」「この人たちは（わたしにとって）どういう関係なんですかね?」といったゴトウさんのつぶやきは、自らの周囲にいる人たちに自らの〈生〉と〈身〉をゆだね、あずけることができるのかどうか、人と人との〈つながり〉の〝不確かさ〟を表出されているのかもしれない。

「認知症ケア」では〝なじみの関係〟という言葉がよく用いられる。「なじむ」という言葉には、「なれる」という語とは異なった味わい深い意味合いが込められている。「なじみ」は、自分ひとりだけでつくりあげることができたり営めたりするものではない。かかわる側の一方的な働きかけだけでは生じえない。相手と双方で〈かわし合う〉なかから、にじみ出るように生まれてくるものでもあるのだろう。そのケアの場と、その場に集う人たちとの暮らしのなかで、ゴトウさんがしっくりと〈なじみ〉になってゆく。それには、まだまだ〈かわし合い〉の時が必要なのかもしれない。

ただ、わたしの方はというと、〈つながり〉をとりもつことができないでいることに、ただただ自分の無力感にさいなまれてばかりいた。

3 〈つながり〉の〝止み〟——支えられる側の〈つながり〉から

では、「支えられる側」とされる人たちにとっての〈つながり〉というのは、どうとらえられているのであろうか。ケアや支援をうけようとして、さまざまな事情から〈つながり〉がはばまれてしまう。そのような、〈つながり〉が〝止む〟時もあるのではないだろうか。

(1) はばまれる〈つながり〉

わたしがかかわってきた「認知症」とされる人たちのなかには、自らの暮らしの中で旅行やレジャー、娯楽を楽しみたいと思う人たちがいる。かれらの場合、例えば映画を観たい際に、映画館まで一緒に行くことやその人の分のチケットを取ることなど、そういう「ささいな、ささやかな支え」があれば、おおいに楽しめる人たちもいる。

五十歳の時、アルツハイマー病と診断された優子さんという方がいる。[1] 彼女は、水泳といったスポーツをするなど身体を動かすことが好きだった。

当時、優子さんは週一回、ガイドヘルパーとスポーツクラブに通い、プールに行って運動を続けてきた。ただ、タイルが立体に見えたり、プールの中の階段がこわかったりしたという。また、右へ行って左へ帰ってくることがわからなくなったりもした。ただしそのような場合は、ガイドヘルパーが一緒にプールに入ってくれ、助け手となってくれていた。

ただし、そのガイドヘルパーとの〈つながり〉にこぎつけるまで、いろいろと大変だった。最初の頃は優子さんは一人でスポーツクラブに通って利用していた。そのうち、着替えなどで色々と支障が出はじめてきた。そのため、スポーツクラブのスタッフに着替えや終わった後のお風呂などに付き添ってもらっていた。

だがその後、スタッフの人員が減ったため、付き添いが難しくなってしまった。そこで、ガイドヘルパーという支援を利用しようということになった。しかし、ガイドヘルパーとの〈つながり〉ができるまで、窓口である市との交渉が難航してしまった。

「なぜ認知症の方がプールに行くのですか」。「プールに行くなら自分の風呂でもいいんじゃないですか」。そのようなことを言われてしまったという。こうして、優子さんがガイドヘルパーとの〈つながり〉ができるまで、じつに半年近くもかかってしまった。

この他にも、「映画はわざわざ外に出て映画館に行かなくとも、家で見たらいいのではないか、わざわざリスクを負って外出する必要があるのか」と言われたり、外に出ること自体難色を示されてしまったりもした。「そもそも、なぜ外に出そうとするのか」と言われ、外との〈つながり〉をつくることがはばまれる。

プールや映画館など外に出て行き、娯楽を楽しむこと。ささやかな、暮らしに彩りをそえるであろうようなこと。それらを楽しむために、家の外に出ること自体、「介護をうけている身であるのに、家の外に出てまで楽しまなくても」という周囲の心ない偏見にはばまれてしまう場合もある。

(2) はばかれる〈つながり〉

当初、優子さんは自らの病いに「楽観的だった」という。ただ、やればやるほどうまくできないことに、自らたじろいでしまっていた。自分がさまざまな、ささいなことができないことにショックを受け、さらにできなくなっていくことにショックをおぼえた。

例えば、優子さんはスーパーに買い物に行ったとき、商品の陳列棚やパッケージのデザインが変わってしまうと分からなくなったりする。店員に聞けないまま長い時間探し回るということもあった。また、買ったものをカバンにしまう時に同じテーブルにある他の客の商品もいっしょにしまってしまったことがあった。さらに、自分の家のドアと他の家のドアを間違えることもあった。

優子さんは、しだいに自分に自信を失うことが多くなった。まわりから自分がどういうふうにみられているか、気にするようになった。外に出ることもためらうようになっていき、外の人との〈つながり〉がとどまってしまうようになった。このように、〈つながり〉がとどまる、〝止む〟のは、支えられる本人の側のはばかられる思いから、という場合もある。

優子さんは、夫の彰さんのすすめで、外出する際、「わたしはアルツハイマーです――記憶に障害があります――ご配慮お願いします」と、自分自身がアルツハイマー病であることや、名前と連絡先を記した〝カード〟を首から下げるようになった。

こういう〝カード〟を本人に身につけさせることについて賛否両論でてくるだろう、と彰さんは思っていた。実際に、「このようなものをかけてまで外出する必要はないのではないか」という批判があった。地域の民生委員からも「なぜ外に出そうとするのか」などと言われたこともあったという。「どうして支援する立場である彼らが、そんなことを言うのか疑問だった」と彰さんは語っていた。〝カード〟が悪用されてしまうのではないかと心配もあった。しかし、実際には悪用されることもなく、〝カード〟を見て連絡を受けることもあり、周りの人たちは好意的に手助けしてくれたという。

4 〝密〟なる〈つながり〉と〝蜜〟なる〈つながり〉——支えられる側同士での

それではさらに、支えられる側同士の〈つながり〉についてふれてみたい。ここでは、家族介護者同士の〈つながり〉と、当事者同士の〈つながり〉について取り上げてみたい。

（1）〝密〟なる〈つながり〉——「仲間であって〝宝〟」

優子さんの夫の彰さんは、当事者とその家族を支援する「アルバの会」という会を立ちあげた。「アルバの会」では、隔月で集まり食事やお茶をしながら、それぞれの近況を話し合ったりする。また、夏祭りや、ボーリング大会、旅行などのイベントもおこなっている。その集まりから、家族の人たち同士の〈つながり〉ができている。

当事者とその家族のなかには、まわりの目を気にしたり、外出するきっかけがなくなってしまう。そのために、家に閉じこもり孤立してしまう人たちもいる。彰さんは「一人ひとり置かれている状況は違う。だが、必要としている適切な医療や介護の情報や、さまざまな支援が届かずに孤立している方もいるかもしれない。孤立して悩んでいる認知症の本人やその家族に『アルバの会』を知ってもらう努力を続けたい」と語っていた。

「アルバの会」でフィールドワークをした学生たちによれば、ある家族が会に集う人たちのことを「仲間であって〝宝〟」だと語っていたという（高木 2016）。この家族同士の〈つながり〉には、いくつかの〝宝〟がある。

まず一つ目には、家族会という〈つながり〉によって、「孤立」から脱け出すことができることがあげられる（中野 2016）。前述したように、当事者や家族は、どうしても家の中に閉じこもりがちになってしまう。そこから、定期的に外に出かけるきっかけができる。

二つ目には、家族同士でお互い相談し合い、助言を受け合うことができることにある。「アルバの会」では当事者と家族が分かれて会話をすることができる。そのため、当事者に気兼ねなく進行の程度や経過について語り合える。[2] また、受けられる制度に関して情報を収集し合う場にもなっている（中野 2016）。

三つ目は、家族の息抜きの場となっていることがあげられる。「認知症」や介護に関することだけではなく、ここでは日頃できなくなっている何気ない日常会話もできる。それが、気分転換の場にもなる（香嶋 2016）。会の集まりでは、同じ境遇の人たちだけで集まっていることもあり、共通した経験について語り合うことができる。そして、どんな恥ずかしいことを告白し語ろうとも、会の皆が受け容れてくれる。そのため、どんなことでも話すことができるという（高木 2016）。

ある家族の人は、「一般的な人と話したところで理解はされない虚しい思いを〝笑い〟に変えられる場」と語っていたという（高木 2016）。実際に、学生たちと参加した「アルバの会」では、家族の人たち同士でおおいに語らい、笑い声が絶えなかった。家でひとりで抱えている辛い思いをここで発散している（高木 2016）。このような親密な〝密〟なる〈つながり〉でなければ、語れないことがあるのだろう。

四つ目には、それぞれの家族のケアの負担をやわらげられることにある（中野 2016）。「アルバの会」におけるフィールドワークの中では、別の家族であろうとも、誰彼なしに、当事者の人たちを支えている光景がみられていた。その結果として、それぞれの家族のケアの負担がやわらいでいるようであった。

このように、「アルバの会」に集う家族の人たちの間の〈つながり〉には、〝宝〟と評しているような、濃く、強い結びつきや、親密な〝密〟なる〈つながり〉ができている。この〈つながり〉によって、本人や家族は孤立することなく暮らすことができるのだろう。

（2）〝蜜〟なる〈つながり〉――「普通にお茶飲みながら喋りたいよね」

「アルバの会」のような家族同士の〈つながり〉のほかにも、「オレンジカフェ（認知症カフェ）」[3]という「認知症」とされる当事者とその家族が集まってお茶を飲みながら会話を楽しむ〈つながり〉が各地で広がりをみせている。

だが、別に〝〇〇カフェ〟と名のらずともよしとする〈つながり〉も、また、ある。六三歳で「アルツハイマーの初期」と診断をうけたミキさん[4]（仮名）は、同じクリニックに通院している同い年のクミコさん（仮名）と、「パートナー」[5]と三人で〝お茶飲み会〟をしている。

〝お茶飲み会〟をするようになったきっかけは、ミキさんがパートナーに「通院しているクリニックで話をするのではなく、〝認知症カフェ〟といった場で話すのでもなくて、ふだん暮らしている町で普通にお茶飲みながらケーキ食べながら喋りたいよね」という話になったことにある。

診断された直後からしばらくは、結局自分のこの気持ちをしゃべる人がいない、聞いてくれる人がいない。本を読もうと思っても、介護する人のことしか書いてない。じゃあ、本人の気持ちをどこで知り、どこにぶつけていいかが全く分からなくて。（中略）前から思ってたんですけど、人間というのは、やっぱりいろいろ困ったこととかつらいことを、自分ひとりで抱え込んでると、だんだんだんだんつらくなってくる。これはもう病気の人も、そうじゃない人も一緒だと思うんですけど。そういう思いを素直に気持ちとしてぶつける相手というのが絶対必要だと思うんですね。（中略）だから、伝える相手がいない人はどんどん追い込まれてっちゃうし、次に進めないと思うんですね。だから、やっぱり同じ病気の人とか、それを理解してくれる人と。難しい話じゃなくていいんです。今日、何食べた、これ食べた。どこどこ行ったね。でも、忘れちゃった。でもいいよ、忘れたら私たちは、忘れるのが仕事だからいいじゃない、っていうので、そういう忘れちゃうことを気にせずに話せる仲間っていうのが、すごく私にとっては必要だったので。（ミキさんへの聞き取り（二〇一四年一二月）より）

〝お茶飲み会〟では、二人だけで話していると、どうしても少しゆきづまるところがある。それを「パートナー」が入ってくれ、うまく話をフォローしたり、リードしてくれる。お茶しながらおしゃべりする集まり。そのような〝お茶飲み会〟は、「認知症カフェ」のように〝公〟のオープンな〈つながり〉の場でなければならない、というわけではない。

親密な〈つながり〉。それはまた、ほんのりと甘い、それでいて濃厚な〝蜜〟のような〈つながり〉でもあるのだろうか。〝公〟のオープンな〈つながり〉の場ではできない〈つながり〉もまたあるのだということを、かみしめて考えなければならない。

(3) 秘めた〈つながり〉——知ってほしいが知られたくない

親密な〝密〟なる〈つながり〉は、そのほかの〈つながり〉につなげられない、秘めた〈つながり〉になる面もあわせもつかもしれない。そんなことを彰さんの語りから考えてしまったことがあった。「アルバの会」に参加する家族の人たちの間の〈つながり〉には、濃く、強い〝密〟なる〈つながり〉ができている。その一方、今の「アルバの会」のあり方のままでは、家族の人たち同士での〈つながり〉の〝濃さ〟あるいは〝強さ〟がかえって、別な面での〈つながり〉につながらない、つなげられない、つなげない面もあわせもってしまうことに彰さんは頭を悩ませている。

というのは、まず一つに、会での〈つながり〉で満足してしまうことがあげられている。それは、自らが住んでいる地域や近所の人たちとのかかわり合いや〈つながり〉を求めようとはしなくなってしまうことにつながる。

もう一つは、いわば「知ってほしいが知られたくない」という思いがある。まず、学生たちが聞き取りを行った家族の語りには、「多くの人にこの場の存在を知ってほしい」という声があったという（中野 2016）。「アルバの会」のような、家族同士でお互いに支え合うことができる〈つながり〉があることを介護する家族が知ってもらい、多くの人に来てほしいと語っていたという。

また、家族の人たちは、こういった家族会の〈つながり〉があることをよりよく知ってほしいと、学生たちの聞きとり調査に協力を惜しまなかった。学生たちには調査を通じて多くの人に伝えてもらうよう願っていた（高木 2016）。

だが、「アルバの会」に参加している家族の人たちのなかで、自らの配偶者（ほとんどが夫）が「認知症」とされていることを周囲に「打ち明け」てないという人は少なくなかった。家族のなかには、世間体などから配偶者が「認知症」だということを、周囲、特に近所や親族などより身近な人には知られたくないという人がいる。心配をかけたくないという理由から、両親に「打ち明け」ていないという人もいる。身近な人々に話すことができない、あるいは話したくない、「知られたくない」という感情が先んじてしまう（中野 2016）という。

「アルバの会」の家族たちは、こうした〝密〟なる〈つながり〉を同じ境遇にある介護家族の人たちや学生たちに「知ってほしい」という思いがある。そんな思いが強い反面、近所の人や親族などのより身近な人には「知られたくない」という思いも、また、ある。

こうして、それ以上の、そのほかの〈つながり〉を広げようとはしない場合が出てくる。そこで〝止《とど》まる〟ことで救いとなることも、またあることはあるのだろう。〝密〟な〈つながり〉にも、親密ななかに、親密であるからこそ、秘めた〈つながり〉でいようとする向きもある。その理由は、その秘めた〈つながり〉によって、さまざまにあることとだろう。

〝密〟な〈つながり〉が、秘めた〈つながり〉になってしまう。その理由の一つが、「打ち明け」をめぐるさまざまな事情の難しさや複雑さ、ままならなさというものがあげられるだろう。

5 「打ち明け」をめぐって〈つながり〉にまよう、とまどう
――支えられる側における「ままならなさ」

(1)「打ち明けることは〝最後の砦〟」――家族の場合

〝密〟なる〈つながり〉が、ある場合には〝秘〟めた〈つながり〉になってしまう。その理由の一つが、「打ち明け」をめぐる「ままならなさ」にまよい、とまどうことがある。

「アルバの会」の家族の人たちが学生たちに語ってくれたことによれば、「打ち明け」ることを「一番最後の砦」という言葉を用いていた人もいたという（中野 2016: 高木 2016）。学生たちが聞き取った家族の語りをわたしなりに整理すると、「打ち明け」が〝最後の砦〟と言うほどの壁の高さを感じるのには、三つの背景があるようだ。

まず一つには、本人をはじめ家族が、「認知症であること」を受け容れることができずにいることがある。そして、受け容れるまでに時間が必要なことがあげられる。

二つめには、「わかってくれないこと」に対する不安とおそれというものがあげられる。家族のなかには、「打ち明け」ることで人がどんどん離れていってしまうのではないかというおそれをもっている人がいる。または「打ち明け」た相手を困惑させてしまうのではという不安をもっている人もいるという。

三つめには、世間体を気にすることがあげられる。体面を気にする気持ちがあったりすることにより、当事者も家族も「認知症」を受け容れることが難しいという。例えば、近所の人に「うちのおばあちゃん、ぼけちゃってねぇ」とは言うことができても、「うちの旦那、ぼけちゃってねぇ」とはなかなか言い出しにくい、と家族の人が語っていたという（中野 2016）。今まで精力的に仕事をしていた夫という印象と、「認知症」とされる夫とのギャップを受け容れることができず、近所などの周囲どころか自分の親にも隠してしまう人もいるという（高木 2016）。

（2）ミキさんの「打ち明け」をめぐって――当事者本人の場合

それでは、当事者本人の「打ち明け」の場合はどうであろうか。当事者同士で〝お茶飲み会〟をやっているミキさんは、医師から「周囲にはカミングアウトした方がいい」と言われ、病気を打ち明けることをうながされた。だが、聞き取り当時（二〇一四年一二月）、家族や親しい人たちのなかでミキさんの「病い」を知っているのは夫だけであった。彼女の娘と母親をはじめ、「認知症」と診断を受ける前からのつきあいがある人には、「認知症」のことを伝えていなかった。

ミキさんは、自らの「認知症」について家族や周囲に「いつ、なにを、どう伝えればいいのか、タイミングというものがね、わからないんですよ」と語っていた。

ミキさんが、娘に「打ち明け」なかったのには事情があった。娘の妊娠、出産と時期が重なった。また、生まれてきた子どもが病気がちだったこともあり、娘は子どもにかかりっきりになっていた。そのような状況のなかでミキさんが「認知症」になったことを「打ち明け」てしまうと、娘に心配や負担をかけたりするのではと思い、娘には伝えなかった。

母親に「打ち明け」なかったのにも事情があった。ミキさんが診断を受けた頃、彼女の姉はガンにかかっていた。ミキさんは積極的に姉の看病に通い、その後、亡くなった。ミキさんの姉の死後、彼女の母親は落ち込んでしまっていたという。「母に、今度は自分が認知症になったとは言えない」とミキさんは語っていた。

また、ミキさんは、「認知症」と診断を受ける前からのつきあいがある人たちにも「打ち明け」ていなかった。ミキさんの場合、もの忘れがあるといっても、まだ周囲の人がそれとハッキリ気づくような状況ではなかった。そのため、まだ「打ち明け」て話す必要がなかったということもあった。

ミキさんの趣味は、テニスや登山である。テニスや登山仲間と話をする際、時に会話についていけないと感じ、聞き手にまわりがちになることもあった。だが、テニスや登山仲間には、「認知症」と診断されたことを「打ち明け」た上で、手助けを求めるという必要性に迫られる状況でもなかった。

このように、家族や友人など周囲とのそれまでの〈つながり〉のありようによって、「打ち明け」のまよいやとまどいが生まれてくる。本人自身、家族や周囲にどのように打ち明けるかが問われていく。

周囲にはオープンにして「打ち明け」た方がいい、という意見を耳にすることは多い。だが、人が暮らしを営んでいくなかには、「打ち明け」ることをめぐってそれぞれ様々な事情が入り込み、入り組んでしまうこともある。

どんな人でも、自らの身心の状態について、そうやすやすと「打ち明け」られる人はいないものだろう。誰にでも、どんなことでも、ただただ、たんたんと「打ち明け」られる人は少ないだろう。すべてをオープンにすればいい、というものでもない。誰に、何を、何のために、誰のために、どのタイミングで、どれだけのことを、どんなふうに「打ち明け」るのか。それを考えずして「打ち明け」ることなどできないのではないだろうか。

また、「打ち明け」られれば、それでスムーズにことが運ぶわけではない。「打ち明け」ることで対応や態度が変わってしまう人もいるだろう。それまでの関係を閉ざしてしまう人もいるかもしれない。「打ち明け」ることで、今までの〈つながり〉が切れてしまう不安とおそれを抱え込んでしまう可能性もあるだろう。

たとえば、ミキさんは、「もし、わたしがそこで認知症なのよねって言ったら。それまでと同じように、ずっとわたしに話し掛けてくれるのか。やっぱり離れていっちゃう人もいるだろうし、ちょっと心配な面もあったから、カミングアウトしなかった」と語った。

また彼女は、「ハレモノに触るような態度」をとられるのも嫌だと語っていた。「友達の中でも、普通につき合ってくれればいいのに、『大丈夫？　大丈夫？』と言われたりとか。その人自身が優しい気持ちで『何を話そうか』と気にかけてくれていたとしても、だんだんそれがその人の負担になってきて、面倒臭くなっちゃうかもしれない。そういう場合もあると思う。だから、なおさらカミングアウトができなくて」と語っていた。

6 〈つながり〉の〝開〟と〝解〟

「支えようとする側」にとって、「支えられる側」とされる人たちとの〈つながり〉をどうとらえていけばいいのだろうか。前述したように、向けられたタケシさんの〈怒り〉にわたしは、まよい、とまどった。どのような関係がつくれるのか、無力感にさいなまれた。

「支えられる側」とされる人たちもまた、「支えようとする側」の人たちと、どのように〈つながり〉をとりもっていけばよいのだろうか。とくに、「打ち明け」をめぐるままならなさ、不確かさとどう相い対していけばいいのだろうか。

〈つながり〉をめぐる、からまってこんがらがった糸のような、まよいやとまどいをときほどく手がかりとなるものはあるのだろうか。

いる。

(1)「打ち明け」と「打ち解け」と――支えられる側にとっての〈つながり〉

●「細やかに伝えること」

ミキさんはその後、「『カミングアウト』だとか『打ち明ける』と言うと大仰にかまえてしまうものだが、そうではなく一つひとつ「『細やかに伝えること』ではないか、と考えるようになった」と語っている。

それには、あるきっかけがあった。「認知症」と診断されてから、唯一知っている夫との関係を、今までの夫婦の関係とは違った方向での〈つながり〉にもっていくことができたことにあった。

今までは、自分自身が認知症をめぐる「ままならなさ」で混乱しているときに、その「ままならなさ」や、まよいやとまどいを家族や友達にうまく伝えられないと思ってきたという。ただそのうちに、暮らしの中の「何が」しんどいのか、どのような気持ちでいるのかを彼女なりに言葉に整理するようになり、それを少しずつ夫に伝えてみるようになった。夫からは思い通りのレスポンスがあることも、ないこともあった。だが、「伝えなければ分かってもらえない」ことを少しずつ実感することができたという。そのうち、少しずつ「打ち解け」られるようになっていったという。

それまでのミキさんは、「打ち明け」をするかしないか、そのことで悩んでいた。だが、「打ち明け」るか否かではなく、「何をしてほしいか。何を分かってほしいのか。どういうことなら自分はできるか。こういうふうに手伝ってほしい。そうしたことを伝えるためのカミングアウトなんだ」と語った。

このような心境に至ることができたのは、どう伝えればわかってもらえるか、「打ち明けること」よりむしろ「伝えること」をとことん考えようとしたミキさん自身の模索や試行錯誤、創意工夫もあるだろう。だが、それに加えて、彼女の「伝えたいこと」に耳を傾けようとしてきた夫の存在もあるのだろう。そしてまた、彼女が「認知症」のこともそうでないことも心おきなく語り合える、同じ当事者本人との〈つながり〉や共に暮らしや生きる道筋を考えてくれる「パートナー」との〈つながり〉の存在もまた大きいのだろう。

●「伝えたいことを伝える」

人権や差別における問題からカミングアウトを論じる森は、「心のドアのノブは内側にしかついていない」、ゆえに外から誰かがこじ開けることなんてできない。周りができるのは、当事者本人からみて「この人になら語りたい。言わずにいられない」と思えるような人物になることだけだと語った人の話を紹介し、カミングアウトにかかわる過程で一番問われているのは、周りにいる人たちのあり方だと論じている（森 2012）。

このように、周囲の人たちの耳の傾けようによって〈つながり〉は開かれゆく。だが、「ドアノブ」に手をふれるかどうかがかかってくるのは、周囲の人たちの耳の傾けようによることでもあるのだろうか。「打ち明け」ることと、人と人とが「打ち解け」ることの間には、それほど深い溝があるのであろうか。

たしかに、「打ち明けること」は、そんなにたやすいことではない。「打ち明け」た後のリスクが全くなくなるわけでもない。周囲の人たちに協力をあおがねばやっていけない時や場面も生じてくる。だが、ミキさんが語ったことのなかにある、「『打ち明けること』が目的なのではなく、『伝えたいことを伝える』ことからはじめる」という言葉。この言葉は、「打ち明け」にまよい、とまどう人たちにとっても、糸口の一つとなるのではないだろうか。

（2）「自然なこと」にふりまわされる――支える側にとって〝介護〟という〈つながり〉を問い直す

わたしがお世話になっている宅老所「井戸端げんき」[6]に、学生たちがフィールドワークしたことがある。その時、かれらが聞き取りをしたスタッフの「語り」には、からまってこんがらがった糸のように思い悩んだわたし自身の〈つながり〉のまよいやとまどいをときほぐすカギとなりそうだ、と感じたことがある。

学生たちにスタッフの加藤さんが語ったところによると、〝介護〟というと「サービス業」というイメージが強いが、「俺サービス業だと思ってない、この仕事」と語ったという。「じゃあ、介護は何業だ?って言ったら、自然業。農業とか漁業とか、林業とかいうところが俺は一番はまるかなって思っていてさ」と彼は語っている（樫本 2016: 168）。なぜなら、「年をとること」「老いること」は「自然なこと」だからであるという。

例えば、台風が来て大シケだという時、漁師は台風に向かって何かするかというと、何かすることはない。することがあるといえば、台風が通り過ぎるまでひたすら待つ。日照りで水不足だという時、農家の人はお日様に向かって何かするかというと、それもまた、ない。水を撒いて雨が降るまでなんとかしのごうとするだけ。つまり、自然には基本的にはふりまわされるしかない。立ち向かわないということ。年をとることに関しても同じ。自然なことには立ち向かえない。（樫本〔2016：168〕による加藤さんへの聞き取り記録を若干補足）

人間が年を重ねて死に逝くことは、いたって「自然」なことだ。〝介護〟とは、人間が年を重ねて死に逝くという、ある意味で「老い」や「死」という「自然」に携わる仕事であるという。契約している相手がいるようなサービス業とは異なり、目の前の「老い」や「死」という「自然」そのものが仕事の相手だという。

また加藤さんは、もう一つ〝介護〟に近いものとして「環境や文化の保護」をあげている。人が生きてきた時代や土地での風習、暮らし、文化はそれぞれに異なっている。加藤さんたちの仕事は、「井戸端げんき」に集う人たちが今まで生きてきた文化のなかでの暮らしをできるだけ守っていくことなのだという。「それが介護の仕事かなと思った時は、ちょっとかっけえなって」と加藤さんは語ったという（樫本 2016: 168）。

タケシさんが向けた〈怒り〉に立ち向かおうとして、まよい、とまどったわたし。わたしはタケシさんに「サービス提供者」しすぎるあまり、タケシさん自身の生きる「自然」や「文化」にふれることすらできなかったのだろうか。

（3）「ひなた」ではなく「ひかげ」づくり――〝地域〟の〈つながり〉のとらえ直し

加藤さんによると「井戸端げんき」では、「地域づくり」という〈つながり〉づくりは特にやっていないという。では、「何づくり」をしているか。それは、「ひかげ」づくりだという。これもまた、〈つながり〉のまよいやとまどいをときほぐすカギになりそうだ。

〔「ケア」や「支援」「介護」の仕事をしている人たちのなかで〔筆者補足〕〕「ひなた」をつくろうという人はたくさんいる。「ひなた」に行ける人は「ひなた」にいればいい。だけど、「ひかげ」を作ろうとする人はあまりいない。光があてられてないところに行きたくても「ひかげ」がなく、暗い中に籠るという事が起きている。その人たちの出られる先をつくっている。（樫本（2016: 172）による加藤さんへの聞き取り記録を若干補足）

「井戸端げんき」に集う人たちのなかには、例えば「一人暮らしは無理じゃないのか。火事を出されたらどうするんだ」と言われるなどして、〝地域〟という〈つながり〉から邪険にされ、厄介払いされ、追い出され、行き場を失って居場所がどこにもなくて来た、という人たちもいる。「井戸端げんき」の代表の伊藤英樹さんは次のように言っている。

「地域」はそんなにいいものじゃない、と僕は思う。密着すればするほど、排除の嵐に出会うことがある。だから、ある程度距離を保つことも必要だ。デイサービスを使うようになるお年寄りの多くは、老人会でも家でも、障がいなどにより役割や立場を失いつつある人である。一般の地域住民というより、地域から欠落し、地域に居場所を持てない人だ。／徘徊老人を預かるような施設は、自分たちの地域にあってほしくないというような〝地域の声〟を過度に聞き入れると、本来の役割を見失ってしまうことになりかねない。それには十分な注意が必要だと感じている。僕だけではなく、全国で「宅老所」をやっている人たちは、大なり小なり「地域」と闘っている人たちだ。(伊藤 2008: 121)

思えば、支えようとする人たちは、「ひなた」ばかりをつくってきたのではないだろうか。「ひなた」は時に、まぶしすぎる場合もあることだろう。「ひなた」のひざしが強すぎて肌がじりじりと焼けてゆき、頭がくらくらすることもあるだろう。そんな時のための、「ひよけ」となり、涼んだりする「ひかげ」となるような場所があってもいい。

(4)〝妄想〟でつながる、〝妄想〟がつながる

最後にもう一つ、〈つながり〉へのまよい、とまどいをときほぐす取り組みをあげたい。まさにその名も「つながりの開」というNPOが立ち上げて展開している、次世代型デイサービス「DAYS BLG!」(以下、「BLG!」と略)での取り組みである。[7]

「ＢＬＧ！」では、「支える側」と「支えられる側」といった固着した関係性をこえる〈つながり〉をつくろうとしている。そして、〝介護〟の業界にいる人たちだけの〈つながり〉にこじんまりとおさまろうとせず、〝介護〟の狭い枠を飛び越えて、いろいろな職種、さまざまな分野の人と〈つながり〉をつくろうとしている。

例えば、「ＢＬＧ！」では〝介護〟と関わりのなさそうな異業種と手を組んでさまざまな企画を打ち出している。ホンダ、花王、富士通、コクヨといった大手の企業と〈つながり〉、自動車販売店の洗車の仕事を受け持ったり、製品のパッケージやラベル、ゲームなど「認知症」とされる人たちでも使いやすい製品をつくり出そうとしている。そこから、直接〝介護〟とは関わりあいをもたない人たちとの〈つながり〉をつくっている。

今現在、「認知症」をめぐって、「何もできない」「何をしでかすかわからない」と嫌悪され忌避されるような思潮が強まっている。「認知症の人が何百万人、はては一千万人となっていく」とメディアが煽り、騒ぎ立てている。ならば、と「ＢＬＧ！」では、それを逆手にとって、その一千万人の市場が転がっている、ととらえ直し、かれらのニーズにこたえた製品を開発し売り出していけばいい、とばかりに企業に売り込んでいこうとする。

また、子どもたちと交流をもつ〈つながり〉もつくっている。例えば、「ＢＬＧ！」のなかで駄菓子屋を開き、当事者メンバーの人たちが売り子として、駄菓子を買いに来た子どもたちとふれ合っている。また、学童保育のボランティアでは、紙芝居の読み聞かせをおこなっている。紙芝居では、「認知症」

をテーマにした作品を当事者メンバーの人たち自らが読んで聞かせ、読み終えた後、「じつはおじちゃんも認知症なんだよ」と「打ち明け」る。前田さんによれば、子どもたちからは、「どういう感じで忘れちゃうの?」「道に迷った気持ちは?」といった率直な質問がくるという。その場合も、当事者メンバーの人たちは、丁寧に答える。「おじちゃんの顔を、そして名前を、憶えててね。そして街なかや道で出会ったら、声をかけてほしい。挨拶してほしい」と伝えているという(前田 2015)。社会の人たちに「認知症」に対する〝理解〟を、〝協力〟を、と声をはりあげて啓蒙、啓発しようとするのでもなく、いつの間にかそういうことにつながっていたりする。

もう一つ、「BLG!」代表の前田さんが、わたしと一緒に話していて思いついた、と言って取り組みはじめているものがある。それは「介護を超える妄想学」だ。ここでいう〝妄想〟というのは、恋愛〝妄想〟ゲームのように、「○○だといいなあ」というドキドキ、ワクワクするような感覚のことをいう。前田さんが言うには、恋愛〝妄想〟ゲームだけではなく、今までの社会における技術の革新や発明などは、「こうあったらいいなあ」という〝妄想〟が社会を変えていったではないか、と主張する。

前田さんは、いろんな〝妄想〟が、いろんな仕事や暮らしの領域とつながっていくのでは、とさまざまな〝妄想〟をくりひろげている。例えば、買い物をしたいという気持ちがありながら、スムーズに買い物ができなくなっている「認知症」とされる人たちがいる。レジで言われた値段どおりに支払えず、おつりの小銭ばかりがたまってしまう。うまく払えずモタモタしていると、後ろにいる客がイライラしているのがわかり、買い物に行くのがためらわれ、はばかられる。

買い物の際にお金を払うことに難しさを感じる人たちは「認知症」とされる人たちだけではない。ケガをして松葉杖をついて生活している人。赤ん坊を抱っこしながら買い物をしなければならない人、などなど、いっぱいいる。そんな人たちが、レジでゆっくりとお金の支払いができる「スローレーン」をつくれないか、と前田さんは〝妄想〟している。

また、「認知症」とされる人たちのなかには、以前買った品物をまた買ってしまい、家に同じ品物であふれかえってしまう人もいる。その場合は、冷蔵庫の中の情報をレジのカートに伝えられるシステムをＩＴやＡＩの技術を駆使してつくり、レジに入ったときカートが「それは以前買いました」と伝えてもらうことができないか、と〝妄想〟している。

さらに、前田さんは、「オレンジリング」ではなく〝オレンジスマホ〟というものを広めたら？という〝妄想〟も出している。「オレンジリング」というのは、「認知症サポーター養成講座」を受講し、修了した人に配布されるものだ。ちなみに「オレンジ」は、認知症のオリジナルカラーということになっている。この「オレンジリング」を手首につけている人がいれば、「認知症」とされる人たちのサポーターとして支えてくれることになっている。サポーター養成講座の修了者、すなわち「オレンジリング」をもっている人は、ゆうに百万人をこえているそうだ。だが、実際のところ、街中でこのリングをつけている人は、ほとんどといっていいほど見かけない。

そこで前田さんは、「認知症」とされる人たちが気軽に声をかけやすく、手助けを求められるように、「オレンジリング」ではなく〝オレンジスマホ〟にしたら、というのだ。スマホだったら、今や外で、道行く人ほとんどの人たちが手にしている。外では、スマホを取り出して画面を見ている人たちを見かけない時はないくらいだ。

そこで、スマホに何らかのかたちでオレンジの目印をつけるのだ。これぞ、〝オレンジスマホ〟。これだと「認知症」とされる人たちは、優子さんのように当事者自身の方でわざわざカードを掲げたりしなくてもいい。見かけたら気軽に声をかけてね、というメッセージを持つ目印の〝オレンジスマホ〟だと、当事者も周囲も見つけやすく、気楽に手助けを求められるようになる、という〝妄想〟である。

前田さんは次のようにも語っている。「オレンジ〇phone」、「カッコイイ、憧れのオレンジ〇phone」は、サポーター養成講座を修了した人のみが手にすることができる。つまりはキッカケを広げ、入り口を〝一般化〟することにより、「認知症」を知らなかった人に知ってもらえる効果がある、と。

そんな〝妄想〟を、前田さんはくりひろげている。「介護」という垣根を超えて、〝妄想〟というドキドキ、ワクワク感をともなった〈つながり〉をつくろうと〝妄想〟しつづけ、それらを「介護を超える妄想学」として打ち出していこうとしている。「わたし、支える人、あなた、支えられる人」といった関係性からを脱し、「介護」という枠をこえて〈つながり〉をつくろうとしている。

こんな〝妄想〟で〈つながり〉がつけられるならば、〝根なし草〟のようなわたしでも〈つながり〉がつまづくことがなくなるかもしれない。そんな希望が芽生えたりもした。前田さんは、わたしの前で、こんなことも、あんなことも、とばかりに、まるで湧き水のようにコンコンと、ありとあらゆる〝妄想〟が湧き出てくる。しかし、どうしたものだろう。底なしの泥沼のような、深い〝闇〟をかかえ、後ろ向き思考に馴れきったわたしには、情けないことにも、なんの〝妄想〟もわいてこないのだ。

7 むすびにかえて――〈つながり〉の〝病み〟と〝闇〟をだきよせて

ここまで考えてきて、何かがわかったたか。何かが変わったたか。何かに気づいたか。あいかわらず、まよい、ためらいのなかでさまよっている。身動きがとれないまま、ひるみながら、まだ、おさめどころ、おちつきどころを見い出せずにいる。この前も、ある支援の場で、おかしくもないのにヘラヘラ笑っているんじゃないよ、と睨まれ、キツイ一言を投げられたりもした。〈つながり〉をつけようとするなか、良かれと思って働きかけたことが、逆に相手を不快にさせ、不安にさせ、傷つけ、思い悩ませてしまうこともあった。はては、相手から思いもよらぬ時に、思いもよらぬ言葉を浴びせられ、訴えられ、〈つながり〉に亀裂が生じてしまう。そんなときもあった。わたしはあいかわらず、〈つながり〉をにつまづいてばかりだ。〈きずな〉〈つながり〉をつくろう、というかけ声だけでは埋めることのできない〝病み〟と〝闇〟をかかえているままだ。

ただ、今までのわたしは、〈つながり〉の〝病み〟と〝闇〟を、すぐにでも、力ずくでも、消し去ろうとしてきたように思う。自分の思いのままに、思い通りにしようとばかりに、むりやり押さえ込もうとしてきた。むやみやたらに突き放し、払いのけようとしていた。〝病み〟と〝闇〟に向き合おうとせずに、目をそらし、背を向け、忌み嫌ってきた。

自分自身の、イヤでイヤでしょうがない、見たくもない、向き合いたくもない、背を向けたいもの。誰しも、多かれ少なかれ、どんなかたちであれ、何らかのかたちで、自分の〝みにくさ〟を抱えている。そこに目をそらそうとしたり、フタをしたままでは、その〝病み〟と〝闇〟は、ジクジクと自分自身をもむしばんでゆくのかもしれない。

暗い底なしの〝闇〟の中にずぶずぶと入り込んで迷い込んでしまい、抜け出せずにいる〝病み〟〝闇〟をかかえつづけるのは、しんどい。そんな息苦しさを覚えながら生き続けるのはつらい。

だが、〝病み〟と〝闇〟をかかえるのではなく、だきよせ、つつみこむ。〝病み〟と〝闇〟を消し去ろうとするのではなく。突き放そうとしてしまうのでもなく。払いのけようとするのでもなく。逆に、だきよせ、自分自身のなかにつつみ込む。そんなことはできないものだろうか。ひとりでかかえこむのではなく、何人かの手がさしのべられていれば、〝闇〟かかえたままでも、どうにかこうにかやってゆけることもあるのではないだろうか。

日々の暮らしの中では、一筋縄ではいかぬ人と人とのかかわり合いに出くわすことがままある。知らぬ間に相手を傷つけ、〈つながり〉を断ち切られたりもする。人と人とが関係をもち、〈つながり〉をつくってゆく。そのなかで、不確かさ、もろさ、どうしようもなさ、きまずさ、わずらわしさ、ままならなさ、もどかしさにぶちあたる。それらに折り合いをつけながら、相手との関係で傷つけ、傷つきながら、〝病み〟と〝闇〟をかかえるのではなく、追い払うのでもなく、わが身にだきよせる。〈つながり〉

で生じた〝闇〟を、もうひとつの、そのほかの〈つながり〉でだきよせられないものだろうか。閉塞感がただよってばかりの、この社会の中で、〝愛〟とか、〝希望〟だとか、〈きずな〉や〈つながり〉だとか、そんなうわべの言葉だけでなく、具体的な、実のある話をしていきたい。地縁や血縁の〈つながり〉に根っこのない〝根なし草〟のこのわたしでも、花が咲き、実がなることができるように。

【注】

（1）優子さんの体験と夫の彰さんの語りについては、「ひと・健康・未来研究財団研究報告書（出口 2015a）」でも取り上げた。ここでの文章は、その報告書の文章を書き直し、補筆したものである。

（2）「アルバの会」では、家族同士の〈つながり〉をつくるほかに、当事者が楽しめる場となってもいる。「アルバの会」を立ち上げた彰さんは、会に来るようになってから明るくなった人や、積極的に会話に参加できるようになった人もいると語っている（中野 2016）。また、参加している当事者の一人は、参加する以前や参加した当初はその場にとどまっていることができなかった。だが、参加することで次第に一つの場所にとどまることができるようになったという。

（3）「オレンジカフェ（認知症カフェ）」とは、二〇一二年九月に厚労省が発表した『認知症五カ年計画』（通称オレンジプラン）で定められている目標の一つ「地域での日常生活・家族の支援の強化」（認知症の人が地域で生活しやすいように、家族も含めて支援を強化すること）としての取り組みの一つである。その取り組みは「認知症の人や家族、支援する人たちが参加して話し合い、情報交換を行う場」であり、「経験者の話を聞いたり、悩みを打ち明けたりできる機会を設けて支援するもの」だとしている。

（4）ミキさんの「打ち明け」をめぐる体験については、「ひと・健康・未来研究財団研究報告書（出口 2015a）」でも取り上げた。本稿は、その報告書での文章を書き直し、補筆したものである。

（5）ここでいう「パートナー」とは、「介護者」「支援者」「サポーター」という語で置き換えられるものではない。「日本認知症ワーキンググループ」や「おれんじドア」という当事者グループで活動をしている認知症当事者の丹野智文さんによれば、「介護者」「支援者」「サポーター」という語は、「する側」と「される側」が明確に区分され、前者が後者を一方的に支える関係が前提になるという（丹野 2017）。丹野さんが言う「パートナー」とは、「支える／支えられる」という一方的な関係ではなく、「お互いが本当に相手にとって必要なこととは何かを考える機会をつくり、一緒に寄り添い、共に歩む」といった人と人との〈つながり〉のことを意味する。

（6）宅老所「井戸端げんき」については、別の視点から雑誌『支援』でも二回ほど取り上げたことがある（出口 2011; 2014）。また、本書の第三章でも取り上げている。

（7）「ＢＬＧ！」については、雑誌『支援』の「支援の現場を訪ねて」でも取り上げた（出口 2015b）。また、本書にも「第四章の前に　支援の現場エッセイ」として載せている。代表の前田さんによると、このＮＰＯの名が「つながりの開」というのは、はじめて会合を開いた居酒屋の名前が「開」だったことからきている。もちろん、この名には、〈つながり〉を広げていこうという意味も込めているという。

【文献】

出口泰靖　2011「支援の現場を訪ねて　井戸端げんき」『支援』生活書院、138-139
出口泰靖　2014「ケア・支援の〝むき出し〟」雑誌『支援』生活書院、55-70
出口泰靖　2015a「『認知症』」当事者の〈生の技法〉——認知症と生きる体験世界に関する探索的研究」公益財団法人ひと・健康・未来研究財団研究報告書、非刊行
出口泰靖　2015b「デイの行き帰りは〝ＢＭＷ〟に乗って　ＤＡＹＳ　ＢＬＧ！」『支援』生活書院、273-282
樫本京子　2016「宅老所で当事者と『共に生きる』——スタッフから見た井戸端げんき」千葉大学文学部行動科学科社会学講座二〇一五年度社会調査実習報告書『人の〈生〉を支え、支えられること——「介護」をこえて』

日新社印刷、163-173
香嶋亮介　2016「若年性認知症を『感じに』行く」千葉大学文学部行動科学科社会学講座二〇一五年度社会調査実習報告書『人の〈生〉を支え、支えられること――「介護」をこえて』日新社印刷、3-12
伊藤英樹　2008『奇跡の宅老所「井戸端げんき」物語』講談社
前田隆行　2015「認知症の人×社会参加のカタチ」『おはよう21』4月号、中央法規、74-75
森実　2012「アイデンティティとカミングアウト――自己・他者・社会との関わりのなかで」財団法人大阪府人権協会編集『人権学習シリーズ Vol.8　わたしを生きる――アイデンティティと尊厳』大阪府府民文化部人権室発行、48-56
中野あゆみ　2016「これからのケアと家族を支えるネットワーク」千葉大学文学部行動科学科社会学講座二〇一五年度社会調査実習報告書『人の〈生〉を支え、支えられること――「介護」をこえて』日新社印刷、29-36
高木美波　2016「若年性認知症家族とその周囲の『ミゾ』」千葉大学文学部行動科学科社会学講座 2015 年度社会調査実習報告書『人の〈生〉を支え、支えられること――「介護」をこえて』日新社印刷、21-28
丹野智文　2017「41歳、認知症と歩む」『おはよう21』2月号、46-47

※この章の文章は、ひと・健康・未来研究財団の研究助成と科研費基盤研究（C）の調査研究の一部である。

第五章

〈いのち〉をめぐる〈つなまよ〉〈つなとま〉

――〝ささらほうさら〟な〈いのち〉、かみしめる

1　はじめに

奪われた、失われた〝いのち〟がある。それらの〝いのち〟をめぐり、さまざまな人たちによって、さまざまに語られている。

〝いのち〟を奪われた、といっても、望んだわけではなく、過って相手の〝いのち〟を奪ってしまった人もいる。誰にも助けを求められず、自らの〝いのち〟が途絶えてしまった子や人もいる。〝愛〟するがゆえ、と語り、相手の〝いのち〟の灯火を我が手で消そうとする人もいる。

〝愛〟だの〝誠〟だの〝聖なる闘い〟だのと唱え、自らの〝いのち〟をぶつけて、誰かの〝いのち〟

を奪ってしまう人もいる。

人の〝いのち〟というのは、他の者がどうこうしちゃえるもんなのだろうか？


自らの〝いのち〟もまた、自らでどうこうしちゃおうとさまざまに語られている。

社会のなかで〝使いもの〟とならなくなったと思いを強めてしまい、自らの〝いのち〟を自らの手で切り捨ててしまう人もいる。相手に迷惑をかけてしまう前に、自らの〝いのち〟を消してくれ、と乞い願う人もいる。


「死にたい」、「死んでしまいたい」と自らの〝いのち〟を捨ててしまいたいと吐露する人もいる。だが、その人は、字義通り「死にたい」わけではなく、生きてゆくのがつらい、生きてゆきたいが、〝今〟がつらいと訴えているのではないだろうか。

自らの〝いのち〟というのは、自分たちだけでどうこうしちゃえるもんなのだろうか？

もちろん、自らの〝いのち〟や相手の〝いのち〟を、どうこうしちゃわなければならない場面にたたされる人たちもいる。


〝いのち〟は大事。〝いのち〟は尊い。かけがえのない人の〝いのち〟を守ろう。人の〝いのち〟は地球より重い。〝いのち〟が、こんなにも語られるようになったのは、いつからだろう。

〝いのち〟というのは、揺るぎない、至高の守るべきものとされている。だが、それが、足場の置き具合によっては、〝いのち〟をどうこうしちゃおう、という動きにも転じてしまう場合もあるかもしれない。〝いのち〟はどうこうしちゃえるもの、という思潮に流れてしまう危うさもあるかもしれない。

今、〝いのち〟が、語りにくく、語り合いにくくなってはいないだろうか。〝いのち〟についての語り合いに、手詰まり感が強まってはいないだろうか。ならば、その、〝いのち〟の語りにくさ、語り合いにくさそのものを、ゆっくりと、丁寧に、とつとつとでもいいから、語り合えないものだろうか。

ささいなことでもいい。ささやかなことでもいい。何気ないことでもいい。もっと具体的な〝暮らし〟の場面、場面に足場をじっくり置いて、〝いのち〟について語り合うことはできないだろうか。

2　いやだあぁぁって、叫びたいんだよ

「あぶないっ」

たしか、小学生の高学年の頃だったろうか。海水浴に来たわたしは、親の車に積んでいた〝ゴムボードみたいなもの〟にしがみつき、一人で海にぷかぷか浮いて遊んでいた。

この〝ゴムボード〟は、海遊びで使われるものではなく、海に浮かべてその上に乗ろうとしてもツルツルすべって落っこちそうになる。なんだか遊びづらいなあ、と思いながらも、その〝〝ゴムボード〟

にしがみついて波にゆられていた。

とそこへ、突然、「あぶないっ」という声が耳に飛び込んできた。同時に、ドボドボッと、突然、重たい海水が頭上におおいかぶさってきた。高波がわたしの身におそいかかってきた、そうと気づくには遅すぎた。

ゴボゴボッ、ゴボッ。わたしにのしかかってくるような海水の音がした。自分の手がツルっとすべり、〝ゴムボード〟から引き離された。波にさらわれ、沖にもっていかれる。そう思ったかどうかわからない。だが、浜に戻ろうと一心不乱で手と足をもがいた。焦ってもがけばもがくほど、口からも鼻からも、海水が入ってきた。

どれほどの時がたったのだろう。しばらくもがきつづけていると、足の指に砂が触れた。足が海底の砂に着いた。浜にあがりながら鼻から口から入ってきた海水にむせて、ゲホッ、オエッと咳き込み、海水を吐いた。海水の塩っ気で鼻の奥から脳天までがツーンとした。

砂浜へザブザブと重くなった足を引きずり歩いた。歩きながら振り返ると、さっきまでわたしがしがみついて遊んでいた〝ゴムボード〟が、ユラユラと波に揺られながら、沖の方へ流されてゆくのが見えた。しばらく、浜辺からボンヤリと遠く沖に流されゆく〝ゴムボード〟を眺めていた。〝ゴムボード〟は、ゆっくりと、それでもみるみるうちに沖へ沖へと流され、水平線へ沈もうとしはじめていた。

それを見ていたわたしは、あろうことか、そこで周囲の目もはばからずに、いきなり、叫び、泣きはじめた。

「いやだあぁぁぁ！だめだあぁぁぁ！」

ウアオォォォッと、声が枯れるほど、泣きわめき、叫んだ。周囲に、他の海水浴に来た人たちがいたと思う。その人たちはわたしの姿を怪訝そうに見ていただろう。だれもが、なんだってそんなに泣き叫ばねばならないのか、と不思議に思ったことだろう。わたしは、それでも、かまわず、絶叫して泣いた。恥ずかしさなんて感じる余裕なんて、なかった。

いや、恥ずかしさは感じていたのかもしれない。なぜ自分がこれほどまでに泣き叫んでいるのか、頭の片隅で我ながら不思議に思いながらも、それでも泣き叫んだ。なんだか、からだが無性に叫びたがっていた。叫びたいのが先に立っていた。「いやだあぁぁ」と叫ばずにはいられなかった。

涙が流れるのをそのままに叫んだ。鼻から涙がたらたら流れ落ち、口に入り込んだ。それが涙のしょっぱさなのか、海水のしょっぱさなのか、わからなかった。そんなことは、どっちでもよかった。

しばらく絶叫して泣きじゃくり、泣きはらしていると、それを見かねた二十代くらいの男の人が、海に入ってザブザブと泳いで〝ゴムボード〟をとってきてくれた。子どもの頃のわたしは、〝ゴムボード〟がずいぶんと沖の方に流されたと思っていた。だが、大人の目線ではそれほど遠い沖合にはまだ行っていなかったのかもしれない。

取ってきてもらった御礼を言ってもらってきなさい、と母親にうながされた。そのとき、はじめて、からだじゅうに恥ずかしさ、きまり悪さというものが襲ってきた。すると、あろうことか、こんどは「いやだあぁぁ！あんなもん！いらん！」と〝ゴムボード〟を（受け取るのを）こばみ、叫びはじめた。〝ゴムボード〟を取ってきてくれたお兄さんは、せっかく泳いで取っていったのに、とずいぶんと戸惑ったことであろう。

ここまでくると、「いやだあぁぁ」と叫んでいる自分が自分でもなんだかわからなくなり、「いやだあぁぁ」と叫んでいる自分を自分でもてあましはじめていた。そのときのわたしは、ただただ、晴れやかでジリジリと肌を焼く日差しの強い夏の空が、とてもとても憎らしくて、しかたがなかった。

ユラユラ浮かびながら沖へ沖へと流され遠くなっていく、小さくなって点となってゆく〝ゴムボード〟。いまもその姿が目に焼き付られ、自分の記憶からたえず離れずに、まだユラユラとただよったままでいる。そして、〝ゴムボード〟が遠くなっても戻ってきても「いやだあぁぁ」と叫ばずにはいられなかった、この体験は、わたしの〈いのち〉の原風景となって、いまもフトしたときに発作のように押し寄せてくる。

3 「安楽死で逝きたい」なんて言っちゃあ「いやだあぁぁ」

その後、しばらく、「いやだあぁぁ」と叫ぶことはなくなっていた。だが、最近、年甲斐にもなく、しばらくぶりに「いやだあぁぁ」と叫ばすにはいられなかったことがあった。

「私は安楽死で逝きたい」

ある脚本家が「わたしが認知症になったり介護が必要になったら安楽死を」という宣言めいた文章を雑誌に載せた（橋田 2016）。すると、多くの人たちから賛同する意見があがったという[1]。

「もし認知症になったら安楽死がいちばんと思っています」。わたしは、その文章を見て、「そんなこと言っちゃあ、いやだあぁぁ」と、思わず叫んだ。心の中で。

わたしが「いやだあぁぁ」と叫んだのには、その宣言の底流にある、いくつか気になってしかたがないことがあったからだ。

その一つは、その「宣言」は、「認知症」と診断され、介護をうけながら暮らしている人たちの生、暮らし、人生、〈いのち〉を否定してしまいかねないではないか、そう思ったからだ。

安楽死を望む理由には、自らの家族介護の体験が大変だったことから、自分が介護をうける身になった場合は、周囲にそうした大変な思いをさせたくない、そんな心情も働いているのだろうか。また、今現在おこなわれているケアや支援では、自分が望んでいる暮らしを営めない、だから現行のケアや支援に対して「いやだ、だめだ」と言っていることでもあるのかもしれない。

脚本家の「宣言」に対し、「いやだあぁぁ」と思ったもう一つの理由としては、自分の生そして〈いのち〉は自分で自分のモノにしなくてはいけない、という社会の風潮にうながされての発言であるかのように勝手に思ってしまったことにある。

自分の〈いのち〉の営みのあるじは、誰でもなく、この自分自身だ、自分自身が営んでいる、自分が人生の主人公だ、そういう思いをわたしたちは誰しも持ってしまいがちだ。だが、自分の人生としての〈いのち〉は、自分の思い通りにしなければならない、自分の思いのままにできないといけない、自分の〝意思〟でどうこうしちゃわないといけないと、強く思うようにしているように思えてならなかった。

さらにもう一つ、わたしがどうしても気になったことがある。それは、脚本家が「認知症になって何もわからないままで生きたくはない」といったことを述べていたことだ。この発言には、〝意思〟を表出できない状態で生きたくはない、という意味が含まれているようだ。

「〝意思〟をもたない〈生（人生、暮らし、いのち）〉など、わたしには意味がない」という脚本家の発言には、「認知症」と診断された人たちは「何もわからなくなる」「〝意思〟を表出できない」という偏見が見え隠れしているように思える。そのこともさることながら、人の〈生〉に〝意思〟がなければ生きるに値しない、〈いのち〉の価値がない、と言わんばかりのもの言いに、そんなこと言っちゃあ、「いやだあぁぁ」と叫ばずにはいられなかった（心の中で）。

〝意思〟がハッキリしなくなってくると、生きている意味がないから死なせてくれ、ということなのであろうか。だが、〝意思〟がしっかりハッキリしなければ、生きるに値しないのか。〝意思〟があるか、ないかで、人の〈いのち〉が価値づけられてしまうのだろうか。そもそも、「〝意思〟がある」とか、

「〝意思〟がない」って、どういうことなのだろうか。脚本家とその賛同者の言明には、〝意思〟が自らにあることを、〝意思〟をしっかりとハッキリと表出することを強く求められている、強いられている風潮が背景にあるのではないだろうか。

4　自分でどうこうしちゃえるものではない、〈いのち〉

(1) 思いのとおりにはならない、病む〈いのち〉

数年ほど前、わたしは「潰瘍性大腸炎」との診断をうけた。

健康診断の「便潜血検査（便の中に血液が混じっていないかを調べる検査）」で、二本（二回）とも陽性の結果が出てしまった。この検査結果から、便の中に血が混じっていることが判明したことになる。わたしは根っからの〝痔持ち〟である。たぶんそのせいか、とも思った。ただ、大腸ガンの可能性もあるとのことで、精密検査として大腸内視鏡検査を受けるようにすすめられた。

健診の数ヶ月後、自宅近くの胃腸科の病院で検査を受けた。その結果、医師から「潰瘍性大腸炎の疑いがある」と告げられた。それまでわたしは「潰瘍性大腸炎」という病気をよく知らなかった。聞くと、原因もよくわからず完治もできない難病指定の病気であるという。わたしの場合は、直腸付近に潰瘍性大腸炎とみられる炎症や膿瘍というものが出ているらしい。〝自覚症状〟のようなものは、まったくと言っていいほどなかった。だが、わたしの大腸には通常とは何らかの違いがあった。医師から見せてもらったわたしの腸の壁だという画像には、細かいブツブツした「びらん」なるものができている。「正常な」腸だと血管が浮き出てくるというのだが、それもない。

だが、まだ軽症であるというのでまずは、座薬による治療をはじめましょう、と医師から言われた。こうしてわたしは正直のところ、わけがよくわからないまま、「治療の世界」に放り込まれ、巻き込まれることとなった。

治療をはじめてしばらくは、身体にこれといった症状らしきものは出てはこなかった。薬の効き目があるのかどうかもわからなかった。ただ、座薬の入れ方が慣れていないせいなのか、座薬が溶け始めた液が刺激するのか、肛門の周囲がかぶれはじめ、かゆくてしょうがない状況に見舞われるようになった。それよりなにより、座薬の治療をはじめてからの一時期、とても悩まされたことがあった。〝それ〟は、便、いや、粘液のようなものが、時も場所もわきまえず、フトしたときに肛門から出てくることだった(下の話でたいへん申し訳ないのだが)。ただ、〝それ〟は「便意」というものではなかった。飲み物を飲み込んだとたん、食べ物を口にしたとたん、便ともとれない粘液が漏れ出る。〝それ〟は、わたしの〝意思〟とは関係なく、自分の思い通りにならなかった。それが、はじめて体験した〝症状〟と呼べるものであった。

もはや〝それ〟は〝便〟というものでもなかった。〝それ〟は、肛門から漏れ出てくる〝アメーバ〟のような生き物だった。「そんな飲み物を口にするな、そんな食べ物を口にするな」。その〝アメーバ〟

は、まるで、わたしにそんなことを言っている。粘液便そのものに〝意思〟があるかのようだった。

絵本作家のヨシタケシンスケが描いた作品のなかに『おしっこちょっぴりもれたろう』（ヨシタケ2018）という絵本がある。おしっこをする前かした後、ちょっぴりもれちゃう「おしっこちょっぴりもれたろう」の「ぼく」が、お母さんにおこられる。だけど「ちょっぴりなんだからいいじゃないか、ズボンをはいたらわかんないんだから、しばらくするとかわくんだから」と「ぼく」は、つぶやく。そして、「ぼくみたいに『もれたろう』でこまっている人、ほかにもいるんじゃないかな」と思ってくれている。

「思ってくれている」というキモチになったのは、わたしもまた「おしっこちょっぴりもれたろう」での主人公の「ぼく」と同じように、「ちょっぴりもれたろう」でこまってしまっているからだ。ただ、わたしの場合、「おしっこ」ではなく「うんち（のような粘液〈便〉）」が「ちょっぴりもれたろう」なのだが。

さらにまた、絵本の「ぼく」とは異なり、肛門からもれ出る「ちょっぴりもれたろう」の場合、おしっこをする前かした後にちょっぴりもれちゃうワケではない。時と所をわきまえず、思いもよらない時と場所で「ひょっこり」と、「ちょっぴり」と、もれちゃう。

また、「ちょっぴりなんだからいいじゃないか、ズボンをはいたらわかんないんだから、しばらくするとかわくんだから」と「ぼく」のようにうそぶくことができない。わたしの「もれたろう」の場合、「ちょっぴり」でも、ズボンをはいてもにおいが残って気になって困ってしまう。「しばらくするとかわく」けど、パンツにシミが残って汚れてしまい、なおかつ、おしりがゴワゴワして気になって困ってしまう。そんな肛門からもれ出る粘液（便）の「ちょっぴりもれたろう」とともに、日々の暮らしや仕事をこなしている。

わたしは、自らが病いをもつことで、自分の〈いのち（暮らし、人生）〉は自分の思い通りにならないことを痛感させられた。〈いのち〉は、いつ、どんなときに病むか、どんな病いが生じるか、あらかじめ教えてはくれない。そしてまた、自らの病いを自分で思い通りにコントロールもできなければいじくり回せることもできない。

わが〈いのち〉は思いもよらないときに病む。病む〈いのち〉はわたしの思い通りにはならない。正直、「いやだなあ」と思う。だが、そこで「いやだ」とだけ思うのは「だめだなあ」とも思う。わたしは、病む一人の人としてどう生きるのか？〈いのち〉が病むこと、病む〈いのち〉をどう引き受けるのか？　それらのことを、もっと、じっくりと、考えめぐらすようにならないといけないようにも思う。

（2）自分のためにあるわけでもない、自分の〈いのち〉。

はたして、自分の〈いのち〉は、自分の生は、自分のモノであるのだろうか。子どもを育てていると、フトたわいもないような思いが生まれてくる。わたしの娘が中学にあがり、子どもの世話に手がかからなくなってきはじめた。子どもといっしょに過ごす時間も少なくなりつつある。すると、安堵の気持ちよりむしろ、一抹のさみしさみたいなものを、ふと時折、感じる。

そんなとき、しみじみと思うことがある。案外、「わたしは自分のために生きているわけでもない」のだな、と。ここで言うところの「わたしは自分のために生きているわけでもない」というのは、「わたしは子どものために生きている」「わたしの〈いのち〉は子どものためにささげている」「わたしは子どもに生かされている」というような大仰な意味ではない。

子育てをしていると、子どもの世話に時間をとられ、自分の時間がない。そんな思いに一時期とらわれたことも正直ある。だが、子育てをつづけていると、ときに空いた時間を自分のために使っているかというと、それほど使いこなせているわけでもないなあ、ということを感じ入るようにもなった。むしろ、わたしの〈いのち〉は自分のものではない、わたしの〈生〉は自分のためにあるのではない、自分のために生きているのではない、そんな思いがわきおこるときもある。それは、ご飯を食べさせるときであったり、おむつを取り替えるとき、お風呂に入れているとき、寝かしつけるとき、保育園に迎えにゆくとき、「抱っこ抱っこ」とせがまれるときであったりする。

父親の介護をしてきた著述家の平川は、自らの介護の経験から学んだこととして、「ひとは自分が思っているほど、自分のために生きているわけではないということを知る契機になった」（平川 2016: 80）と述べている。

　父親の介護を経験して学んだことのひとつは、人間は自分で思うほど自分のために生きているわけではないということでした。

わたしは二年間の介護の間、毎晩料理を作り続けたわけであるのだが、父親が亡くなると、もはや料理をするということはほとんどなくなってしまったのです。

その理由は自分でも驚くほど単純なものです。

わたしが、料理を作ったのは、わたしがそれをしなければ、父親が飢えてしまうということもあったのですが、それ以上にわたしのモチベーションを支えたのは、父親が毎日わたしの料理を待っていてくれるということでした。(平川 2016: 80)

わたしもまた、子どもを育てているなかで、「待たれている」「待ってくれている」ということを感じたことがある。日々の暮らしのなか、わたしの方が子どもを待つことが多いと思い込んでいた。だが、それは暮らしの表面的なものでしかない。子どもの方がわたしを待ってくれている。こうして、子どもによってわたしの暮らしや人生ができあがってゆくところもある。

わたしの人生、〈いのち〉、生は、だれかとともにあったりもする。人は自分で思うほど自分のために生きているわけではない。わたしの日々の暮らし、〈いのち〉はわたし個人でできあがっていくものではない。暮らしも、人生も、〈いのち〉も、わたしが、わたしだけでできあがっているものなんてない。平川の言うように「存外、ひとは自分のために生きてはいない」。そんなふうに考えた方がしっくりくる場合もある。これは、この後で述べることになる、逝く〈いのち〉にある人にも言えることなのかもしれない。

（3）自分の〈いのち〉は、他者のもの、他者に伝うもの

数年前の晩秋、娘が「大きいばっちゃん」と呼んでいた、妻の母方の祖母が亡くなった。わたしも親族の一人として、「大きいばっちゃん」の〝死に水〟をあげることとなった。この場合の〝死に水〟とは、息を引き取り亡くなったばかりの方に、口許を水で潤し、人生最後の水を含ませるというものであった。

実はわたしは今まで〝人の死〟というのを、間近で見たことがなかった。〝死に水〟をあげるのも初めてであれば、亡くなって間もない人の顔を拝むのは初めての体験だった。つい先日まで、ひ孫であるわたしの娘と仲むつまじく会話を交わしていた。その人が、ここに、息をせずに、その体を、横たわらせている。そのことに不思議な思いがあふれた。

次の日、「お別れ式」と「納棺」をおこなった。まず、〝白装束〟を着せてあげていく。〝白装束〟は、脚絆、草履など、死者が浄土へ旅出つことを想定して用意されたものであるという。まず生前によく着用していた服を着せ、白装束は遺体の上からかぶせるようなかたちをとった。わたしと娘はふたりで、帯を上からまいてあげた。

続いて、「納棺」をとりおこなった。敷物ごとご遺体を納棺すると、別れの儀式として顔のまわりに親族一人ひとりが順番にお花を添えてあげ、周囲を飾るようにお棺の中に入れていく。それと同時に、写真、洋服、さらに愛用品や思い出の品もいっしょに入れる。それが終わると、棺にふたをのせ、全員

でお棺に釘打ちをする。葬祭業者の人が、金色の金槌と釘で半分うち、そのあとで遺族が喪主から血縁の順に小石で軽く二回ずつ打つ。

棺にふたで封じると、お棺を皆でもちはこび、霊柩車に乗せ、斎場へ向かう。斎場に着くと、「納めの式」に入った。棺を霊柩車から降ろして、かまどの前に安置し最後の別れをする。火葬炉の前には焼香台があり、台の上に位牌と遺影を飾り、その前に棺を置く。棺の窓が開けてあるので、僧侶の読経とともに喪主以下順に全員がお焼香をし、お顔を拝みながら最後のお別れをする。

納めの式が終わると、棺を火葬炉に納め、かまどに点火する。棺を火葬炉に納める時にはお経を合唱して送る。これから火葬されようとする段になって、〝からだ〟がなくなる、消えてしまうということを目の前にし、〝からだ〟がまだある時には不思議さで満ちていたわたしの胸が、ザワザワとざわつきはじめた。

火葬後、灰とともに遺骨が火葬炉から出てきた。昔の学校の理科の実験室にあったような、人骨の姿は、そこになかった。そこには、白い、断面には細かい粒子の穴が見える軽石のような骨のかけらが、散らばっていた。つい先ほどまで、からだがあったものが、火葬され、骨となってしまっていることに、とても信じられない思いがつのる。

ここで遺族が遺骨を箸で拾って骨壺に入れていく「骨上げ」「箸わたし」の儀式をおこなう。この「橋渡し（箸わたし）」の作法は、この世からあの世へと橋渡しするという意味で行われるという。火葬場の人が、まず額にあたる骨と口、顎にあたる骨を拾う。つぎに、喪主と血縁の深い人が順番に二人一組になり、骨竹の箸を使い一遍の骨を挟み渡してもらい、骨壺に入れていく。

こうしてわたしは、逝く〈いのち〉の旅立ちを手助けするような儀式にかかわらせてもらうことができた。こうした儀式の作法を目の当たりにすることで、深く考えさせられることがあった。それは、「自分の死」というのは「自分のモノ」にはならない、「自分の死」は「自分のモノ」ではないのでは、ということであった。

死という出来事は一人では完結しない。「わたしは死ぬ」とは言いえても、「わたしは死んだ」とは誰も言うことはできない。死んでしまえば、「死んだ」と言うはずの「わたし」はすでにいないからだ。その出来事の完遂を見届けて、「この人は死んだ」と言いうるのは、そこに立ち会う人だけである。人の死は、生きている誰かに掬いとられなければ完了せず、それを看取る、あるいは確認する他者なしに、人間的な〈人間にとって意味のある〉出来事とはならないということだ。だから死は、人間が単独では終わりをもてない、単独では完結しないことを開示する出来事なのである。(西谷2000: 67)

自分の人生のけりは生前に自分でつけるかのような「終活」が流行っている昨今ではある。だがしかし、自らの死は、死後も最後まで自分自身で自分の〝からだ〟をいじくり回せるものではない。自分の〈いのち〉の営みのあるじは、誰でもなく、この自分自身だ、自分自身が営んでいる、というのは、案外まやかしなのではないのだろうか。フトそんな疑問が頭をもたげてくる。

自分が死んだ後、死後の自分のからだは、自分で始末することができない。他者にゆだねるしかない。自分の死後の自分のことは、死んだ後にあっては、もはや、自分自身でいじくりまわせない。「自分の死」というのは「自分のモノ」ではない、「自分の死」は「自分のモノ」にはならない。それを痛く思い知らされた。

だが、「大きいばっちゃん」は死によって、わたしの娘に何か強く伝えてくれたようだ。そのような逝く〈いのち〉は、残された他者に、何らかのかたちで、何ごとかを、伝えてくれる、伝う〈いのち〉でもありうるのだろう。

5 伝うことあたわずの〈いのち〉
――〝意思〟を伝えること、〝意思〟が伝わること

(1) 〝意思〟をめぐる「ワケあり」なことごと

えてして、わたしたちは、「わたしはこうしたい」「わたしはこうありたい」といった自らの〝意思〟をしっかりハッキリと発し伝えする人たちに目を向けてしまいがちだ。幼少の頃から親や教師など周囲の大人に、将来何になりたいのか、何がしたいのか、将来の展望や夢がしっかりハッキリと発し伝えられるように、と教え諭される。わたしたちは、自分の〝意思〟というものは相手や周囲に自分でしっかりハッキリと発し伝えることが重んじられる社会に生きているようだ。

ケアや支援、介助や介護の場においても、本人の〝意思〟は必要不可欠、本人の〝意思〟を理解することは大事、とよく言われている。だが、介助や介護をする側に対してまず〝意思〟というものをあらわすこと、しっかりハッキリと発し伝えることがうまくできなかったり難しかったりする人たちもいる。

そもそも、誰もが自らの〝意思〟というものを相手や周囲にしっかりハッキリと伝えられるものなのだろうか。自らの〝意思〟を伝え発するには、勇気や覚悟だっているだろう。自らの〝意思〟を伝え発したところ、予期せずして周囲からの反発をくらうかもしれない。伝え発したところで、相手が〝意思〟を受け取ってくれなかったり、周囲が気づいてくれなかったりするかもしれない。そもそも〝意思〟の発し方、伝え方がわからず、逡巡し模索している人だっていることだろう。

自分の〝意思〟はあることにはある。自分の〝意思〟を相手につたえたい思いもある。だが、相手のことを気づかって、伝えることができない、伝えることをあえてしない場合もあるだろう。相手に伝えようとは思わない、思えない。そんな場合もあるだろう。

実際のところ、自分の〝意思〟をしっかりハッキリと伝えられない人、上手く伝えられずにいる人のほうが少なくないのではないだろうか。しかし、あるいは逆に、自らが何も発しなくても、何も伝えずとも、〝意思〟として伝わってしまうことだってあるかもしれない。

さらに言えば、自らの〝意思〟をしっかりハッキリと伝えられている人のなかにも、その後の心身の状態や生活状況によって、その〝意思〟の中身がうつろい変わってゆく場合もあるだろう。人生の最期の最後まで、自らの〝意思〟を貫く。はたして、そんなことが誰でもできるものなのだろうか。〝意思〟

というのは、その時、その場によって、変わりゆくもの、うつろうものでもあるのではないだろうか。そんな〝意思〟をめぐって、そうしたいろいろさまざまな事情や状況や「ワケ」が人と人との関係には生じてくることは、ままあることだろう。そんな「ワケあり」なことは、よくあることなのではないだろうか。

(2) 本人の〝意思〟をめぐる家族や周囲の葛藤

もちろん、本人の〝意思〟がしっかりハッキリと伝わる、わかることの方が安心する、ありがたい場合もある。本人や周囲の者に十分な判断材料が手持ちにないまま、意思決定を余儀なくおこなわなければならない場面に立たさせる場合もある。

例えば、「認知症」とされる人たちのなかには、自らの〝意思〟が周囲に伝わりにくくなる場面が出てくる人もいる。周囲は本人の〝意思〟を十二分にはわかってあげることができない場合がある。その人たちのなかで食べることができなくなった場合、例えば「胃ろう」をつけるかどうか、家族や周囲は選択や決断を迫られ、葛藤や苦悩をともなってしまうことだろう。

わたしがフィールドワークの中で出会った人に坂本さん(仮名)という方がいる。彼は「認知症」とされる妻の佳子さん(仮名)を介護してきた。彼女が認知症と診断されたのは五二歳のときだった。

坂本さんが佳子さんの様子がどこかおかしいなと思ったのは、最初の診断を受ける二年ぐらい前だったという。そのとき、「もう家計はわたしにはできないから、あなたやってください」と言い出したのだ。坂本さんが結婚したのは二五歳、佳子さんが一九歳のときだった。それ以来、家事や子育て（娘ひとり）は、妻の佳子さんが一手に引き受けてきた。坂本さん自身曰く、「ずっと家内に任せきり」だったという。「後から考えると、これは相当、家内にとっては、ショッキングなことが起こったんだろう。それが何なのかはわからないが、おそらく何か具体的な、失敗が何回か重なったということはあったのだろう」と坂本さんは語った。

彼が佳子さんの介護をはじめて一二年たったとき、施設に長期入所させることになった。入所して八ヶ月くらい経ったとき、四〇度ほどの高熱が出た。熱の原因は、尿路感染だったらしい。それと同時に、髄膜炎を併発しているかもしれないということで、病院に入院した。その間、彼女は意識がなく、鼻腔管の栄養を入れることになった。熱は一週間ほどで治まった。だが、その後も意識の回復はなかった。

鼻腔管栄養で栄養を補給していたとき、逆流と痰の絡みが激しく、ほぼ一時間に二回の間隔で吸引が施された。その吸引の際、意識のないはずの佳子さんがバネ仕掛けの人形のようにはね跳び、身を震わせていたという。その姿は、夫としての坂本さんにとって、見るに堪えないものだった。

その後、医師は胃ろうの造設を勧められた。ただ、「しっかりとした意識がもどり、痰の絡みが改善するかどうか、それはわからない」と医師からは告げられたという。坂本さんは、佳子さんに胃ろうをつけるかつけないか、眠れない夜が続いた。悩みに悩んだ結果、彼は胃ろうの造設はしない、という苦渋の決断をした。

だが、胃ろうを選択しないということになれば、病院に居ることはできず、施設に戻ることもできなくなり、再び在宅で介護をすることになるがそれでよいか、という決断を再び迫られることになった。「胃ろうをしてもらわないと、施設では預かれない」とはよく言われることではある。

坂本さん自身も長年膠原病を患っており、介護していく上で万全のからだでは決してなかった。もし坂本さんの身に何かあった場合、妻の暮らしをまかせる場が閉ざされてしまうことは避けなければならない。そう思った坂本さんは、釈然としない気持を残したまま、胃ろう造設をお願いすることとなった。その後、佳子さんは施設に戻り、意識の方も少しずつ回復し、痰の絡みも一日に一回の吸引で済む程度に改善した。だがそれ以来、彼女から笑顔が失われたようで、苦しげな顔つきが普段の表情になってしまった。坂本さんは、その表情を見るにつけ、「妻に生きていてもらいたい」との思いの片隅で、釈然としない気持ちも引きずっていた。

坂本さんは、施設で暮らす佳子さんに会いに行くたび、ヨーグルトを食べさせてあげていた。それは、胃ろうをしつづけていても、口から食べ物を食べさせてあげたい、という坂本さんの希望でもあった。ヨーグルトを妻の口に入れながら話しかける。すると、妻は彼に視線を向けることがあった。時には、うなずく仕草も見せたという。そんなとき、坂本さんは、自分の想像以上に、妻は豊かな感情を持ち続けているのでは、と思うことがあったという。こちらがそれを受けとれないだけの話なのだろうか。それだけにかえって、妻の普段の苦しげな表情を見るにつけ、妻の生を長らえさせるのは、夫としてのエゴではないかという気持ちにさいなまれた、とも語った。

坂本さんは、妻に胃ろうをつけたことに対して「はたしてこれでよかったのか」と後悔の念にさいなまれていた。自らの〝意思〟は事前にしっかりとハッキリと示しておきたい、ということで、坂本さん自身に何かあったときには延命措置を行わない「尊厳死」を選ぶと言っている。そんな坂本さんの前で、わたしは何も言えずにいた。「そんなのいやだあ」と言えない自分がいた。[2]

(3)〝意思〟の〝真意(本音)〟はどこにある?

一方で、本人の〝意思〟の〝真意(本音)〟がどこにあるのか、どこに潜んでいるのか、それを読み解き、汲み取るのはなかなか難しい場合もある。

例えば、介護の場では「お風呂はよしときます」「入らなくてもいい」と入浴を拒む人がいる。本人の〝意思〟を尊重して入浴しないままでい続けるのなら、オムツを常用している人や失禁しがちの人はお尻がただれてしまうことだろう。その場合、「お風呂には入らない」という本人の〝意思〟を尊重するより、本人にとって何が最適で最良の〈生〉であるのか、介護する側が考えようとするだろう。ことによると、〝入浴拒否〟という〝意思〟を表明している人に対し、その〝意思〟に反するおこないをする(無理にでも服を脱がせて入浴させる)場合が生じてしまうかもしれない。

ただしかし、入浴時に服を脱ぐことを嫌がった人のなかには、湯船につかったとたん「いい湯だね」と言い、入浴後、機嫌良く「ああ、さっぱりした」と言う人もいる。「認知症」とされる人のなかには、状況を即時に即座に判断したり理解したりすることが難しくなっている人もいる。また、夜にお風呂に入るのを習慣にしてきた人にとって、デイサービスのようにお昼に入浴することになじめない〝不慣れ〟な人もいることだろう。それらのために、今から入浴をするという状況が飲み込めない人もいる。

さらに、入浴を拒む人によっては、判断力や理解力が低下しているよりむしろ、人前で服を脱ぐことに羞恥心や抵抗を感じているのかもしれない。その場合、入浴を拒否するという〝意思〟のなかにある〝真意（本音）〟は、「お風呂に入りたくない」というのではなくなってくる。そうではなく、「人前で服を脱ぐのは恥ずかしい」というものとなるだろう。[3]

（4）しっかりハッキリしない〝意思〟の〝真意〟

そのほかにも、周囲に伝わっているようで伝わっていない〝意思〟、ハッキリしてそうで、そうでもない〝意思〟というものも、またあるのではないだろうか。そもそも、〝意思〟というのは、しっかりハッキリさせることができそうでいて、そうでもない、自分でしっかりとわかっているようでいて、自分でもハッキリとわからないようなものでもあるのではないだろうか。

というのは、わたしは今まで生きてきたなかで、わたし自身の〝意思〟をしっかりハッキリさせたためしがあまりないようなのだ。相手に自らの〝意思〟をしっかりハッキリと伝えることをしてこなかったようなのだ。これは、周囲から言われてはじめて気がついたことである。

わたし自身はあまり自覚したことがなかった。だが、今までによく「あなたの考えていることがわからない」「あなたは何がしたいのか、あなたがどうしたいのか、伝わらない」「あなたの〝意思〟が伝わってこない」などと周囲によく言われ、責められてしまうことがよくあった。

そしてまた、冒頭で述べた、わたしが幼少の頃、海水浴で溺れそうになり、流される〝ゴムボード〟を見ていて泣き叫んだこと。遠くにいった〝ゴムボード〟に「いやだあぁぁ」と泣き叫び、戻ってきたらそのときにも「いやだあぁぁ」と泣き叫んだ。自分がなぜ泣き叫んだのか、〝ゴムボード〟をどうしたいのか、どうしたかったのか、そのときの自分の気持ちや思い、〝意思〟がいまだに自分でもハッキリとわからない。

わたしは、なんであんなにも泣き叫んだのだろうか。別にその〝ゴムボード〟に愛着があったわけでもなんでもない。〝ゴムボード〟が自分の手元からなくなって、もったいないという思いがつのったというわけでもない。現に、戻ったら戻ったで「いらん、こんなもん」と突っぱねてもいる。

〝ゴムボード〟につかまったままだと、おそらくはわたしは沖に流されてしまっていたかもしれない。〝ゴムボード〟と一緒に沖に自分が流され、誰も助けが呼べないなかで海に漂う自らの姿。その姿を想像したら、とても怖くなり、泣き叫んだのかもしれない。

いや、その〝ゴムボード〟が自分だったらと、周りに誰もいない海のただなかでただただプカプカと漂流する〝ゴムボード〟と自分の身を重ね合わせ、流されてしまう〈いのち〉に身震いする恐れを抱いたのかもしれない。

いやいや、〝ゴムボード〟を犠牲にしてしまった、その悔恨の情にかられたのかもしれない。自分の〈いのち〉があぶなかったかもしれない、という恐怖よりそれ以上に、なにかが消えてなくなってしまう、逝ってしまうという恐れがまさっていたのだろうか。高波が襲ってきたとき、〝ゴムボード〟を自分の手から離してしまった。それが〝ゴムボード〟ではなく、人だったら、と思うと、自分の身勝手さに震え上がってしまったのだろうか。

泣き叫ぶ、という〝意思〟表出はしたものの、いまだに、わたしがそこで泣き叫んだ理由（〝真意〟）をハッキリこうだ、と言い切れないままでいる。そもそも、しっかりハッキリした〝真意〟なるもの自体、あらわすことができうるものなのだろうか。

(5) 周囲に強いられた〝意思〟？ ——「ピンピンコロリ」は本人の〝意思〟？

〝意思〟のしっかりハッキリした理由が出せないのは、その頃のわたしが思ったことを言葉で言い表すのが未熟な子どもだったからなのかもしれない。たしかに子どもの時は、「いや」という〝意思〟をあらわしても、その理由を述べるのが苦手でもだった。だが、それは大人になり年を重ねても変わらない。

むしろ、大人になってからの〝意思〟のあらわし方のほうが、いろいろさまざまな事情を抱え込むことで、厄介でややこしいものになっているようにも思える。例えば、年を重ねてからの〝意思〟には、自分から発している〝真意〟のようなものではなく、周囲をおもんばかったもの、周囲に強いられたものもあるのではないか、そう思うときがあった。

以前、わたしは「老いと介護」に関するテーマで講演する機会があり、中高年層の人たちに話をした、ことがあった。その際、わたしは次のような話をした。

　ピンピンと生きて死ぬときはコロリと逝きたいというわたしたちの願望を言い表した「ピンピンコロリ」ということばが昨今よく使われています。この言葉は、歳を重ねても「病い」や「障害」をもつことなく、なおかつ介護をうけることなく、ピンピンと生きて死ぬときはコロリと逝きたいという願望を言い表しています。ですが、誰も皆が皆、ピンピンコロリというわけにはいきません。誰もが年を重ねていくとさまざまな「病い」に見舞われ、「障害」をもったりします。介護をうける状況が出てきます。わたしたちは歳を重ねて逝く間に、多かれ少なかれ「障害」や「病い」をもって介護されて生きることになります。「障害」や「病い」をもって生きなければならないなら、「障害」や「病い」をもって介護をうけながらおおらかに暮らせるあり方を考える必要もあるのではないでしょうか。

わたしがそんな話をした後で、聴衆の人たちで「自分の老いと死をどう迎えるか?」というテーマで話し合いがもうけられた。話し合いの後、どのような話が出たのか発表してもらうことになった。すると、ほとんどの人が「それでもわたしは年をとって老いてもピンピンと生きてコロリと逝きたいです。自分の身に介護が必要になったとしても家族に世話してもらおうとは思わない」と言うのだった。
　その人たちの話をきいて、わたしは複雑な気持ちにおそわれた。これほどまでに「ピンピンコロリ」[4]がもてはやされる裏には、「自分のことは自分でする、自分でなんとかしなくては」「自分のことは人に頼ってはいけない」といった〝意思〟を、歳を重ね逝く人たちに強いてしまっているのではないだろうか。すなわち、自分のことは人にゆだねてはいけない、家族や周囲に自分の身をまかせ、迷惑をかけることだけは、してはならないかのような意識が働いているように感じてならなかった。

なぜ、わたしたちは「介護される」を避けようとするのだろうか。なぜ「人に頼ろうと思わない、助けてもらおうとは思わない」のだろうか。それは、今までの介護の大変さを見聞きすることで、今後の介護にも期待していない、期待できないことのあらわれであるのかもしれない。あるいはまた、「介護される身体」になると、自分が人生の主役として生活のさまざまな場面で自らの〝意思〟を表出することを減らされてしまい、しだいに家族や介護者など周りの者によって代わりに判断させられてしまいがちになるという思いをつのらせ、不安と恐れをつのらせてしまうのかもしれない。

自分の〈いのち〉は自分で〝落とし前〟をつけなければならない。最期まで自分のこと（生と身体）は自分でしないと。そのような、介護されることを避けようとする〝意思〟は、はたして本人の〝真意（本音）〟なのであろうか。むしろ、「周囲によって強いられた〝意思〟」というものが働いているのではないだろうか。

（6）縁取られる〝意思〟?――周りの人たちとのかかわり合い、交わし合いによって

「周囲によって強いられた〝意思〟」とは異なり、周囲の人たちとのかかわり合い、交わし合いによって、たとえしっかりハッキリとした〝意思〟が表明できないように見受けられる人であっても、その人

の〝意思〟というのは縁取られてゆく場合もある。

社会学者の三浦は、自らの父親がグループホームで暮らす中で亡くなってゆく様を、スタッフの人たちの聞き取りや記録から論考している（三浦 2017）。当初、三浦にとっては父親本人の「意志」が確認できないように見受けられた。しかしながら、周囲のスタッフや他の家族の父親とかかわり合い、交わし合いによって、本人の「意志」ははっきりあらわれていることに気づかされたという。

わたしもまた、以前に、この雑誌『支援』の創刊号のなかで「その人らしさ」について考えをめぐらすなかで、次のようなことを書いていたことがある（出口 2011）。


現在の認知症ケアでは、本人や家族からその人の生活歴や人生史を聞いたり、日頃の会話や回想法を用いたりして、認知症とされる人たちが、どのようなことが好きな（だった）のか、どのようなことが得意な（だった）のか、認知症になる以前にどのような暮らしぶりだったのか、どのような仕事をしてきたのか、家族とどういう関係だったのか、そうしたことから「その人らしさ」を見つけ出し、明らかにしていき、そこで見つけ出し明らかになった「その人らしさ」から、日々のケアや暮らしの支援のあり方を考えているだろう。

しかし、「その人らしさ」というのは、「どこ」に「ある」というものではないのだろうと思う。「その人らしさ」は、その人個人のなかにあるのではなく、「その人」が〈所有〉できるものでもなければ、「その人」が〈貯蔵〉してきたものでもない。あくまで、他の人たち、周囲の人たちとのかかわり合いのなか

> から生まれ出るものなのだろう。（中略）「その人らしさ」というものも、（中略）「手順が決まったものでない」し、「型にはまったものでもない」、（略）〝空いた空間を埋めるもの〟なのではないだろうか。「その人らしさ」は、すっかりすべて「その人」のものではない。人と人との間にできた、空いた空間を埋め合わせるべく、かかわり合いの中で「その人らしさ」というものが生まれてくるのではないだろうか。（出口 2011: 80-81 より）

> 関わり手が認知症の人自らの意思や判断を理解できない場合、本人の〈自分らしさ〉に手が届くことは不可能なのかもしれない。しかし、本人の〈自分らしさ〉はどこにあるというのだろうか。〈自分らしさ〉というのも、〈その人らしさ〉と同じように、人と人とのかかわり合いのなかから生まれてくるものでもあると思う。（出口 2011: 83 より）

この文章の〈その人らしさ〉〈自分らしさ〉を〝意思〟に言い換えても同じことがいえるのではないだろうか。〝意思〟というのは、その人個人のなかにあるのではない。〝意思〟は個が〈所有〉できるものでもない。周囲の人たちとのかかわり合いによって生まれいずる、縁取られるものでもあるのだろう。その人が何を望み、何を伝えようとしているのか、といった〝意思〟は、その人ひとりだけで、その人独自に縁取られるわけではない。その人の〝意思〟は周囲の人たちとのかかわり合い、交わし合いによってはじめて縁取られてゆくのだろう。[5]

6　むすびに――〝ささらほうさら〟な〈いのち〉、かみしめて

「今から病院に来ることできますか？」

ある日の夕刻、わたしの携帯電話に妻が入院している産婦人科から連絡が入った。出産予定日を過ぎても一向に産気づく気配がないまま、妻は検査入院ということで、健診に通っていた産婦人科でしばらく病院生活をしていた。

急に病院から呼び出しをくらったのは、妻が入院してから数日後のことだった。ちょうど、仕事が一段落して今から妻の様子を見に病院に行こうとしていたときだった。何事だろう。妻が入院してからは彼女と彼女のお腹のなかにいる娘の様子が気になり毎日仕事が終わるとコンビニによって夕食のおでんを買っては病院に通っていた。昨日も妻は普段通りの様子だっただけに、妙な胸騒ぎがした。

夕食のおでんを買う余裕もなく夕刻の車の渋滞に苛立ち焦りながら急ぎ病院に駆けつけた。すると、産婦人科医から告げられたことには、お腹の赤ちゃんの心音が乱れているので、緊急で帝王切開の手術をすることになった、ついては家族として同意書にサインをして欲しい、とのことだった。わたしは立ち会い出産を希望していた。だが、今回の場合夫であっても分娩室には入れないという。

後で聞けば、妻は帝王切開にすると告げられるまで、病院で仲良くなった妊婦さんとのんびりとお茶をしていたらしかった。車いすに乗って手術室の前にあらわれた妻の表情は、急に手術することになった戸惑いの色が見てとれた。

妻の母とわたしは、手術室の外で、ただただ手術が無事終わるのを待つしかなかった。しばらくして、中から産声が遠く聞こえてきた。娘は無事に産まれたようだ。だが、産まれてから数日間、様子をみるということで娘は保育器に入れられたままの状態が続いた。スヤスヤ眠り続けている娘の姿を、ガラス越しでしか見つめ続けることができずにいる日々がしばらくの間続いた。

後から産婦人科医の医師から説明を受けたことではあるが、心音が乱れていた娘はけっこう危険な状態であったとのことだった。いつもは音楽をかけながら分娩をするという産婦人科医の医師もその余裕はなかったという。そんな後日談を聞くと、産まれてきた娘の〈いのち〉が、ただただ奇跡としか感じるしかなかった。

数日後、やっと娘をじかに触れることができる日が来た。この日を何度待ちわびてきたことか。だが、じかに赤ん坊の柔肌を触れたとき、〈いのち〉のもろさ、はかなさを肌で感じた。わたしは慣れない手つきで抱っこをした。すると、ふにゃふにゃ、ぐにゃぐにゃな娘のからだが、自分の腕と手にじわっと伝わってきた。わたしの、この手に、娘の〈いのち〉がゆだねられている。大げさなことかもしれない。だが、そう思うと、異様なほど大量の汗がどっと噴き出してきた。

もっと大汗をかいたのは、「はじめてのおむつ換え」のときだった。ふにゃふにゃ、ぐにゃぐにゃな、全介助状態の、赤ん坊の娘の、ちっちゃい、ちっちゃいからだを、どれほどまでに繊細に支えねばならないのか、加減がわからないなかでのおむつ換えに、わたしは情けないほどまでに、指という指が小刻みにぶるぶると震え、今までにないほどの緊張感を味わった。自分の人生のなかで、今まであれほどまでに噴き出したことがないくらい、尋常ではないほどの汗が、頭からといい、背中からといい、全身から噴き出して来て、ボタボタとしたたり落ち床を濡らした。

あれから、十四年の年月がたった。あれから娘の〈いのち〉の軌跡は、なんとかすくすくと歩んで育ってくれている。それどころか、わたしが歩んできたものとはまったくすっかり異なったものになっている娘の〈いのち〉の軌跡に、とても不思議さを感じている。

たとえば、わたしは学校という場にかなりこじれてきた（『支援』5号の特集「わけること、わけないこと」の文章を参照されたし）。そんなわたしとは異なり、娘は学校に喜々として通っている。娘は青春を謳歌するかのように吹奏楽部の部活動に励む日々を送っている。わたしの部活時代はというと、卓球部に属したものの下手くそだったため、数に限りがある卓球台で練習ができなかった。あぶれた部員は「技術」の工作室の机をくっつけてそこにネットを張り、かりそめの台をこしらえて練習するしかなかった。そのうちそこからもはじかれたわたしは、あぶれはじかれた部員同士で「卓球部内相撲部」と名うったグループをつくり、学校の廊下のたまり場で相撲ばかりとっていた。そのうち、他の部員から総スカンをくう始末（当然のことではあるが）だった。

わたしと違った人生を歩む娘の〈いのち〉は、今後、どのような軌跡を描くことになるのだろうか。

ところで、〝ゴムボード〟の体験からしばらくは、「いやだあ」などと叫ぶことはなかった。だが、冒頭の脚本家の「安楽死宣言」とその同調に対しては、「いやだあ」と叫ばずにはいられなかった。叫んだ、とはいっても心の中で叫んだだけなのだが。

自らの〈いのち〉にしても、ほかの人の〈いのち〉にしても、どうこうしちゃえるものなのだろうか。そんなにいじくり回せるものなのだろうか。自分の人生、自分の〈いのち〉は、自分の思いのままに、自分の思い通りに、自分で自分のものにしなければならない、と強く思い込もうとしている節があるように思えてならない。

そんな思いにとらわれていたとき、ある土地の言葉で、〝ささらほうさら〟という言葉に出会った。〝ささらほうさら〟という言葉は、長野、山梨、埼玉、静岡などの山合いの地域で使われる方言だという。〝ささらほうさら〟という言葉の使いかたとしては、「いろいろあって大変だね」といった場合に使われるそうだ。そのほかの意味としては、「ひっちゃか、めっちゃか」、「とっちらかっている」、「てんやわんや」「どうにもこうにもならない」といったものがあるそうだ。また、そんな〝ダメな〟人〝ワケあり、キズありな〟（まるでわたしのような）人のことも意味する場合もあるという。

人は皆、生きていれば、〈いのち〉のいとなみにおいて、いろいろ簡単には片づけられない〝ささらほうさら（どうにもこうにもならない）〟な事柄が生じることは、ままある。〈いのち〉が歩むその軌跡というものは思い通りにはいかない、思い通りのものではない。〈いのち〉はそのつど四苦八苦してしまう。生きてゆくことは、いろんな意味で、しんどいこと、しんどいときがある。人は皆、誰しもが多かれ少なかれ、いろいろ〝ワケありキズあり〟な事情をかかえて生きているのではないのだろうか。

ご多分に漏れず、わたしの〈いのち〉のいとなみもまた、思い通りにすすんではいない。思いのまま、とはいえないことばかりだ。〝ささらほうさら（いろいろあって大変）〟なことが思いもよらないときやところでおきる。病む〈いのち〉としてのわたしの病いも、相変わらず〝寛解期〟を迎えることもできずに一進一退をつづけている。

わたしの日々の暮らしぶりもまた、とりかえしのつかないことばかりしている。失態、失敗の数々をしでかしている。みっともないこと、だらしないこと、小っ恥ずかしいこと、情けないこと、そんなことばかりしでかしてきている。決まりの悪い思いばかり、気まずさを感じながら生きてきている。その時間をとりかえす、とりもどすことはできやしない。これからも、そんなみっともない、ダメダメぶりを発揮しながら、周囲にさらしつづけながら〝ささらほうさら（てんやわんや）〟な、人生こじらせ感ハンパない〈生〉を生きてゆくのだろう。

さらに、自らの最期として逝く〈いのち〉を、わたしは、どう迎えるのだろうか。誰に、どこで、どのように看取られるのか。どんな死に様をみせるのであろうか。その死に様としての生き様を自らに問うことがある。とはいっても、そんな格好のよいものではないだろう。わたしが逝くときもまた今の日々の暮らしぶりと同様に、〝みっともない〟〝だらしない〟逝き方、くたばりかたを最期の最後までしてしまいそうだ。終いまで、ジタバタし、悪あがきをし、アタフタし、のたうちまわりながら、「いやだあ、だめだあ」とみっともなく、だらしなく、〝ささらほうさら（ひっちゃか、めっちゃか）〟でありつづけて逝くのだろう。

だれもかれもがみな、より高みある目標や夢のある〈生〉をかかげて目指し、自分の確たる〝意思〟を強く貫き持ちつづけグイグイとおしすすめることができる人たちばかりではない。その時、その場を何とか、どうにかこうにか、やりこなし、やりすごす人たちも、いる。わたしも、また、そのひとりでも、ある。

「そもそも人の〈いのち〉なんて〝ささらほうさら〟なもんじゃんね」と言い合いながら、〝みっともなさ〟〝だらしなさ〟をほどほどにさらけ出せ合い、引き受け合える人と場に、わたしはめぐり合えるだろうか。〝みっともなさ〟〝だらしなさ〟を許し合える、寛容にみてくれる場がつくれたら、どんなにいいことだろう。

だがしかし、わたしのような〝ささらほうさら〟な人間は、容赦なく押し寄せる〝不寛容〟という時代の高波によって、いまにも流され、溺れそうになってしまいそうだ。そこには、たぐり寄せ、すがりつくことができるような〝ゴムボード〟すら、ない。

「人に迷惑だけはかけまい」と、自分の〝意思〟を強く貫き持ちつづけ生きようとする道筋からは、あぶれてこぼれ落ちてしまう。そんな、さまざまな〝ワケ〟や〝キズ〟をかかえ背負っている〝ワケありキズあり〟な、わたしのような人たちが、迷惑をかけ合え、許され合え、引き受け合える。そのような、寛容ある、なめらかで、肌さわりのよいかかわり合いが、たぐり寄せられれば。

そんな〝ささらほうさら〟な自らの〈いのち〉を、ぎゅうと、かみしめて。

【注】

（1）この脚本家はその後、自らの「安楽死宣言」に関して一冊の本にまとめている（橋田 2017）。それができずに机の上に置いたまま、幾多の日々を費やしてしまっていた。今まで考察を試みようと思いながら、それができずに机の上に置いたま

（2）坂本さんの聞き取りのデータは、今まで考察を試みようと思いながら、それができずに机の上に置いたまま、幾多の日々を費やしてしまっていた。だが最近、三浦の論考（三浦 2016）に出合うことで、もう一度向き合っていこうと思い直すことができた。三浦は、意思決定が難しいとされている重度の認知症の父親を介護し看取った経験から、〈尊厳ある生〉のなかでの看取り」のありようをさぐろうとしている。彼は、「尊厳死」を「終末期（人生の最終段階）において、延命治療の中止ないし非開始にかんする患者の意思決定を尊重すべきだとの立場にたつ考え方」であるとし、その考え方に「死の自己決定、すなわち自殺に非常に近い要素が含まれていること」に違和感を感じてきたと述べている。また、三浦は、「尊厳死」という発想とその議論は「医療の制度や体制の問題」の側面をやりすごし、「患者の意思決定のあり方」へと問題をすりかえてしまっていると論じる。そして「死にゆく者が死に臨んで、みずからの死の時期を自己決定する必要のない〈死に方〉について」考えをめぐらそうとしている。

（3）「入浴拒否」については、雑誌『支援』の創刊号で、「個別ニーズ」という側面から考え書いたこともある（出口 2011a）。またこのほか、「生命倫理」の側面から考え書いたことがある（出口 2011b）。

（4）「ピンピンコロリ」については、以前、生命倫理の側面から考え書いたことがある（出口 2011b）。本稿では、そこでの文章を大幅に加筆、補筆した。武藤によれば、そもそも「ピンピンコロリ」は、小さなコミュニティのなかで「具体的に目の前にいるあなた」への思いを込めてつくられた実践であったという（武藤 2008）。それが、地域や国の医療・健康政策および事業にも援用され、「目の前のあなた」の文脈を離れて介護予防や健康増進政策で用いられるようになった。「目の前のあなた」を離れ一人歩きしてしまった「ピンピンコロリ」に対し武藤は、「ピンピン」とは生きられず「コロリ」とも逝けない人たちとって、この言葉は声高に響いてしんどい、と述べている（武藤 2008）。

（5）近年、周囲の人たちとのかかわり合い、交わし合いによって、その人の〝意思〟を縁取ってゆこうとする実

践活動もあるようだ。二〇〇六年、国連総会で障害者権利条約が採択された。日本もこの条約を二〇一四年一月に批准した。この障害者権利条約をベースとした意思決定支援（Supported decision-making）として、当事者本人たちの〝意思〟決定を周囲が支援するべく、彼らの〝意思〟を引き出していこうとする「南オーストラリア州支援付き意思決定モデル（SA-SDM）」が注目を集めているという。この支援付き意思決定（SDM）モデルの特徴は、他人が本人にとって「最善の利益（best interest）」だろうと考えることを反映した意思決定ではなく、本人の「expressed wish（表出された希望〔内なる望み〕）」を反映した意思決定を支援するところにあるという（川島、他 2015）。これは、「表出機会がなく伝えられないでいた本人の内なる希望・意思が、支援者等の傾聴により、周囲の都合によって歪曲することのないまま表明され、表出されたものを指す」（二〇一七年七月九日に行われた、「意思決定支援モデル開発プロジェクトチーム」SDM-Japan が主催した「支援付き意思決定・意思決定支援（SDM）実践シンポジウム」の告知より）という。この意思決定支援モデルの前提には、「どんな人にも意思表明の力はある」ということのようだ。その意思表明の力（内なる希望・意思）を支援する者が引き出していこうというものらしい。この支援モデルは、「意思がない」とみなされ、決めつけられてきた人たちに対する支援のあり方を問い直す意味で刮目に値するのだろう。ただ、わたし自身はここでの文章のなかで「障害あるなしにかかわらず、誰しもがしっかりハッキリしたブレない〝意思〟というのはあるのだろうか？」との考えをめぐらせてみた。この支援モデルは「どんな障害があろうと、どんな人にもしっかりハッキリした〝意思〟というのはある」と「個のなかに確たる〝意思〟の存在」なるものを想定しているようにも思える。その点では、わたしが今回考えてみたこととは多少異なっているようにも思う。

【文献】

出口泰靖　2011a「その人らしさはどこにある？」雑誌『支援』1号、生活書院、74-85

出口泰靖　2011b「『老いて介護されること』とは」大谷いずみ、玉井真理子編『はじめて出会う　生命倫理学』

有斐閣アルマ、141-163
橋田壽賀子　2016「私は安楽死で逝きたい」『文藝春秋』二〇一六年一二月号、156-163
橋田壽賀子　2017『安楽死で死なせてください』文春新書
平川克美　2016『言葉が鍛えられる場所　思考する身体に触れるための18章』大和書房
川島志保、他　2015「オーストラリア・サウスオーストラリア州における意思決定支援（SDM）モデル」日本弁護士連合会第58回人権擁護大会シンポジウム第２分科会「『成年後見制度』から『意思決定支援制度』へ――認知症や障害のある人の自己決定権の実現を目指して」基調報告書
三浦耕吉郎　2016「〈尊厳ある生〉のなかでの看取りとは？」好井裕明、三浦耕吉郎、小川博司、樫田美雄、栗田宣義編『新社会学研究』新曜社、15-29
三浦耕吉郎　2017「連載　極私的社会学①　グループホームで父を看取る（1）――〈医療行為をしない人の死〉はどのように訪れるのか？」『新社会学研究』第2号、新曜社、84-97
武藤香織　2008「ピンピンとコロリの間で」『健康』秋号、彩風舎、42-45
西谷修　2000「ワンダーランドからの声」ジャン＝リュック・ナンシー著、西谷修訳編『侵入者　いま〈生命〉はどこに？』以文社
ヨシタケシンスケ　2018『おしっこちょっぴりもれたろう』ＰＨＰ研究所

第六章

〝予《あらかじ》め、ふせぐ〟ことからのおいてけぼり

――青い空の下で、もれ出ずる〈ウンチ〉とわたしの自己エスノグラフィ1

1 青い空の下、もれ出ずる〈ウンチ〉と、わたし

――〝予《あらかじ》め、ふせぎえぬ〟ことの体験

それは、とつぜん、やってきた。

ある日の朝早く、わたしは仕事場に向かおうとしていた。その日の朝は、雲ひとつない、澄み切った、なんともいえぬほど、すがすがしい青い空だった。

出かけてから仕事場までは歩いてまだ十数分かかるであろう、そのとき、それは、いきなり、やってきた。

歩いたことで、胃腸が活発になったのであろうか。下腹部のあたりが、急に〝にがり〟はじめた。

〝にがる〟というのは、わたしが幼少の頃、数年間住んでいた土地で用いられている方言であるらしい。その土地では、お腹が激しく痛むときなど、からだのなかから出てくる痛みに対してこの〝にがる〟というコトバが用いられるという。

この〝にがり〟は、仕事場に行くまでにはおさまるだろう、もしくは、仕事場に着くまでもつであろう、そうわたしは楽観視していた。わたしは一度出た住居にもどらずに、さらに歩みをつづけることにした。

じきおさまるであろうと思われた便意であった。だが、歩みを早めたこともあってか、さらなる便意、それも強めの〝にがり〟が何度もおそってきた。

イ、イカン。ここで便をするわけにはイカン。

わたしは、下半身をモゾモゾさせながら、このピンチに、頭をフル回転して善後策をこうじはじめた。たしか、仕事場までの道の途中には、一軒、コンビニがあった。そこのトイレに駆け込めば、なんとかなるかもしれない。だが、まだ数十メートルの距離があり、どうにも間に合いそうもない。だとすると、自らの住居にもどってトイレに急行できるか。その思いもよぎった。だが、今となっては、それもまたおおいに離れすぎてしまっていた。

額にいや〜な汗がにじみ出てきた。体内から外界に出でようとしたがっている〈ウンチ〉を肛門でなんとかとどめておくには、すでに限界が近づいていた。

ええい、ままよ、南無三、このままでは、もらしてしまう。パンツとズボンが〈ウンチ〉まみれになってしまう。どこか、人気のない道端で、しゃがんで用をたすしかない。わたしは、そう観念した。

だが、わたしの周囲は、アスファルトの道しかなかった。これから出ずるであろう、わたしの〈ウンチ〉が、無残にも路上でむき出しになり、お日さまのもとで見事なまでにさらされてしまう。

そうあってはならない。道行く人は、「今どき、散歩中の犬のフンを片づけない飼い主もいるのか」とギモンに思い怒り心頭にたっすることであろう。しっかしまあ、現代の社会というのは、こうも道という道、土地という土地がアスファルトだらけ、コンクリートだらけになっていようとは。

もはやこれまで、万事休す。ここでわたしは、〈ウンチ〉をもらすことになってしまうのかあぁぁぁぁぁぁ〜〜〜。

気が遠くなりそうになったそのとき、〝土〟のある地面が、わたしの視界にとびこんできた。通学や通勤の前の、人通りのない早朝の時間帯とはいえ、そこは人気のないところで、しゃがむと人目のつかない感じになりそうでもあった。

おおおおおっ、これぞ、天の導きなるかな。そう思うやいなや、〝土〟のあるところへすべり込み、からだが勝手にズボンとパンツを一気にいっしょにずりさげていた。

と同時に、おしりをペロンと土に向け、そのまましゃがみこんでいた。それなる〈ウンチ〉は、なんともすなおに、スルスルスル〜と、もれ出でてきた。

ほおおお〜、あやうく、パンツとズボンを汚してしまうところだったあぁぁぁ。

そう安心感にひたりたいところではあった。だが、ふと気づけば、おしりを拭こうにも、この時、手元には、ティッシュペーパーも、紙らしきものも、何もなかった。

しかも、早朝とはいえ、そろそろ通学や通勤の人たちがわたしの周りを通る頃である。道行く人びとが、わたしの〝所業〟に驚かれてはまずい。その前に、人に見られるわたし自身がはずかしい、というものであろう。

即座に、応急処置として、首にまいていたタオルでおしりをふき、やおら立ち上がるやパンツとズボンをあげる。これもまた、わが手をシャベル代わりにして、そばに穴を掘り、もれ出ずるわたしの〈ウンチ〉をていねいに埋め、さらにそのうえに盛り土をした。

プリンのような感触の〈ウンチ〉（なかば軟便状態ではあった）を、自らのわが手にすくい持ったことは、わたしにとって人生で初めてだった（と思う）。この一連のおこないを、今まで生きてきてこんなに俊敏に動けたことがあったであろうか、というはやさでササササッーとこなした。これでわたしの〈ウンチ〉を目がけてハエがたかることもないであろう。

その後、近くにあった寺の境内に行き、外にあったお墓参り用の水道で、わが手とタオルを洗う。そのまま、寺の本堂に向かい、おさい銭を入れて手を合わせる。土のなかに埋めたとはいえ、野の外で〈ウンチ〉が出てしまったことを、仏様に詫びた。

しばらくすると、自らのしでかしたことに、恥ずかしさと、不安が、ブルンブルンとからだじゅうをかけめぐった。まさか、トイレットトレーニングをすませた幼児期をはるかにこえたこのオジサンの齢になってから、しかも青い空の野の外で、〈ウンチ〉がもれ出でてこようとは思いもよらなかった。からだじゅうを、とてつもないショックが、怒濤のごとく押しよせてきた。

それにつけても、青い空の下で、もれ出ずる〈ウンチ〉をしたのは、わたしの人生で初めてのことであった。

しかし、そのとき、なぜか、ふゎぁ〜と、からだを妙な〝開放〟感が吹きこみ、つきぬけていった。それは、ガマンしていたものが無事に出せてホッとした開放感、なのか？ いや、どうも違う。それは、安堵感というものでも、スカッとスッキリした爽快感、というものでもなかった。

な、な、なんなんだ。この、奇妙なまでに、からだにおしよせる、からだを吹きぬけ、つきぬける、このふせぎようもない、〝開放（カイホー）〟感というのは。

かくしてわたしは、この〝開放（カイホー）〟感のナゾをさぐる旅へと、いざなわれてゆくのだった。

2　もれ出ずる〈ウンチ〉と、難病と、わたし
――〝予《あらかじ》め、ふせぐ〟ことに躍起になる

青い空のしたで、もれ出ずる〈ウンチ〉が出てしまったその日。今からして思えば、はじめて試す飲むヨーグルトを口にしていた。そのヨーグルトのパッケージには、胃腸にいいと言われている菌がたっぷり含まれている、と書かれてあった。思えば、あれが、もれ出ずる〈ウンチ〉をいざなったのかも、とフト頭をよぎった。

だが、今さら原因をあれこれ考えても、もれ出ずる〈ウンチ〉は、青い空の下で出てしまった。このことは、もう、取り返しがつかない。原因がどうあれ、その結果もどうあれ、どんなに〝予《あらかじ》め、ふせぐ〟ことにつとめてみても、ふせぎきれないことがある。そんなことをわたしは痛切に思い知った。

この、わたしの、もれ出ずる〈ウンチ〉の体験のように、胃腸の弱い人、胃腸の病いをもっている人は、少なからずとも、〝予《あらかじ》め、ふせぐ〟ことのできない体験をしているのではないだろうか。[2]また、もれ出ずる〈ウンチ〉との出合いをしてから気づかされたことには、胃腸の弱い人や胃腸の病いをもっている人が駆け込むことのできるような、家の外（屋外や野外）のトイレが思いのほか少ない、ということであった。

しかし、〝予《あらかじ》め、ふせぎたい〟と思うのは、人の性（さが）なのだろうか。わたしもまた、今まではそう思ってきた一人でもある。

数年ほど前、わたしは、「潰瘍性大腸炎」という難病をいただくことになった。そのときから、わたしは、今まで以上に〈ウンチ〉に気にかけるようになっていた。「（大）腸にいい」と言われているものは、ヨーグルトでも、発酵食品でも、食べ物であれ、飲み物であれ、何でもどんなものでも、無性に試したくなっていた。

ただ、わたしの、〈ウンチ〉とつきあいは、ふりかえって考えてみると、とても長いことに気づかされた。

難病をいただくことになる以前、幼少期の頃からもともと、お腹がゆるい体質であった。そのため、月に何回かは、ことあるごとに下痢や軟便がもれ出ていた。

しかも、そういうトイレに駆け込み、トイレにこもらねばならぬときに限って、見たいテレビ番組があるときなのであった。

小学校高学年の頃、わたしは歴史大好き少年であった。そのため、日曜日に放映されるＮＨＫの大河ドラマは、その頃欠かさず見逃さないように心がけていた。

その時分は、まだ家庭にビデオデッキもない、テレビ番組の録画も録画予約もできない時代であった。見逃しようなものなら、その日から短くとも一週間は落ち込み、引きずっていた。

小学六年生のとき、滝田栄が演じる徳川家康の大河ドラマのときは、気合いの入りようが違っていた。あらかじめ、原作の山岡荘八の本を読んで予習していた（ただし、少年版）。

チャッチャラーン、と、大河ドラマ特有の、ＮＨＫ交響楽団が演奏する、重厚なオープニングの音楽がはじまるころ、グルグルグル〜とお腹が鳴り始め、いわゆるお腹が〝にがり〟はじめ、皮肉にも便意がやってきた。

そもそも、夕食後しばらくしてからの午後八時に番組がはじまるのがいけないんじゃないのか。ああ、今日も最初の、前半の、大事なシーンを見逃してしまうことになるのかあぁぁあ、と軽い絶望感におそわれる。そんな絶望感とともに、お腹の便意にもおそわれながら、がまんの限界を感じ、やむなくトイレにすべりこむのであった。

以来であろうか、わたしは、お腹を下さないよう、逆に便秘にもならないよう、そしてまた痔による血便に見舞われたりしないように、「あらかじめふせごう」と躍起になって気をつけ、気を配り、気にかけあぐねる日々を送り続けてきた（つもりであった）。

それなのに、それなのにー。大腸の難病をいただくことになるなんて。

ただし、「軽度」ということなので、とくに痛みもがき苦しむ、というところまでにはいたらずにこまできている。だが、一時期、「流氷の天使」あるいは「氷の妖精」と呼ばれるクリオネのような粘液（粘血便）がもれ出ずるときもあった（その〝予《あらかじ》め、ふせぐ〟ことができなかった「ちょっぴりもれたろう」な体験については、本書の第五章を参照されたし）。

難病をいただいてから、ここしばらくは、飲み薬と、「注腸」という治療方法を併用している。今現在のところ、週二回、「注腸」なるものをする（今までは二日に一回というペースであった時期もあった）。

「注腸」というのは、飲み薬のようにクスリを口から入れるのではなく、その字の通り、直接腸にクスリを注入する薬物投与のしかたである。浣腸のような容器に液体のクスリが入っており、けっこう長い管を肛門に入れ、かなり奥深くまで差し込んで液を注入していく。

わたしのなかで、注腸の「儀式」というのがある。それは、三つの儀式にわかれている。

まず、管を肛門に差し込まねばならないので、管を差し込みやすく、管が通りやすくするための「第一の儀式」をおこなう。最初にトイレに入り、ウォッシュレットで肛門に温水をかけて温めて塗らす。

次に、管の先にオリーブオイルをかけて塗り、管を差し込みやすく、通りやすくする。

そして、液の入った容器の上澄み液を抜き取り、最後に容器と管をねじこみ装着する。この容器と管の装着には毎回、神経質なほどの注意を傾けている。というのも、ここで油断して装着をゆるくしたり、うまくねじ込んでいないと、容器と管のすき間からクスリの液がもれ出でてしまい大変なことになるからだ。

その「儀式」が終わると、次の「第二の儀式」にうつる。薬の液がもれ出るかもしれないので、横になる床にタオルを敷き、横になったら気合いを入れて勢いよくグイっと管を肛門に差し込む。差し込み終わったら、液を液漏れしないように慌てずに少しずつ、でも急いで正確に注入していく。

その後、腸に薬をまんべんなく塗布するためなのであるらしいのだが、うつぶせ、左横向き、仰向け、右横向きの姿勢をそれぞれ一分間ほど、計四分間、とりつづける。この間、腸に液体が注入されたことが刺激になり、リアル〈ウンチ〉が出そうになる。それをこらえながら、向きを変えながら横になりつづけなければいけない。それがうまくいかず、トイレに駆け込み、クスリの液とともにリアル〈ウンチ〉が出てしまうことが何度もあった。そのときのわたしは、便器に腰かけながら、ああ、また高いクスリ代を無駄にしてしまった、とうなだれて落ち込んでしまうのであった。

なんとかクスリの液を腸内におさめることができると、次に気をつけねばならないことがある。クスリを肛門から腸に注入した際、クスリの容器のなかにある空気まで注入してしまっている。そのため、しばらくすると、〝オナラ〟というかたちで肛門から空気がもれ出てしまう。

そこで、次に「第三の儀式」にうつる。それはまず、「でんぐり返しの途中の姿勢」をし、お尻（というより肛門）を上に向け、〝オナラ〟というかたちの空気を肛門から出し切る、というものである。この空気を出し切らないといけない。これが一番やっかいなことなのだ。
というのも、肛門から腸にたまった空気を出し切らずにいると、腸のなかに空気がたまったままの状態というのは、なんともことばにしづらいほどの具合のわるさを感じてすごすことになってしまうからだ。

また、なぜ「でんぐり返しの途中の姿勢」をしてお尻を上に向けなければいけないかというと、床にすわったまま、もしくはあぐらをかいたまま、肛門を下に向けたまま空気を出すと、空気と一緒に先ほど注入したクスリの液体ももれ出てしまうことになるからだ。クスリの液体がもれ出てしまうと、白い液体が下着を濡らし汚してしまうことにもなる。

さらにそれだけではなく、クスリの液体がもれ出てしまうと、その液体のクスリによるものなのか、肛門とそのまわりのおしりの皮膚がただれ、かぶれてしまい、しばらくはかゆくてしょうがない状態が続いてしまうのだった。

わたしがいただいた難病は「完治」しないという。ただ「寛解」にいたることができるという。そのために、「寛解」の状態におちつかせるために、また新たな「症状」なるものが出ないようにするために、〝予《あらかじ》め、ふせぐ〟ことに躍起になり、乳酸菌やビフィズス菌たっぷりのヨーグルト（しかもなるべく無脂肪）を摂るなどして腸内環境なるものをよくしようと、ありとあらゆる〝予防〟に手をつくそうとしてきた。

だが、今までのわたし以上に、今の世の思潮というものは、〝予《あらかじ》め、未然に、ふせぐ〟ことを強く求める、押しすすめる動きが、かまびすしいようだ。

3 「メタボ」健診、異状あり?

先日、突然、わたしのもとに文科省の共済組合から「貴殿は判定の結果、『特定保健指導』の対象となりました」とのお達しが届いた。

「特定保健指導」というのは、「健診の結果に基づき、生活習慣病の発症リスクが高く、生活習慣の改善による生活習慣病の予防効果が高く期待される方を対象に『積極的支援』、『動機付け支援』に判定し、個々の健診結果や生活状況に合わせて、医師や保健師、管理栄養士等の専門家が、生活習慣を見直すサポートを面談にて行う」(送付された手紙の文面より)ものであるという。

難病をいただいていることもあるのだろうか。わたしは、見事にめでたく? 「生活習慣病の予防効果が高く期待される」者として、悪くいえば「〝予防〟が必要な不健康な者」という〝選ばれし者〟として、バッチリと判定されてしまった。

「動機付け支援」と判定された理由として、血圧が今回の健診だけ上がっていること、空腹時の血糖がいつもより数値が上がっていることなどが、あげられていた。

やっとここでわたしはあることに気づいた。これって、いわゆる世間で言われている、あの「メタボ

（メタボリック・シンドローム）」に晴れて？　わたしが選ばれたっていうこと？　なんじゃないのか。

ちなみに、「メタボリック・シンドローム」は、「内臓脂肪症候群」とも呼ばれる（以下、「メタボ」と略称）。「メタボリック（metabolic）」とは「代謝」、「シンドローム（syndrome）」とは「症候群」を意味する。いわゆる俗に言うところの「メタボ」というのは、「内臓脂肪の高い状態」に加えて、「高血圧・高血糖・脂肪の代謝異常の状態」のことであるという。この状態が続くと心臓病や脳卒中などの動脈硬化による疾患が起きやすくなるとされている。

「特定健診・特定保健指導」という、俗にいう通称「メタボ健診」なるものは、これらを予防することが目的であるらしい。この健診は「四〇～七四歳までの医療保険加入者を対象に義務付けられている健診」のことで、二〇〇八年から始まったという。

日本において、この「メタボ健診」では、「腹回り（腹囲）」の測定をしている。この「腹囲」の測定で、日本では「男性は85 cm 以上」、「女性は90 cm 以上」で「内臓脂肪過多」と判定されるという。だが、「腹回りを測ることぐらいで「内臓脂肪の溜まり具合」など判定することができるのだろうか。

本来であれば、「メタボ」の診断には精密なＣＴスキャンが必要であるという。しかし、実際のところ「メタボ健診」では精密な検査を行うのは難しいため、より簡易に「スクリーニング（ふるい分け）」ができる指標として「男性85 cm 以上・女性九90 cm 以上」という基準が設定されていることのようだ。

腹囲のほかに内臓脂肪蓄積のリスクを判定するものとして「ＢＭＩ」というものがある。「ＢＭＩ」というのは、「Body mass index」の略で、「身長と体重のバランス」を表す指標のことだという。これは、体重（kg）を身長（m）の二乗で割って算出する。BMIは「22」が「理想」らしく、値が小さくなるほど「やせている」、大きくなるほど「太っている」ことになり、BMIが「25以上」の人は、「肥満」としてひっかかるという。

腹囲やBMIで「肥満」とされた人は、さらに次の段階に進んで、血糖値や血圧そして脂質量のどれか一つでも基準値以上（血糖値は空腹時高血糖値が110mg/dl以上、血圧は収縮期〔最大〕血圧が130mmHg以上、かつ／または拡張期〔最小〕血圧が85mmHg以上、脂質量は中性脂肪が150mg/dl以上）だと、生活改善のための指導を受ける「特定保健指導」の対象となるという。

ガーン。わたしは、「メタボ」「肥満」とレッテルをはられてしまったのか。たしかに、ここ数年、かなり体重が増えた。恐る恐る、ブルブルと震える手で文科省の共済組合からの通知の文書をあらためて見てみると、そこには「メタボ」の語も「肥満」の言葉も一つとして書かれてはいない。なぜだ。おかしい。だがしかし、「あなたは『特定保健指導』の対象となりました」と明らかに書かれている。

そこで、この年に受けた人間ドックの検査結果にある「メタボリック・シンドローム判定」の項目も、あらためてみてみる。すると、そこには「メタボリック・シンドロームではありません（非該当）」と書いてあるではないかあぁぁぁ。なぜだあぁぁぁぁ。

念のため、人間ドックの検査結果の数値を確認してみる。まず、「腹囲」の数値は「84・4cm」とある。ギリギリセーフ、といったところか。つぎに「BMI」の数値はというと、「25・0」となっていた。25以上の人が「肥満」としてひっかかるのでちょうどひっかかる数値になっていた。ガガーン。

あと、血糖値や血圧そして脂質量をみてみる。すると、血糖値と脂質量は基準値以下となっていた。だが、血圧だけがこの年だけなぜか「132 mmHg」となっており、基準値の「129 mmHg 以下」を超えていた。そうか、ここがひっかかっているのか。わたしの場合、血圧は、上（収縮期）の数値はいつも100前後でどちらかというと低血圧だといわれているのに。な、なぜだあぁぁぁ。だが、これが決定打となったようだ。

フン、誰がこんな「特定保健指導」なんか受けるものか、と無視を決め込もうとした。すると、しばらくしてから、またしてもふたたび、共済組合から「特定保健指導のご利用がまだの方へ」という手紙が届いた。

そこには「ぜひご利用ください」というおすすめの文章の末尾に、「共済組合からのお願い」として以下の文言が書かれてあった。

「特定保健指導の利用者が少ない共済組合に対し、加入者の健康の保持向上や医療費適正化のため、国はペナルティーを課すことになっています。具体的には、後期高齢者に加算される予定です。負担率が上がると、共済組合の経理は確実に圧迫され、収支が厳しくなれば組合員の保険料アップの検討を余儀なくされることになります。ぜひ、特定保健指導をご利用ください。」と。

まるで、共済組合から「泣きの」お願いをされているような、はたまた「特定保健指導を受けるのを怠けているあなたひとりのために、ほかの組合員の人たちが多大な損失を被ることになるのですよ」とつめよられ、おどされているかのような文言ではないか。

調べてみると、厚生労働省は二〇一七年四月に「特定健康診査（メタボ健診）」の受診者が少ない企業が加入している健康保険組合に金銭的なペナルティーを与える方針を打ち出していた（「保険者インセンティブについて」平成二九年四月二六日厚生労働省保険局第一〇四回社会保障審議会医療保険部会資料より）

厚労省によると、想定しているペナルティーの対象となるのは健診や指導の実施率（検診や指導の対象になり実際に受診した人数）が〇・一％を下回った健保組合で、共済組合なども対象となるという。ペナルティーの内容は、七五歳以上の後期高齢者医療への拠出金を加算するというもので、その逆に受診率の大幅増といった成果を上げた場合は拠出金負担額が軽減されるという（なんというアメとムチ的な）。

まさに共済組合から「泣きの」お願い文そのままのことがおこなわれようとしているのか。本意ではないが、これは共済組合さんのために一肌脱ぎますかいな、としぶしぶ「特定保健指導」なるものを受けることにした。

数日後、共済組合から委託された業者の管理栄養士が面談しにやってきた。その管理栄養士から、どうやら基礎代謝が落ちているようなので、食事の内容や食事をとる時間に気をつけることや、毎日こまめに運動をかかさずつづけること（スクワットやウォーキングをすすめられた）など、まさに、生活習慣病を〝予《あらかじ》め、ふせぐ〟ためのポイントやダイエットのしかたを、ことこまかに詳しく（よく耳にすることであったが）、伝えられた。

こうして「メタボ」のレッテルをはられたわたしは、〝予《あらかじ》め、未然に、ふせぐ〟ことを強く求められ、押しすすめられる世の流れや動きにのみこまれてしまった（少々、大げさではあるか）。

わたしは、そんな〝予防〟の流れや動きにのりきれず、おぼれそうになる。

しかし、わたし自身もまた〝予（あらかじ）め、ふせぐ〟ことに躍起になってみたものの、もれ出ずる〈ウンチ〉を青い空の下でいたしてしまっている。そうした体験をしたことで、〝予《あらかじ》めカンペキにふせぎきることはできぬ〟ことを思い知ってしまった。かろうじてできることは、時にやってくる変調をきたすわたしのからだの〝調べ〟にあわせて、その〝調べ〟にのせていくことしかない。

青い空の下で、もれ出ずる〈ウンチ〉を図らずもしてしまったこと。そのことで、これも図らずして生じた、あの妙な〝開放《カイホー》〟感。それは、わたしが、あらかじめふせごうと躍起になってきたことからくる「とらわれ」「しばられ」から開放されたものでもあったのかもしれない。

4　幼きムスメのもれ出ずる〈ウンチ〉と、わたしの〝狂騒曲〟
――子育てをめぐる〝予《あらかじ》め、ふせぎえぬ〟こと

幼い頃のムスメの〈ウンチ〉の始末。その頃のわたしは、どうしていたのだろうか。もう十数年前のことでもあるせいか、よく思い出せずにいる。

思い出せないほど苦労したことがなかったのか。はたまた苦労しすぎたあまり、記憶から消そうとして思い出したくないのか。

ただ、幸か不幸か、ムスメ（の特に体調の具合が悪かったときのこと）に関する日記風の記述がけっ

こう残っていた。それらをあらためて読み直してみてみると、わたしはムスメのもれ出ずる〈ウンチ〉（そのなかにはオムツ換えも含んでいる）との「格闘」をおもいのほかやっていた。しかも、かなり手こずっていた。記憶が薄れ遠のいていいただけに、それには、われながら驚いた。

二歳から三歳のあいだ、ムスメはしょっちゅう、胃腸のカゼをひいていた。ムスメの場合、腸のカゼをひくと、決まってケポケポと食べたものを吐いたり、ゆるい〈ウンチ〉が出たりしていた。小児科で出される抗生物質の影響もあるのであろうか、そうしたときは少し水っぽく緑っぽい、ゆるい〈ウンチ〉が出ていた。わたしは、その後始末にも追われていた。

そんな、幼きムスメの〈ウンチ〉と、わたしの〝狂騒曲〟。それはたとえば、こんなことがあった。

それは、二歳のムスメがカゼをひいたある日のことであった。ムスメは、カゼをひくと同時に中耳炎になりやすい体質でもあった。そこでまずは、耳鼻科に行こうとした。だが、出かけようとする矢先、ムスメは突如、ビシャーという下痢状の〈ウンチ〉をしてしまった。

もれ出ずる〈ウンチ〉は、そのままパンツだけではなく、ズボンにもついてしまっていた。わたしは、あわててふこうとする。だが、気持ち悪がったムスメはそのまえに、お腹やお股を自分の手でさわり、ムスメの手にも〈ウンチ〉がついてしまう。

〝予《あらかじ》め、ふせぎえぬ〟もれ出ずる〈ウンチ〉を目の前にして、わたしはひとりでワーワーとパニックになっていた。自らのパニックでどっと疲れ、頭のてっぺんがピリピリし、肩甲骨あたりもジリジリとしはじめる。そんなことを繰り返していた。

当時のわたしは、もれ出ずる〈ウンチ〉といった〝予《あらかじ》め、ふせぎえぬ〟ことに対して手こずっているだけではなかった。それのみならず、ムスメを育てているなかで、もれ出ずる〈ウンチ〉以外にも、それ以上に、ムスメの粗相、予期せぬキゲンの変わりよう、気まぐれやマイペースさ、などといった、わたしには〝予《あらかじ》め、ふせぎえぬ〟ことに振り回され、なかばキレながらムスメとあいたいしていた。もれ出ずる〈ウンチ〉のことだけではなく、幼きムスメの育ちにおける、ありとあらゆる出来事が、わたしには〝予《あらかじ》め、ふせぐ〟ことなどできやしないことでもあったのである。

それでは、当時のわたしの子育て日記風の〝狂騒曲〟をみてみよう。

十一月のある日のこと。二歳のムスメは、腸のカゼのために保育園に行けないでいた。そこで、わたしがその日は一日、ムスメをみることになった。その日は十一月とはいえ、真冬のような冷え込み方であった。

その日の朝、胃にやさしいであろうとそうめんをゆがき、ムスメに食べさせた。ムスメは食後、すぐに吐くこともなく、Eテレのテレビ番組を食い入るようにみていた。

わたしはわたしでカゼ気味で、体調の方があまりよろしくなかった。ノドがいがらっぽく、首から上がジンジンしていて調子が悪い。からだの関節のふしぶしの痛みがそれほどないのが幸いではあった。わたしは、こんな体調もあって、ムスメとテンション上げて一緒に過ごせられないでいた。

その後、ムスメは、少しゆるみがちな〈ウンチ〉をドバっとした。ムスメは腸のカゼで、お腹がゴロゴロいっているらしい。一方のわたしはカゼ気味で鼻がきかなくなっている。いつもだとムスメがオムツに〈ウンチ〉をするとすっぱいニオイを感じとれるのだが、今日は頼みのわたしの鼻がいうことをきかない。そのため、いつ〈ウンチ〉をしたのかわかりづらくなっている。このままでは、オムツを換えるタイミングが遅くなってしまい、おしりがかぶれてしまう。

ここはムスメがいつ〈ウンチ〉をしたかには気をつけてあげないと。わたしは自分の体調もよくないので、ここは気合いで乗り切ろうと自分で自分に言い聞かせていた。

今のところ、ムスメは機嫌のほうはよく、元気そうにしていた。そこで、少し仕事をしようとわたしが机にむかい書類を書こうとシャーペンをもつと、ムスメはとなりでわたしの鉛筆を使ってお絵かきをしはじめた。

だが、そのうち、ムスメはわたしのやっていることに気になり出したようだ。気がつけば、わたしの書類に絵を描こうとしていた。それだけはやめてくれー、と少し声を荒げてしまう。

お昼前、ムスメはわたしに向かって「パパ、学校に行く?」といきなり言い始める。言い始めるやいなや、当時、自分のことを「うっちゃん」と言っているムスメは「うっちゃんはねえ、ピンク!」と言いながら靴下をはこうとし、はりきって出かける準備をしようとしている。

「うっちゃん、学校って、パパの学校? それとも、あゆみちゃん?(当時ムスメが通っていた、一軒家を使って保育をしていた無認可の小規模な保育園)」と聞くと、「あゆみちゃんではない」と言う。「パパの学校?」と再びきくと、そうだという。わたしは何回か、当時わたしが勤めていた学校に子連れ出勤をしたことがあった。ムスメは、それを覚えていたのであろう。職場に行くのなら、ついでに調べものをするか。余裕があれば、メールをみるか。

ムスメは、玄関に行って、「はやく行こ」とせかす。ムスメの靴を履かせて外に出る。すると、今度は学校ではなく、近くのスーパーに行く、と、とたんにコロッと行き先を変更してきたではないか。わたしはというと、いきなり出鼻をくじかれたかっこうになる。

しかたがなく、スーパーに行く、とはいっても歩くとかなり距離があるため、お互いに体調が悪い者同士、そこはあまり体力を使わないほうがよかろうと、ムスメに車に乗ろうとうながす。

すると、「車には乗らない」と言い、「あっち」と指さすではないか。ムスメが指す方向をみると、それはどうやらコンビニのようだった。

いつものことながら、なんだか一緒にいると、コロコロと気が変わるムスメにブルンブルンと振り回されるなあ。わたしはそうぶつぶつと心のなかでボヤきながら、ムスメと手をつないでいっしょにコンビニに向かう。

コンビニに着くと、ムスメはブドウヨーグルトを買うと言う。わたしがマスクを買おうと思い、いくつかあるマスクを取ると、ムスメはわたしが手に取ったマスクを取り上げ、「これ、買わないよ！」と言って元の場所に置け、とうるさく言う。

お茶とかホットレモンを後で買い足すと、ムスメは勝手にポテトチップスをレジにもってくる。

買い物をすませ、家に戻ろうとすると、今度は家まで直接帰らずに、家の近くにある川べりまで寄り道していく、と言う。

このまま川沿いまでご機嫌でてくてくと歩く。ただ、途中で「だっこして」と言っては、抱っこをせがんでくるしまつ。わたしは、ヨイショと抱きかかえる。「重い重い」と言いながらヒイヒイ、ふうふう、と歩く。肌寒い十一月なのに、わたしの背中はすでに汗だくになっていた。

ムスメは、川べりのベンチで、「おウマはみんな〜、パッカパカ走る〜」とからだを揺らしながらうたってご機嫌で遊んでいる。すると今度は、このまま外でヨーグルトを食べる、と言いはじめる。さすがにそこまでいると、カゼがひどくなってしまいそうだ。なので、家に戻るよ、とうながす。

やっとのことで家にたどり着き、ムスメは着いたとたんにヨーグルトをご機嫌で食べていた。わたしはというと、抱っこして歩き汗をかいたので、着替えようと思い、汗だくになったシャツを脱いでいた。そのとき、ムスメは、はしゃぎながら食べていたせいか、ヨーグルトをこぼし、あわせて容器も落として床がヨーグルトだらけになる。

こんなハダカになっているときに、そんなことしてくれるなよなあ、とついムカッとしてしまい、声を荒げてしまう。わたしはハダカのまんま、床をふいて後始末をする。

後始末の勢いをかりて、そのまま、お昼にするか、と思う。出かける前に、ムスメのお昼ご飯用にと、さつまいものオレンジ煮とカレイの煮付けをつくっていた。あとは、朝にゆがいたそうめんの残りがあった。

ムスメは、カゼをひいていても、食欲の方はおおいにあるようだ。お昼ごはんも、カレイの煮付けのタマゴの部分をパクパク食べ、もっともっとと言う。そうめんも食べる。おむすびも一個食べる。

昼食後、ウンチをしたのだが、たっぷりとゆるめのウンチであった。

お昼寝でムスメを寝かしつけていたときも、ドッと疲れていたわたしも一眠りするかと思い、横になる。だが、先ほど、ムスメにあたりちらしてしまったことに対してかなり自己嫌悪していたので、ウトウトはするが、寝付けない。

一方、ムスメの方は、先ほどわたしから怒鳴られたことなどすっかり忘れたかのように、ふとんであおむけになりながら、ひとりで大きな声でしゃべったり唄ったりして、チョーご機嫌である。午後二時半ごろ、ムスメは寝返りをうったとたん、スウーっと寝に入っていった。

午後四時、ムスメが目覚めてスクッと起きる。起きたときに少しグズるような声をあげただけで、「パパ。」と言ってニコニコ笑って話かけてきた。寝起きがとてもよかったらしく、そのまま、ご機嫌で遊び出す。

夕食は、月見うどん、カレイの煮付けの残り、鶏肉と大根の甘酢煮、なめこと豆腐とわかめのみそ汁、さつまいもをつくった。ムスメは、思いのほかモリモリとよく食べる。特に、なめこと豆腐のみそ汁はよく食べた。

月見うどんのタマゴも、良い具合の半熟タマゴにならず固ゆでタマゴになってしまったのだが、「プチっ」と言いながら(トロッと半熟状のタマゴは出てきやしないのだが)おはしでつつきながら、よく食べてくれた。

夕食後に出たウンチは、さらに少しゆるくなっていた。やはり腸のカゼだからだろうか？クスリを飲ませるかどうかで、わたしは一人、もんもんと悩みはじめる。

わたしはクスリを飲ませよう、と決意し、粉のクスリを水で溶かしてムスメにこぼさぬようにコップを渡し、「飲んで」とせかす。だが、テレビをぼーーーっと見ながら、のんびりおちょこで日本酒を飲んでいるオヤジのようにチビチビ飲んでいる。

クスリをイヤがりはじめた時期でもあり、なかなか飲み進めてくれない。わたしはさらに語気を強め、「はやく飲みな」とせかす（この頃「はやく、はやく」ということばをムスメに与え過ぎかもと思うのだが）。するとムスメはわたしの語気の強さに萎縮したのか、はたまたペースを乱されたのか、「あっあっ」と言って、コップを傾けはじめる。その容器の傾けかただと明らかにクスリの液体がこぼれてしまう。わたしがさらに語気を荒げ、「こぼれるよ！」というと、よけいあわてたのか、こぼしてしまう。

ムスメは「こぼれたー」と言ってパニックになり、なぜか、コップをもったまま、からだをぴょんぴょんとはねはじめる。そのため、またコップに入ったクスリはポチャポチャとさらにこぼれる。

ムスメは「ちゃんと飲むから新しいの、入れて」と泣き騒ぐ。わたしも、少し（いや多少？　いや大いに？）プチッとキレかかりながら「わっかりました！！！！」と大声を出し、少しだけ入れたフリをしてハイ、と渡す。すると、それで満足したのか、やっと落ち着いて（泣きベソをかいてはいるのだが）飲み始める。

当時の子育て日記風の文章をみると、カッカカッと頭に血が上りながら育児をしている当時のわたしがいる。

幼い頃のムスメは、一つのことをするにしてもなかなか行為を終えるまでに時間がかかり、注意があっちへいったり、こっちへいったりする。そして、なにかにつけのんびりペースなムスメではあった。だが、よくよく考えてみると、この時期の子どもに、「次はこうしなければならないから、この行為をこの時間までにしなければならない」ということを要求するわたしの方が間違っているのかもしれない。

こうした子育てのあらゆることにおいても、ある程度予測をたてて動くこと、〝予《あらかじ》め、未然に、ふせぐ〟ことはナカナカにムズカシイ。ただたんに、わたしの子育てがヘタレだっただけかもしれないのだが。

もっとも、事故から未然にふせぐために車の通りの多いところで遊ばせないことや、熱中症を予防するために蒸し暑い日には水分をこまめに飲ませること、インフルエンザ予防などはやり病いに気をつけるために予防接種をしたり手洗いうがいを習慣づけることなど、このような〝予《あらかじ》め、未然に、ふせぐ〟ことは、わたしも一通りムスメにやってきた。

しかし、幼い頃の子どもというのは、急に熱を出したり、食べたものをもどして吐いたり、どこかにぶつけて頭をうつなど、養育者の思いもよらないところで予期せぬときにいろいろさまざまなことが起こる。こんなときに⁉ こんなところで⁉ といった、大人が思いもしないことが日常茶飯事におきる。子どもの育ちには、〝予《あらかじ》め、未然に、ふせぎえぬ〟ことの方が少なくない。

だがしかし、今の日本社会における子育て支援は、児童虐待をはじめ、リスクを〝予《あらかじ》め、未然にふせぐ〟方向へ舵がとられているらしい。

日本では一九九〇年代後半から、「子どもの生命を守れ」という号令のもと、虐待の予防をはかるために「ハイリスク・アプローチ」と「ポピュレーション・アプローチ」が導入されている（田中 2011）。「ハイリスク・アプローチ」は、リスクアセスメントにもとづいて養育者をチェックし、虐待リスクが高い親を「ハイリスク家族（親）」とラベリングしてマークし、虐待予防をはかる方向のものだという。「ポピュレーション・アプローチ」は、すべての乳幼児家庭を対象として虐待危険度の「全戸調査」をおこなう方向のものである。二〇〇九年の児童福祉法の改正から「乳児家庭全戸訪問事業」が実施され、なおかつ乳児の定期検診も虐待および虐待リスク度の高い家庭を「発見」する機会として位置づけられた（田中 2011）。

これらの支援姿勢の方向転換により、「子どもの生命保護」の名のもと、かえって家族の自律性に制限がかけられ、すべての家庭のすみずみまでが監視され、管理される側面が強くなってしまっているという（田中 2011）。支援の現場においても、従来のような養育者との信頼関係を築きながら相談をし、支援や援助の道をさぐってきたものから、養育者の有害行為や兆候、危険可能性の面を見張ったりさぐっていく方向へと傾いてきているという（田中 2011）。

こうした児童をもつ家庭の支援姿勢の変化をみると、〝予《あらかじ》め、未然にふせぐ〟方向に針が振れすぎているような気がしてならない。〝予《あらかじ》め、未然に、ふせぐ〟ことに躍起にさせられる世の思潮の志向性そのものこそが、養育者と子どもを息苦しくさせ、はては両者を加害者と被害者におとしめてしまってはいないだろうか。[3]

そもそも、幼い子どものくらしといのちをはぐくむこと、そのことこそ、予測などきかないものではないだろうか。

ある日のこと。部屋のなかでひとり遊んでいたムスメが、〈ウンチ〉が出そうだと「トイレに行く」と言ってトイレに駆け込んでいった。そのまま、うーん、うーん、とイキんでいたようなのだが、出なかったらしく、トイレからいったん出て、またふたたび遊びはじめようとした。すると、トイレから出てきたとたん、そのまま〈ウンチ〉が出てしまったらしく、それがショックで、エーン、エンエンエンとひとりで泣いていた。

わたしは、ムスメの手をひいて、いっしょにトイレに入った。そして、もれ出ずる〈ウンチ〉をパンツにつつみくるみ、便器の上からパンツを軽くふってみた。すると、そのなかから、ムスメのもれ出ずる〈ウンチ〉が落ちてきて、そのままトイレの便器にコロコロと転がった。

泣きベソをかいて涙で顔がぐしょぐしょになっていたムスメは、その様子をながめていた。すると、ムスメはパァァァァッと顔をかがやかせ、いきなり「おむすびころりんみたいだねー」と笑いながら言いはなった。

そのことばに思わず、わたしはフッとついふきだし、ハハハッと声を出して笑ってしまった。ムスメが発した発想豊かなコトバに救われ、思いもよらず〝開放《カイホー》〟される。そんな日もあった。そのときのわたしは、幼きムスメが何気なく発したことばに、ほんのひととき、思いもしなかった〝開放《カイホー》〟感にひたれたのかもしれない。

5　ケアや支援をめぐる〝予《あらかじ》め、ふせぐ〟こと、〝予《あらかじ》め、ふせぎえぬ〟こと

もちろん、〝予《あらかじ》め、ふせぐ〟ことをしておいた方がよいこと、よいものもあるだろう。未然にふせがねばならないこと、ふせぎたいものは、いろいろさまざまにあることだろう。

たとえば、熱中症の予防として水分をこまめにとること、交通事故を予《あらかじ》め未然に防ぐための交通安全教室などのさまざまな取り組みなど、普段の暮らしが大過なくすごせるよう〝予《あらかじ》め、ふせぐ〟こと、普段から備えておくことは、いろいろさまざまな面であるだろう。

だがしかし、〝予《あらかじ》め、ふせぐ〟ことができうることというのは、人の人生、日々の暮らしにおいて、ごくごく、ほんの限られたことしかないのではないだろうか。そうであるのならば、なぜ、こうした〝予《あらかじ》め、ふせぐ〟ことに、あくせくした毎日をおくらねばならないのだろうか。

むしろ逆に、人の人生において〝予《あらかじ》め、ふせぐ〟ことができないことは、いっぱいあるだろう。〝予《あらかじ》め、ふせぐ〟ことのできにくい、ムズかしいこと、ままならないことは、ここで取り上げた、もれ出ずる〈ウンチ〉だけではない。

生、老、病、障、死におけるケアや支援をめぐって、わたしたちは、いろいろさまざまな場面や状況で〝予《あらかじ》め、ふせぎえぬ〟ことに出くわしてしまうのではないだろうか。それらは、ふせごうとしても、ふせぐことのできない、ふせぎきれないものであろう。ふせぎようもないことならば、ふせぐことをあくせくと考えることだけではなく、なってからどう動けばよいか、なってからどう備えればよいか、といったことを、シノゴノと考えてもよいのではないだろうか。

しかしながら、ケアや支援をめぐる今の世の思潮というものは、〝予《あらかじ》め、未然に、ふせぐ〟ことを強く求める、押しすすめる動きや声が、かまびすしい。高齢者介護であれ、障害者支援や子育て支援であれ、どのような分野や領域でも、〝予《あらかじ》め、未然に、ふせぐ〟ことを重要視し、〝予《あらかじ》め、ふせぐ〟方向に針が振れすぎているような気がする。

たとえば、今の日本社会の「認知症」をめぐる動きも「予防」が重視されている。

二〇一九年の五月、政府は、「認知症」対策の新大綱を出そうとした。その素案には、「七十代の発症を十年間で一歳遅らせる」と、「七十代の認知症の人の割合を約一割減少させることができ」、「六年間で六％の低下を目指す」と明記するなど、予防に「数値目標値」までかかげようとしていた。

しかしながら、「認知症になった人は予防の努力がたりなかった」という新たな偏見を生み出しかねない、と「認知症」当事者からの批判が噴出したため、新たに出された大綱では「参考値」に格下げした。さらに、「予防」の定義を「認知症にならないという意味ではなく、なるのを遅らせる、進行を緩やかにするという意味」と新大綱に明記した（「認知症対策　予防と共生　新大綱決定」東京新聞二〇一九年六月一八日付夕刊)。

はたして、そもそも、「認知症」は、〝予《あらかじ》め、ふせぐ〟ことができるのであろうか。今の世の中、「認知症予防」に取り入れると効くという食べ物や食習慣の情報をはじめ、「認知症予防」を唱った「脳トレ」や運動法などが、洪水のようにわたしの身のまわりに押しよせてくる。

だが、〝予《あらかじ》め、ふせぐ〟ことばかりに躍起になり、「数値目標」という、「めざすこと」ばかりに血道をあげ、ハデに喧伝され、とりとめもないような日々の暮らしのなかでつつましやかに「すごすこと」の有り難さやかけがえのなさは、みすごされ、ないがしろにされがちになってはいないだろうか(※「めざすこと」と「すごすこと」に関しては、『支援』2号の特集原稿「〝めざす〟当事者と、〝すごす〟〈その人〉と」〔2012: 72-85〕で書かせていただいた)。

「なかまぁる」という情報サイトがある。その情報サイトは、「認知症と診断されたその後も、日々の暮らしは続く。認知症とともに生きる人たちが、仲間と一緒に自分らしい暮らしを続けていくため」につくられた、という。その情報サイトの記事のなかに、「私たちはどう生きるか認知症の七人がトーク当事者サミット」(二〇一九年二月二二日)というものがある。

その記事によると、認知症当事者七人が思いのたけを打ち明け合うトークセッションが開かれ、そこでは行政が進めている「認知症予防」の取り組みについて当事者ならではの声が聞かれたという。

そこで認知症当事者の一人が「『認知症にならないように頑張りましょう』という目標を掲げて予防教室などを行うと、そこで頑張ってきた人たちが当事者になったときに落第者のレッテルを貼られてしまい、外に出られなくなってしまう。それより『認知症になってもいい、皆で支えるよ』という社会をつくるんだというメッセージを伝えてほしい」と指摘し、他の当事者からも「認知症は老化と一緒で予防できない。認知症になっても楽しく暮らしたいという気持ちに応える必要があるんじゃないか」という声もあがったという（「なかまぁる」という情報サイトより）。

長く「認知症」の医療やケアの現場を牽引してきた精神科医の故小澤勲氏もまた、以下のように語っている。[4]

私は予防の話が嫌いです。予防論には、どこか認知症を絶望的な病いとする雰囲気があります。また、認知症を生活習慣病とする考え方からすると、現在、認知症をかかえて生きておられる方は、間違った生活習慣を送ってきた人なのでしょうか。その結果、いわば自業自得でいまの病いをかかえられるようになったのでしょうか。私は、決してそうは思いません。（小澤 2006: 240-241）

「介護予防」というムーブメントについても同じことがいえるだろう。はたして、「介護されること」というのは、そもそも「予防」しなきゃいけないものなのだろうか。そこには、「介護されること」自体を否定する向きがあるのではないだろうか。「なんでも自分でできなければいけないこと」への強制につながりかねないのではないだろうか。

そういう思いにふけりながらも、ケアや支援をめぐって、〝予《あらかじ》め、ふせぐ〟ことをおしすすめ、求められる今の世の中の動きについていけず、おいてけぼりになっているわたしがいる。

6　エコ活動は「エゴな活動」なのか？

――大地を〝支援〟していない、身勝手なわたしのもれ出ずる〈ウンチ〉

青い空の下で、もれ出ずる〈ウンチ〉との出合いをして以来、ほかに同じような体験をした人、している人はいないものだろうか、とわたしは気になった。そんなとき、青い空のしたで「野に放たれる〈ウンコ〉[5]」を長い年月出し続けてきた猛者がいることを最近知った。

その人は自らのことを「糞土師」と名乗り、自らの〈ウンコ〉でもって「自然の環境が汚染されることから〝予《あらかじ》め、ふせごう〟としている。

どういうことかというと、「水洗トイレ」で〈ウンコ〉をすること自体が大地の環境によくないと思い至り、トイレで〈ウンコ〉をすることをやめ、ひたすら「野糞（野に放たれる〈ウンコ〉）」をし、この大地の環境が乱されてゆくのを〝予《あらかじ》め、未然にふせごう〟としている。

その人、伊沢正名さんは、一九七四年からトイレで〈ウンコ〉をせずに「野糞」をはじめ、その「野糞歴」は四十五年にもなる。伊沢さんが「野糞」をはじめたきっかけは、『屎尿処理場建設反対』の住民運動に対して「自分が出したウンコをどこか遠くで始末してくれというのは、ただの住民エゴではないか」という違和感をおぼえたことからくる。

一九七〇年代初期に自然保護運動をしていた伊沢さんは、企業や行政こそが公害や自然破壊を引き起こす「悪」で、それに反対する住民運動は「善」だと考えていたという。だが、一九七三年に「私たちの家の近くに、そんな臭くて汚いものを造られては困る」という訴えをおこした『屎尿処理場建設反対』の住民運動を知り、これは変だと感じたという。

この処理場反対運動を知ってからというもの、私のトイレに対する意識は一変した。自分で出したウンコに責任を持たず、どこか遠くで始末してくれとは、ただの住民エゴではないか。この一方的な住民運動に憤りさえ覚えた。さらに自分自身についても、程度の差こそあれ、ウンコの処理に関しては加害者の立場にいることを強く意識せざるをえなかった。／ひと昔前のように、糞尿を田畑の肥やしに使うならまだしも、現在の日本社会では、トイレに排泄されたウンコはいやおうなく屎尿処理場行きの運命をたどる。処理場行きということは、下水道にせよバキュームカーにせよ、ウンコを運ぶのに要する資源とエネルギーは大変なものだ。さらに処理場を造るのも稼働するのも、これまた膨大な資源とエネルギーの消費を強いられる。そうして処理されたウンコは、いったいどこへ消えてしまうのか?自然保護を叫んでいる本人が、自分のウンコを自然のサイクルからはみ出させていてどうする。まずは自分自身のウンコ問題を解決しなければ、と痛感した。（伊沢 2014: 28-30 より）

ところで、そもそも、〝〈ウンコ〉の始末〟というものにはどれだけの資源とエネルギーが要するのだろうか。〈ウンコ〉を水洗トイレで流すことによって、地球の環境にどれだけの負荷がかかっているのだろうか。伊沢さんは以下のように解説している。

各家庭から出るウンコとオシッコは、各自治体の屎尿処理場（下水処理場）に運ばれる。ここで、大きなタンクに入れられ、もともとウンコの中にいた腸内細菌の働きによって分解される。これを「活性汚泥法」という。かきまわして空気（酸素）を入れると分解は早まり、においも消えていく。分解が終わると、固形分は汚泥となって底に沈み、上澄みの水分は消毒、脱臭後に川に放流される。大量の汚泥は水をしぼって、焼却炉に送られる。焼却炉に送られたウンコ（汚泥）は、重油などで燃やされて灰（無機物）になる。焼却灰は、埋め立てに使われたり、セメントの原料の一部に使われたりしている。このように現在のウンコの処理には、トイレで流す水だけでなく、処理場で使う大量の電気や燃料なども必要になり、環境に与える負荷も大きい。（伊沢 2013: 33 より）

さらに、伊沢さんは、「ウンコを水洗トイレに流し、処理場送りにすることは、命の基本にある食物連鎖を断ち切り、生き物としての人の責任を放棄すること」（「ノグソフィア」ホームページ）でもあると主張する。そして、自分の〈ウンコ〉を土に返して菌類に分解してもらう「野糞」という方法こそが、自然に命を返し究極の自然保護になるとした。

伊沢さんによれば、本来〈ウンコ〉というものは、「次の生き物の命のもと」になっているものであって、「ウンコはごちそう」だと伊沢さんはいう（伊沢 2014）。

人は、肉・魚、穀物・野菜・果物など命ある「生き物」を食べ、〈ウンコ〉をする。そして、人の〈ウンコ〉は従来、他の獣や菌類によって食べられてきたという。さらに、菌類は〈ウンコ〉を無機物に分解し、空気中に「二酸化炭素」を放出する（「二酸化炭素」は、いわば菌類の〈ウンコ〉だという）。菌類の〈ウンコ〉（二酸化炭素）からできた土の栄養を、こんどは植物が根から吸い、光合成で「酸素」をつくりだす（「酸素」はいわば「植物の〈ウンコ〉」とも言えるという）（伊沢 2014）。

このように、自分の〈ウンコ〉は「次の生き物のごちそう」なんだそうだ（伊沢 2014）。みんな、ほかの生き物の〈ウンコ〉を食べ、〈ウンコ〉によって命がつながる、それが本来の自然のサイクルだったというわけだ。

だが、「水洗トイレで〈ウンコ〉をする」ことにより、私たちの〈ウンコ〉は自然のサイクルからはみ出してしまっている、と伊沢さんはいう。そして私たちの〈ウンコ〉は下水処理され、焼却され灰にされて、セメントにされる。さらには私たちの〈ウンコ〉を燃やすために、重油や天然ガスなどの資源をも無駄遣いされていると、伊沢さんはいう。

伊沢さんいわく、私たちがいくら「自然との共生」などといって環境問題について熱く論じていたとしても、水洗トイレで〈ウンコ〉をしている以上、それらの議論は単なるただの「空念仏」にすぎないという。ということは、わたしが見聞きしている「エコ活動」なるものは、中途半端であり、なおかつ人間のエゴまるだしの活動にすぎないといえるのだろうか。[6]

伊沢さんの〈ウンコ〉に関するなんというウンチクと含蓄。そして、「野糞」という日常生活での実践における目もくらむような覚悟たるや。[7]

今までわたしは、シノゴノと、〝支援〟について考えていたつもりだった。しかし、わたし自身、自らの〈ウンコ〉でこの大地への〝支援〟をすることについては、まったくといっていいほど何もできていなかった。そのことに、ある意味、愕然とし打ちのめされてしまった。

自らのもれ出ずる〈ウンチ〉を、ただただ水洗トイレからたれ流してしまい、自然の生命の循環を断ち切ってしまい、この大地の環境をひたすらかき乱してしまってきたことの、なんと、罪深きことか。

だがここで、伊沢さんの推奨する「野糞」と、わたしがはからずも野の外でもれ出でてしまった〈ウンチ〉（＝〈のぐそ〉）とは、決定的な違いがあることに気づかされた。

自然保護活動としておこなっている伊沢さんの「野糞」の場合、キノコや菌が分解してくれる〝土〟の場所をじっくりと探し出し、〈ウンコ〉を落とす穴をつくるために土を掘るなど、準備にかなり自らのエネルギーと時間を費やしている。

しかしながら、いつ、どこで、もれ出ずる〈ウンチ〉に出合うのか、わからない難病をいただいているわたしの場合、自然のサイクルに見合った〝土〟の場所をさがして見つけるまでの時間の余裕すらない。そんなことしてたら、わたしの〈ウンチ〉は、〝土〟の場所をさがし出す前にもれ出でてしまいかねない。なおかつ、クスリを腸に注入する治療をつづけている以上は、ウォッシュレットのあるトイレが、どうしても欲しい。

だから、人びとが自らの〈ウンコ〉を水に流すことで地球の環境が乱れてしまうことから〝予《あらかじ》め、ふせぐ〟〈のぐそ〉という究極の方法は、わたしにとっては、とてもハードルの高いものではある。ただここで気をつけなければいけないことがある。それは、家の中にトイレがなく、野外で用を足さねばならない人たちが世界中にいることだ。そのため用を足している最中に毒ヘビにかまれたり、野生動物におそわれたりする人たちがいる。それだけではなく、家にトイレがないため外で用を足している最中のレイプ事件が多発する国もある（佐藤 2020）。そんな「野外で用を足す」のが危険きわまりない世界も、またある。

だが、さまざまなことがらが〝予《あらかじ》め、ふせぐ〟ことに躍起にさせられている世の思潮とは異なり、伊沢さんの環境汚染を根本から〝予《あらかじ》め、ふせぐ〟究極の方法（〈のぐそ〉）に対しては、ある種の〝開放《カイホー》〟的なものを感じざるをえないでいる。

7　むすびにかえて——もれ出ずる〈ウンチ〉を暮らしに織り込んでゆく

澄み切った青い空の下で、もれ出ずる〈ウンチ〉と出合ってから数日がたったときのこと。もれ出ずる〈ウンチ〉が気になったわたしは、盛り土をした箇所を見に行ってみた。

すると、そこから青々とした葉っぱをした草が生えてきていた。それだけではなく、な、な、なんと、とても小さく、かわいらしい黄色い花が一輪、咲いていた。

よっぽど、わたしのもれ出ずる〈ウンチ〉が土の養分となってくれたのであろうか。伊沢さんが叫び唱えてきた「野に放たれる〈ウンコ〉は命の返し方」というのは、こういうことなのだろうか、という思いがふとよぎった。

わたしは、もれ出ずる〈ウンチ〉をした場所から離れられず、しばらく、ずっと、じぃっと、もれ出ずる〈ウンチ〉から生えてきたその草花を見つめていた。

今現在のところわたしのからだは難病をいただいていることもあり、〈ウンチ〉がもれ出ずることに対して〝予《あらかじ》め、ふせぐ〟ことは、今後もできないかもしれない。それに加え、ケアや支援をめぐるさまざまなことがらが〝予《あらかじ》め、ふせぐ〟ことをおしすすめ、求められる今の世の思潮にわたしはついていけず、独りだけ〝おいてけぼり〟をくらい、おぼれそうになっている。

ただ、わたしは、ふだんの暮らしのなかで、身のうちのなかでは、ありとあらゆることに、ささいなことから、〝予《あらかじ》め、ふせぐ〟ことに気にかけて生きている。それはたとえば、急なゲリラ豪雨にそなえ、家を出るときには洗濯物を干しっぱなしにしないようにする、とか。またたとえば、カボチャの皮は硬いので包丁で切るときには指を切らないよう気をつける、とか。あるいはたとえば、家のなかで焼き肉をするときには家中が煙だらけにならないよう、カーテンが焼き肉くさくならないよう、換気扇をつけておく、とか。さらにたとえば、次の日の朝早くに車で子どもを送っていくので前の晩は夜遅くまでお酒を飲むのをやめておく、とかとか。

しかし、いまの社会に住まうわたしの身のそとでは、大きい波が押し寄せるがごとくに、どこもかしこも、さまざまなことがらに向けて、〝予《あらかじ》め、ふせぐ〟ことをおしすすめ、強く求める声が、なんとも、かまびすしく感じる。[8]

もれ出ずる〈ウンチ〉に限っていえば、もれ出ずる〈ウンチ〉を〝予《あらかじ》め、ふせぐ〟ことに躍起になって生きてゆくよりむしろ、もれ出ずる〈ウンチ〉を〝予《あらかじ》め、織り込みずみ〟にして暮らしてゆく。わたしには、そのほうが気がやわらぐ。なぜなら、もれ出ずる〈ウンチ〉は、もはや、わたしのこれからの生において、〝織り込みずみ〟のものであるにちがいないのだから。わたしの暮らしのなかに、もれ出ずる〈ウンチ〉を織り込んでゆくしかないのだから。

ただ、なんでもかんでも病いや障害を〝予《あらかじ》め、ふせぐ〟ことよりも、場合によっては、〝予《あらかじ》め、織り込みずみ〟にして暮らしてゆくほうが、やわらぐ病いや障害もあるのかもしれない。そんな気がする。

青い空の下で、もれ出ずる〈ウンチ〉と出合ったとき、奇妙なほどにからだを吹き抜けていった〝開放《カイホー》〟感というのは、〝予《あらかじ》め、ふせぐ〟ことを強く求められ、おしすすめられてきている今の世の思潮のとらわれから、とりはらわれたことからくるものなのかもしれない。

だからなのだろうか。なぜか、もう一度、もう一度だけでも、ほんのひとときでも、あのときのナゾのカイホー感を味わいたい。そう強く願う、わたしが、ここに、いる。

【注】

（1）質的な研究方法の一つに、研究者が自分自身の経験を記述し、研究する手法として「自己エスノグラフィ（autoethnography）」というのがある。「自己エスノグラフィ」についてエリスとボクナーは、「自分自身の経験を対象化して、自己について再帰的にふり返り、自己と他者の相互行為を深く理解しようとすること」と定義し、「自分自身の個人的な生を重視」し、「自分の身体感覚や思考や感情に注意を払い」、「自分の生きられた経験を理解するために、体系的な社会学的内省と感情的想起と私が呼ぶものを使いながら」、「物語として自分の経験を記述する」（Elis & Bochner 2000=2006: 134）と述べている。さらに、「自己エスノグラフィは「自分のバルネラビリティ（弱さ）をさらけ出し、見つめること」が必要とし、「自分のバルネラビリティというのは、やっかいなものだけど、成長や理解の源でもある」（Elis & Bochner 2000=2006: 152-153）と述べている。

（2）わたしのような「青い空のしたでもれ出ずる〈ウンチ〉」の体験とは別に、「うんもれ（うんこが漏れる、あるいは漏れかけた）」体験談を集めた本がある（日本うんこ学会 2016）。

（3）児童虐待の社会的対応が〝予（あらかじ）め、ふせぐ〟方向に針が振れすぎている問題については、田中（2011）のほか、長年、児童虐待の社会学的研究をおこなってきた上野（2016; 2017）も指摘している。

（4）ニッセイ基礎研究所主任研究員の三原氏も、「認知症大綱」のなかの「七〇歳代での発症を一〇年間で一歳遅らせる」という「予防の目標を維持」していることについて触れ、依然として「認知症にならないための予防」と受けとめられかねない施策が盛り込まれていることを危惧している。そして、「認知症」とされた人が「予防に失敗した落伍者」とみなされるリスクが大きくなること、「予防重視の方針」が「認知症」とされる当事者の「スティグマ」を増してしまう懸念がある、とも指摘している（三原 2019）。

（5）ここでの文章では、〈ウンチ〉と〈ウンコ〉という二種類の名称の表記のしかたをしている。ここでの文章では便宜上、「わたし（あるいはムスメ）のからだからもれ出でて、具体的に出合っているもの」の場合は〈ウンチ〉、それ以外は〈ウンコ〉という表記のしかたを用いた。

（6）〈ウンコ〉が地球の生態系に重要な働きをしているという伊沢さんの主張と同じようなことを、寄生虫研究者の藤田紘一郎氏が述べている。藤田は「ウンコなど『キタナイもの』を排除している僕たちの現代社会は、地球上の『いのちの循環』を絶っているということになる」と指摘している（寄藤・藤田 2010）。

（7）伊沢さんの「野糞」の活動は、軽犯罪法違反ではないか、という指摘もあるという。だが、「軽犯罪法」は、「街路や公園など、人が集まる場所での大小便や、タン・つばを吐くことを禁止している」のであって、キノコや菌類が分解してくれる野山で放たれた〈ウンコ〉は違反にはあたらないのでは、と伊沢さんはいう。

（8）この文章のもととなるものは、二〇一九年一一月に書いた。二〇二〇年に入ってからの「感染症に対する予防」の動きについて思ったこと、考えたことは、本書の第八章で少し書いてみた。

【文献】

Elis,C.,&Bochner,A.P,2000〃Autoethnography, personal narrative, reflexivity: Research as subject.〃In N.K.Denzin,& Y.S.Lincolon, (eds). The handbook of qualitative research(2nd edition) ,Thousand Oask,CA: Sage Publication.（＝ 2006 藤原顕訳「自己エスノグラフィー・個人的語り・再帰性：研究対象としての研究者」平山満義監訳『質的研究ハンドブック3巻：質的研究資料の収集と解釈』北大路書店、129-164）
伊沢正名 2013『うんこはごちそう』農文協
伊沢正名 2014『くう・ねる・のぐそ 自然に「愛」のお返しを』山と渓谷社
寄藤文平・藤田紘一郎 2010『ウンココロ しあわせウンコ生活のススメ』実業之日本社
日本うんこ学会 2016『タイムマシンで戻りたい うんもれエピソード傑作選』角川文庫
三原岳 2019「認知症大綱で何が変わるのか 予防重視の弊害、共生社会の実現に向けた課題を考える」ニッセイ基礎研レポート、1-17
小澤勲編著 2006『ケアってなんだろう』医学書院

佐藤大介　2020『13億人のトイレ――下から見た経済大国インド』角川新書
田中理恵　2011「社会問題としての児童虐待――子ども家族への監視・管理の強化」『教育社会学研究』第88集、119-138
上野加代子　2016「『児童福祉から児童保護へ』の陥穽――ネオリベラルなリスク社会と児童虐待問題」日本犯罪社会学会『犯罪社会学研究』41: 62-78
上野加代子　2017「児童虐待防止対策の課題――子どもが一時保護になった親の経験から」人口問題研究所『社会保障研究』2（2・3）: 263-278

第七章

「介護予防」は人の生の〝あおり運転〟になってしまわないか？

――「介護（非）予防（無）運動（未）指導員？」への道すがら

1 「介護予防」の内情を知るべく、いざ、「介護予防運動指導員」の道へ

本書の第六章で、「介護されること」を〝予防する（あらかじめふせぐ）〟ことが、さも〝あたりまえ〟であるかのように、おしすすめられていることへの疑問を述べた。

そもそも、「介護」って、「予防」するようなことなんだろうか。

では、「介護されること」を〝あらかじめふせぐ〟ことをおしすすめる現場というのは、実際のところ、どんなことをおこっているのか？

その内実の一端にふれてみたい、とわたしは思った。そこで、「介護予防」[1]、すなわち「介護され

ることを予め防ぐ」ための運動などを指導する「介護予防運動指導員」の資格を取ってみることを思いたった。

「介護予防運動指導員」とは、資格認定を行っている「東京都健康長寿医療センター」によれば、「高齢者が要介護状態にならないように支援することを目的とし、高齢者のための筋力向上トレーニングをはじめとした介護予防プログラムの作成や運動指導により、高齢者が自立した生活を送れるように適切なサポートを行う専門家」であるという。いわば、「介護予防運動指導員」は、「介護予防」の最前線に立って働く人たちであるのだろうか。

ちなみに、介護予防運動指導員の資格は、指定の養成研修を受講することで資格取得できる。受講要件に該当する者としては、「看護師、理学療法士、介護福祉士、介護支援専門員、健康運動指導士など」があげられていた。

わたしは曲がりなり?にも介護福祉士の資格をもっている。幸いにして、わたしは介護予防運動指導員の資格要件があるということになる。そこで、早速、養成校に資格取得の申請をしてみた。すると、すぐさま、養成研修を受けてヨシ、との連絡が養成校から届いた。かくして、わたしは、「介護予防運動指導員」の養成研修なるものを受けてみることになった。

2 「フレイル」予防で「健康長寿な身体」をもてるのか？

養成研修の初日、養成校に行って事務室でテキストをもらった。まず驚いたのが、そのテキストの分厚さたるや。昔の電話帳（今はタウンページというのだろうか）のような分厚さではないか。

教室に入ってテキトーな席に座り、テキストをあらためて広げてみる。そのテキストには、「高齢者のための筋力を向上するためのトレーニング」のノウハウが書かれているのをはじめ、「転倒しないための予防」「尿失禁しないための予防」「栄養改善」「口腔機能向上」「認知症にならないための予防」などなど、高齢者の健康維持と介護の予防につながるありとあらゆる知識やスキルが、これでもか、というほど盛り込まれていた。

講師の方の話によると、このテキストは、今回新しくなったのだという。「老年学」、「介護予防コーディネーション（地域づくりと社会参加）」など、新しい章ができているそうだ。

とはいえ、こんな分厚いテキストに書かれてあることを、たったの四日間で身につけられるものなのか。九月のまだ暑い日にもかかわらず、ゾゾッ、と身震いし、背筋が寒くなった。

養成研修の講義を受けていて、認識を新たにさせられたことがある。それは、「介護予防」というのは、一言で言えば、「健康寿命の延伸」「健康長寿」をめざすものであることであった。とくに、「介護予防」は、「生活習慣病」と呼ばれるような疾病の予防ではなく、「老年症候群」というものの予防にある、ということであった。

「老年症候群」というのは、「易転倒性（容易に転倒しやすい）」、「低栄養」、「閉じこもり」、「うつ」、「認知症」など、老化と密接に関連した症候群を指す。[2]

いわば、「介護予防」というのは、ターゲットを「生活習慣病」から「老年症候群」にロックオンしている。そして、「老年症候群」予防という戦略に基づいて『基本チェックリスト』なるものを用い、各老年症候群の有無をスクリーニング（ふるい分け）し、一定の基準に該当した人たちに対して個別的に予防プログラムを提供する、という仕組みをつくっているようなのだ。

また、介護予防では、「老年症候群」の予防対策をすることが、要介護になることをふせぐことになる。さらに、ひいては「健康寿命」（心身ともに健康で活動的でいられる期間がどれくらいあるか示すもの）を延ばす重要な鍵になるともいう（大淵 2013）。

「中年」の時期には、「内臓脂肪症候群（メタボリックシンドローム）」とラベリングされたわたしのような（本書の第六章第三節「『メタボ』健診、異常あり？」を参照されたし）人たちは、「太るな、やせろ」と言われ、「生活習慣病になるぞ」とおどされ、あおられつづける。ところが、「高齢期」にさしかかる[3]と、「内臓脂肪症候群（メタボ）」ではなく「老年症候群」に切り替わり、とたんに「筋力が衰えるぞ」「寝たきりになるぞ」「筋肉をつけろ」「たくさんタンパク質を食べろ」とあおられる。そんな気持ちにさせられるのは、わたしだけであろうか。

ところで、「老年症候群」を予防するにあたって、介護予防で重要視されているものがある。それが、近年とみに目につくようになった「フレイル」というものだ。[4]

日本老年医学会によると「フレイル」とは、「高齢期に生理的予備機能が低下することでストレスに対する脆弱性が亢進し、生活機能障害、要介護状態、死亡などの転帰に陥りやすい状態」と定義している。要は、「フレイル」とは「要介護」になる一歩手前の状態のようだ。

養成研修のテキストによれば、そもそも「フレイル」という語は、老年医学で用いられている「フレイルティ（frailty）」の日本語訳であるという。従来から日本では、「フレイルティ（frailty）」の日本語訳として「虚弱」という言葉が用いられてきたという。だが、近年の「フレイルティ（frailty）」の概念には、「適切な運動や食習慣によって改善を図ることができる」という〝可逆性〟が内包されるようになり、「虚弱」や「衰弱」、「脆弱」という訳語は不適当と考えられるようになった。

そこで、日本老年医学会は、「フレイルティ」の重要性を広く国民に周知していく必要があるため、二〇一四年に「フレイルティ」の日本語訳として「フレイル」を使用する声明を出した。そして、「身体的なフレイル（移動能力や栄養状態など）」、「精神・心理的なフレイル（認知機能や抑うつ状態など）」、「社会的フレイル（閉じこもりや社会的交流など）」が混在した症候群の状態が高齢期の生活を脅かしていることを示した。その一方で、「フレイル」の状態であれば適切な介入によって改善可能であるとし、積極的な介入の必要性を提唱した。

その「フレイル（とくに身体的フレイル）」を防ぐには、筋力が落ちないように何よりもまずは「筋肉をつける」ことが大切だという。ふむふむ。ある意味で、「介護予防」というのは、要介護一歩手前の「フレイル」の予防でもあり、それはとりもなおさず「筋肉・筋力をつける」ということでもあるのだろうか。はたして、その「フレイル」予防で「健康長寿な身体」なるものをもてるというのだろうか？

3 「筋肉」は裏切らない、のか？「筋肉」「筋力」によりかかりすぎてはいないか？

わたしは、四日間の養成研修期間中、朝からジャージ姿のまま受講していた。なぜなら、「運動指導員」の養成とだけあって、養成研修のカリキュラムの多く（三分の一ほどであろうか）は、実技の実習にあてられていたからだ。

実技の実習では、「筋トレ」に近いもの（いや、ほぼ「筋トレ」）を学ぶことが多かった。なかには、「これを年配の人たちにやってもらうのか？」というものも少なくなかった。

その「筋トレ」的なもののなかで、「転倒予防体操」や「失禁予防体操」というものを学んだ。「転倒や失禁（これがまさにフレイルなるものらしい）」を予防するためには、何よりもまずは「筋肉を鍛えるべき」ということなのだろうか。

まず、「転倒予防のための体操（筋トレ）」では、椅子にすわった状態でかかとを上げたり下げたりする「椅子を使った体操」や「床に座っての筋力アップ体操」というのを、実際に、自分のからだをつかっておこなった。

また、「尿失禁予防のための筋力体操」では、「骨盤底筋」なる筋肉（世にいう「インナーマッスル」というやつか？）をきたえる体操をした。腹筋や内もも（太ももの内側）、腰の筋肉を意識しながらおこなう体操を行った。「下半身の筋肉」を鍛えることで尿失禁の予防効果があがるというものらしい。

さらに、両膝を合わせ、膝頭に力を入れるようにして内ももの筋肉を三〜五秒、しめたりゆるめたりする「膝合わせ」などの座っておこなう体操や、「骨盤の前後上げ」といった「立っておこなう体操」「あお向けでおこなう体操」「ボールを使った体操」など、いろいろ盛りだくさんの体操（筋トレ）を習った。

これらの予防のための体操を習って、またしても素朴な疑問が湧き起こる。これって、あまりにも、「筋力・筋肉の維持、増強、向上」にずいぶんとよりかかりすぎてやしないだろうか。

「介護されること」を予防する、「介護される身体」にならないように、えっちら、おっちら、筋トレなどの「予防」に励む人たちを想像するにつけ、何ともいえない気持ちになる。

はたして、ＮＨＫで放映されて人気を博している？「筋肉体操」という番組での名文句？決まり文句？のように、「筋肉はうらぎらない‼」のであろうか。

4　「マシン」にじんましん？

養成研修では、さらに「マシン」による筋トレを用いた「包括的高齢者運動トレーニング（Comprehensive Geriatric Training）」（以下、「CGT」と略記）という運動プログラムなるものを学んだ。

この「CGT」とは、「虚弱高齢者を対象に、医療と体育の専門職によって、運動器の機能向上を目標とし、筋力、バランス、機能的トレーニングを行い、客観的な効果の検証を含むトレーニングプログラムである」（鈴木・島田・大渕 2015）という。ちなみに、ここでいう「包括的」とは、「体力の諸要素を包括的にトレーニングする」という意味と、「医療と体育の専門職がともにかかわる」という意味の、二つの「包括」が含まれている。要は、この「CGT」というのは、「高齢」とされる人たちの筋力を高めるために、「トレーニングマシン」を使った運動トレーニングのことをいうらしい。

わたしはここで、「高齢」とされている人たちの身体機能というものの向上を目指すためとはいえ、「マシン（機械）」を使用することに妙なひっかかりを感じた。この「マシン（機械）」に対するわたしの抵抗感は、どこからくるものなのだろうか。

フィットネスクラブやトレーニングジムにある「マシン（機械）」は、「筋肉をつける」「筋肉増強」

という印象が強い。しかし、「CGT」を推奨する専門家によれば、「高齢者に〝筋トレマシン〟なんかを使わせるなんて」というもの言いこそが、「高齢者差別（エイジズム）」だという。

介護予防運動指導員の養成研修テキストを読んでみると、「従来、加齢に伴う心身機能が低下する高齢者への高負荷筋力トレーニングは、禁忌と信じられ、疑念が根強かった。だが、研究者の調査研究によって学術的にも高齢者への高負荷筋力トレーニングが有効性が明らかになった。それゆえに、高負荷筋力トレーニングは超高齢者や虚弱高齢者であっても適用可能であり、年齢や身体機能を理由に適応から除外すべきでない」というようなことが書かれてあった。

なおかつ、「介護予防」を推す人たちによれば、「マシン（機械）」によるトレーニングというのは、「高齢」とされる人たちにとって、思いのほか適しているものだという。

その理由として、三点ほどあげられていた。

まず一点目として、「マシン」はサドル調整などができて乗り降りしやすく、かつ座ったままで行うことができる。そのため、転倒などケガの心配や危険が少ない、ということがあげられていた。

二点目として、「マシン」は、座って行うので体重を支える必要がない。そして錘の重さの調整ができる。そのため、筋力の低い人でも低い負荷からトレーニングができ、なおかつその人に適した負荷をかけたトレーニングを行い、身体の各部を鍛えることができるという。

三点目として、「マシン」でのトレーニングは、膝や腰が痛い方に合ったプログラムでのトレーニングが可能であり、個々のレベルに合わせてゆっくりした速さで受傷の危険が少なく安全にできるという。

このように、こうした「マシン」によるトレーニングをおこなうことで、立ち座りが難しくなったり、歩幅が小さくなったり、立った時や歩いた時にふらついたり、段差を越えるのが難しくなったり、背中が曲がってきた、などといった「高齢」とされる人たちの特有な症状に対して改善する効果があるのだという。

「高齢」とされている人たちのなかには、トレーニング・マシンを使用した経験のある人は少ないと言われている。「こんな機械に乗って錘を持ち上げるなんて無理だ」と思う人も多いという。

そのため、マシンに対する不安感や抵抗感をもたずにトレーニングをおこなってもらうポイントとしては、「不安感や恐怖心を取り除く」ことと、「できないことを実感させるような否定的な表現は使わずに説明する」こと、「参加者の意欲を引き出す言葉がけを行う」ことがあげられていた。

だが、わたしはというと、それらの「マシン」になじむことができずにいた。ガチャン、ガチャンといった金属音に慣れなかった。なぜだろう?機械ぎらい?メカ音痴だからか? それ以上に、わたしが、「機械」を毛嫌いするようになったのは、子どもの頃に見たアニメの影響（トラウマ?）があるのかもしれない、とフト思った。

そのアニメは、「銀河鉄道999（スリーナイン）」（以下、「999」と略）という、漫画家の松本零士の作品である。

「999」の舞台は、宇宙を「銀河鉄道」と呼ばれる列車が走る未来の世界である。その世界では、富裕層の人たちは「機械のからだ」を手に入れて「機械化人」となり、決して年老いることのない、永久に死ぬことのない生をおくっている、そんな世界の物語である。

だが、そんな不老不死の「機械のからだ」を手に入れられない人たちがいた。貧困層の人たちである。貧困層の人たちは、それだけでなく、「機械化人」から「生身の人間」として差別され、迫害されていた。

その差別や迫害の具体的な出来事として、「人間狩り」という「機械化人」の「遊び」があった。それは、「生身の人間」が、「機械化人」によって「狩りの獲物」として標的にされ、殺されるというものである。

ある雪の晩、主人公の星野鉄郎の母親が、その「人間狩り」の標的にされ、「機械伯爵」と呼ばれる「機械化人」に襲われ、無残にも射殺されてしまう。しかも、鉄郎の母は、機械伯爵の屋敷の応接間の壁に「はく製」にされて飾られてしまうのだ。

「か、母さん……」。「はく製」にされた母と対面し、嘆き悲しみ涙する鉄郎。物語の、のっけから、主人公の母親が狩りの獲物として射殺され、果ては「はく製」にされてしまう。アニメやマンガのなかの物語とはいえ、あまりに残酷すぎる場面（いわゆる「トラウマ回」）に、アニメ少年のわたしにとって、ただただ、衝撃が大きすぎた。

「介護予防運動指導員」の養成研修を受けている最中、わたしの夢のなかに、な、なんと、その「機械伯爵」が現れた。そして、「この機械化人のような不老不死で健康長寿な身体を得たければ、そのマ

シンに乗るのだ！」と、レッグプレスなどのトレーニングマシンに乗せられ、機械伯爵の指導による介護予防運動の「ＣＧＴ」をうけるのだ。すると、機械伯爵によってマシンに乗せられるたびに、わたしのからだじゅうのありとあらゆる皮膚に〝じんましん〟がぷつぷつっっと出てきた。

うわあぁぁぁー。わたしがびっくりして叫んでいるところで、目が覚めた。夢からさめて、腕を見てみる。汗がジトッとにじんでいたが、〝じんましん〟は出ていなかった。

「マシン（機械）」に対する恐怖心あるいは抵抗感は、「999」の、あの場面が、わたしの脳裏に焼きついて離れずにいるせいなのか。ふと、そう思った。

いや、そう考えるのは、コジツケすぎでもあるか。ただ、どうにも、こうにも、なじめないでいるわたしがいる。

5 〝はかりごと〟をめぐらしすぎ？

養成研修を受けていて、わたしがどうしても気になったことがある。それは、「〝はかりごと〟をめぐらしすぎではないか？」ということだった。

養成研修では、「おたっしゃ21」健診という、「東京都健康長寿医療センター」が開発した「介護予防健康健診プログラム」というのを実際に自らのからだを使って学んだ。その「おたっしゃ21」健診というのは、介護予防の対象である「老年症候群（虚弱、転倒、骨折、認知症など）」のリスクを抽出できる健診ツールだという。

その「おたっしゃ21」健診では、いろんなものを「はかる」ことをした。そのなかでも、「歩く速さ」「片足立ち」、そして「握力」を「はかる」ことをおこなった。

それは、まるで、「老化は足腰からやってくる」といわんばかりのテストみたいなものであった。

なぜ、「歩行速度（歩く速さ）」を測るのだろうか。それは、「歩行速度」が「年を重ね、身体の機能が低下し、要介護状態になるかどうか、今の状況から将来の状態を予測するための一つの尺度」（大淵2013）だということからくるらしい。

それでは、「歩行速度」というのを実際にどのように測るのかというと、五～一〇メートルの距離を、何秒かけて歩くのかを計測していく。五メートルを歩くとき、男性で四・四秒以上、女性で五秒以上かかるようになったら、「確実に老化のサイン」だという（大淵 2013）。一〇メートルを歩くとき、男性で八・八秒以上、女性で一〇秒以上かかるようであれば「危険」だという（大淵 2013）。五メートルを歩くのにかかる時間が、男性で三・六秒未満、女性で三・八秒未満であれば、「優秀」だという（大淵 2013）。

つぎに、なぜ、「片足立ち（目を開けた状態で片足で何秒立っていることができるのか）」を測るのだろうか。これは、「片足で重心を一定にたもてられる」ことが、「転びにくい体」であるかどうか判別する指標になる、ということらしい。

「片足立ち」では、「男性で二〇秒未満、女性で一〇秒未満」しか立っていられないような場合には、「老化のサイン」だという。六〇秒以上立つことができれば大丈夫だという（大淵 2013）。

さらに、なぜ、「握力」を計るのか。それはまず、「握力」の低下というのは、「全身の筋力低下」ということを反映するという。また、「足の筋力」は、「手の筋力」と相関があるという。「手の筋力」が強い人は、「足の筋力」が強く、その反対に、「手の筋力」が弱い人は、「足の筋力」も弱いという傾向があるというのだ（大淵 2013）。

「筋力を計る」には「握力計」が安全かつ便利だという。握力でいうと、「男性で二九kg未満、女性で一九kg未満」が「筋力が低下している」という目安となるらしい。「男性で三七kg以上、女性で二四kg以上」あれば「優秀」だという（大淵 2013）。

「歩行速度」をはかり、「片足立ち」をはかり、「握力」をはかる。「介護予防」をおしすすめる人たちにすれば、「筋力」などをはかって数値化することで、その後の筋トレによる効果がハッキリと分かりやすいのだという。「介護予防」プログラムを受ける「高齢」とされる人たちにとって、目に見える数字を出すことにより、「筋トレ」などのモチベーションが上がるのだという。

こうしてみると、やはり、「介護予防」というのは、「あらかじめふせぐ」ために「前もって攻略法を考えだそう」とするかのような、〝はかりごと〟をめぐらすことに、よりかかりすぎてはいないだろうか。そう思うのは、わたしの考えすぎ、思い違いなのだろうか。

三原岳氏は、「数字やデータだけで介護を語ろうとすると、その人の経験や価値観、人生観など数字に表しにくい部分に目が向かず、視点が偏ってしまうリスクがある」と指摘している（三原 2019）。そしてまた、「その人の生活を数字やデータで当てはめるだけでいいのか、その人の複雑な生活を、数字で測定しやすい統計データのごく一部分だけで切り取るだけでいいのか」と疑問を投げかけている。

つまるところ、三原氏の指摘というのは、人びとの暮らしというのは、その人たち自身がつちかってきた経験や価値観、人生観などが反映されていて、それらは単純な数字では表しにくく、数字で測定しやすい明快な統計データだけでは把握しにくい、もっと複雑で豊かなものだ、という指摘でもある。

「強さ」、「速さ」、「長さ」、「多さ」、「大きさ」を「計り」、「測り」、「量る」。「何分」、「何秒」「何回」できるかを「計り」、「測り」、「量る」。こうした、数値、測定、数量、計測を測りすぎている気がする。まるで、自らの身体がすべて数字によって支配されるような、わたしのからだのありとあらゆるところに数字のマークをペタペタとはりつけられるような感覚。大げさかもしれないが、そんな気持ちにもさせられる。

6　「つながり」重視になりつつある？

養成研修では、「介護予防」には「地域とのつながり」「社会とのつながり」「人とのつながり」が重要であることを強調していた。

先ほど述べた「フレイル」というものには、「身体的フレイル」のほかにも「精神的フレイル」と「社会的フレイル」という側面があるという。「人と人とのつながり」「社会とのつながり」が失われてしまうことがまさに「社会的フレイル」であり、ひいては「身体的フレイル」につながっていくという。「介護予防」の根幹である「身体的フレイル」をふせぐためには、「身体的フレイル」にならないよう、まずは「人と人とのつながり」「社会とのつながり」を失わないようにしていこうということらしい。

厚生労働省が出している「これからの介護予防」には、「これまでの介護予防の手法が、心身機能を改善することを目的とした機能回復訓練に偏りがちであった」ことや、「活動」や「参加」に焦点をあててこなかったことなどといった「これまでの介護予防の問題点」が明記されている。

そのうえで、厚生労働省が出している「これからの介護予防」の考え方としては、「介護予防」の活動を「地域に展開」していこうともくろんでおり、「人と人とのつながり」を通じて「介護予防」プログラムに参加する人たちの「集いや通いの場」がひろがっていくような地域づくりを推進しようとしているらしい。

すなわち、「これからの介護予防」は、「人と人とのつながり」「社会とのつながり」が重要視されている。養成研修で「社会とのつながり」という点が強調されていたのは、そうした経緯がある。「介護予防」の領域でも、「人と人とのつながりや社会とのつながりを広げよう、深めよう」と唱えられている。本書の第四章でも述べたことなのだが、そんなに人と人との〈つながり〉や社会との〈つながり〉を広げる、深めることは、言葉で言うほどカンタンなことではない。日々の日常生活を営んでいく上で、すれちがい、摩擦や亀裂が生じたり、ぶつかり合い衝突してしまったり、〈つながり〉のありように常に悩まされる場合が少なくないのではないだろうか。

〈つながり〉をどのように、どこまでとりむすんでいけばいいのか、〈つながり〉をつくること自体に迷っていたり、戸惑いを感じてしまうことなど、〈つながり〉にまよう、〈つながり〉にとまどうことについて、丹念にすくいあげ、丁寧に、深く掘り下げて考えていく必要がある気がしてならない。

7 「みんな」は、「ひとつの目的（介護予防）」のために？

養成研修のテキストによれば、「介護予防」は、介護保険の両輪として二〇〇〇年に制度化されたことからはじまるのだという。そして、二〇〇六年になってからは、「予防重視型システム」というものを導入して「介護予防」をさらに推し進めることになったらしい。

「介護予防」には、一次予防（元気な状態からの心がけ）、二次予防（リスクが高まってからの対応）、三次予防（すでに要介護状態となってからの重度化予防）に分類されるが、「介護予防」にはこのすべてが含まれるという。

ただ、従来の「介護予防」の取り組みでは、主に「ハイリスク・アプローチ」という手法に重点が置かれていたという。

ここでいう「ハイリスク・アプローチ」とは、「要介護状態になるリスクが高い高齢者を抽出して集中的なアプローチを行う手法」のことであるという。「介護予防」におけるハイリスク者の抽出は、自己記入式の基本チェックリストによって行っているという。

ただし、「ハイリスク・アプローチ」では、介護予防プログラムに参加してくれる高齢者が少ないという問題があったようだ。そこで近年では、「ポピュレーション・アプローチ」に重点が置かれるようになってきている。「ポピュレーション・アプローチ」とは、「高齢者全体に予防介入を行うことを通じてリスクのレベルを低下させ、集団全体での介護予防を図る手法」だという。

いわば、この場合での「ポピュレーション・アプローチ」というのは、「ひとつの目標（介護される身体にならないように、健康長寿な身体をもつこと）」に向かってみんなで一丸となって目指していこう、というものであるようだ。

わたしはここで、あるコトバを思い出した。

One for all,all for one.

このコトバは「ひとりはみんなのために、みんなはひとりのために」とよく訳される。

ただ、昨今の「介護予防」のムーブメントでいうならば、このコトバは、「みんなは、ひとつの目的（介護予防）のために一丸となって」という意味にも受けとれてしまう。

人はえてして、みんなでひとつのある目的のために動こうとすることを称揚しがちのようだ。だが、そこには、みんなと同じ方向に動こうとしなければいけないあまり、ひとりひとりの思いをぐっとのみこんでしまいがちになることが見失われてしまう。

人は、この社会で生きてゆくなかで、ひとりひとりそれぞれが異なりのなかで生きている。ひとりひとり、それぞれのなかで過ごしている日々の暮らしというものがある。「みんな」が「みんな」で「ひとつ」にならなくとも、みんなだれもが、やみくもにひとつの目的に向かって突き進まなくても、いいんじゃないのだろうか。価値観も理念も、ひとつにならなくていいんじゃないだろうか。ムリに周りの人たちに合わせて同じようにふるまう必要は別にないんじゃないだろうか。

「ひとり」の人が、「みんな」の迷惑にならないように、窮屈な暗い闇のなか生き悩んでいる。そんな「ひとり」の人を〝All for one〟で、「みんな」がフォローし合えることができたのなら。変な解釈かもしれないが、〝All for one〟という言葉にそんな解釈はできないものだろうか。

8 「握れば拳、開けば掌《たなごころ》」

「握れば拳、開けば掌《たなごころ》」という言葉がある。

同じ手でも、握れば人を殴る拳となり、開けば人をなでる掌になることからくる言葉でもある。たとえ同じもの／ことでも、気持ちや状況しだいで様々に変化するということのたとえでよく用いられるという。

「介護予防」も、「介護されない身体・健康長寿な身体を目指しましょう」と人の生に寄り添おうとしているのだろう。だが、寄り添おうとしていたつもりが、その人に対して「介護されない身体」「健康長寿な身体」をもつように、と無理強いしてはいないだろうか。

その人のためを思い、手をさしのべ、よりそっているつもりでいても、さしのべたその手が、いつのまにか、「拳」で握りしめられ、「拳」をふりあげ、背後から脅してあおってしまうような、人の生の〝あおり運転〟になってしまうことになりはしないだろうか。

9　「介護されること」は「やってくること」でもある

「介護予防」は、人の生によりそうことができるのか、人の生のいとなみに対する〝あおり運転〟になってしまわないか。そんな疑問を抱いたとき、スウェーデンのことわざに、「やってくるこの毎日が、〝人生〟だと知っていたら」という言葉が頭に出あった。

このことわざは、ふだんは意識をしなければ、そのまま過ぎゆきてしまう日々で、惰性で生きてしまいがちだけど、今、この生きている時が「すべて自分の人生そのもの」なのだということを受け入れ、ひととき、ひとときを大事に生きていきましょう、という意味であるという。

わたしは、このことわざの「やってくる」という言葉が妙にじーんと胸にしみた。わたし自身は日々暮らしていくとき、いつも、ああしよう、こうしよう、と思いがちだ。逆に、ああならないようにしよう、こうならないようにしよう、とも思いがちだ。

だが、それは、時としてままならないようなものもある。日々の暮らしは、自分の思いのよらないことが「やってくる」場合が少なくないのではないだろうか。

それは「楽しいこと」である場合もあるだろう。「つらいこと」である場合もあるだろう。その「やってきた」ことが、その時「つらいこと」だったとしても、時間がたてば「いい思い出」になることだってあるだろう。

「やってくる」という生き方。わたし自身、自分の一日一日を、自分の人生を、「やってくる」ものとして受け入れているだろうか。日々の暮らしの中で「何かをやってやろう」とするのだけではなく、「やってくる」ことから考えることがどれだけできているだろうか。

そもそも、「介護されること」というのは、予期せずして「やってくる」ものなのではないだろうか。それに対して、「介護予防」というのは、「やってくるこの毎日が、〝人生〟だ」という考えかたとは、あいいれない考えかたなのではないだろうか。

「介護予防」というのは、「やってくる」まえに「あらかじめふせごう」という、先んじて「やってやろう」という考えかたなのではないだろうか。「あらかじめふせごう」という「やってやろう」的な考えかたが基調にある「介護予防」というのは、はたして、人の生によりそうことができるのだろうか。ひとりひとりの自分なりのいとなみに、後ろからあおってしまってはいないだろうか。

10 「介護（非）予防（無）運動（不）指導員」への道へのさぐり？

――脱「介護予防」への道をさぐる

「介護予防運動指導員」の養成研修の最終日は、しっかりと、「マークシートによる試験」がおこなわれた。その試験は、わたしが一〇年ほど前に受験した介護福祉士の国家試験と同じ感じのものであった。

ややっ、わたし、ひょっとして落ちるかも？　と少々焦るくらい、試験はかなりレベルの高いものであった。

だが、幸いにしてといっていいのだろうか。養成研修を受けてから一カ月ほどたった日、わたしのもとに合格通知と登録証のカードが届いた。これで、わたしが「介護予防運動指導員」としての活動をすることが認められた、ということになる。

だが、わたしはいま一度、自分自身に問うてみる。「介護予防運動指導員」として学んだことを、わたしがこれから「高齢者」と言われている人たちに向けて「指導」なるものがはたしてできるのだろうか。

いやいやいや。それ以前に、「疾病予防」もできなければ、「メタボ予防」すらできていないわたしのような、できそこないのスットコドッコイなメタボで難病持ちの人間（本書の第六章を参照されたし）に、だれが好き好んで介護予防のための運動などの指導を受けたがるだろうか。

だが、こうして「介護予防運動指導員」の養成研修を受けてみても、依然として研修を受ける前からの疑問は、ブスブスとくすぶったままだ。いやむしろ、ますます疑念が増してきている自分がいる。「介護される身体」にならないように「予防」することが、さもあたりまえであるかのように思われ、唱えられ、おしすすめられていることに対し、疑問を感じざるをえない。

やはり、こう思う自分が拭い切れていない。「介護されること」というのは、そもそも「予防」しなきゃいけないものなのだろうか。そこには、「介護されること」自体を否定する向きがあるのではないだろうか。「なんでもかんでも自分でできなければいけないこと」への強制につながりかねないのではないだろうか、と。

むしろ、「介護される身体」である（になる、になった）ことから、どのように身体を動かしていけばいいのか、動かせないなりにどのように身体に働きかけたら暮らしになじめていけるのか、そこをいろいろ考えたりしたほうがいいんじゃないんだろうか。

「介護される身体」を予防せずに（介護されることを予防するに非ず）、筋力向上トレーニのようなガンバって身体を鍛えて運動すること無しに、あと特にバリバリビシビシと指導するようなことをしないような、「介護非予防で無運動な不指導員」への道、いわば脱「介護予防」のような道はないものだろうか？

「介護予防」の現場でくり広げられている、「秒分をはかる」、「回数をこなす」、「速く歩く」、「筋力をつける」、などといったガンバって「きたえる身体」という考え方ではなく、もっとこう、からだにずずずぃーと「気にかける」ような身体のとらえ方はできないものであろうか。

こうして、わたしは、「きたえる身体」よりむしろ、「きにかける身体」への道へ、いざなわれ、さぐりはじめていきたいと強く思うようになってゆく。6

ただ、わたしがここで述べたことは、「介護予防」なるものに関する知識不足、勉強不足からくる偏見やうがった見方であるのかもしれない。あるいは、「予防、予防」と唱えられる世の大勢《たいせい》にそっぽを向きたがる天の邪鬼な体質がわざわいしているのかもしれない。そこは、「介護予防運動指導員」として研鑽を重ねながら、自分自身の考えについてもさらに吟味していきたい。
もうひとつだけ言いたいことがある。養成研修での担当講師の方はよい方でとても熱心に教えて頂いた。また、受講生の方々は、皆、とても熱心な方たちばかりであった。わたし自身、かれらからとてもよい刺激を受けたことは間違いない。最後にそのことをここに申し添えておきたい。

【注】

(1) ところで、そもそも「介護予防」とは、どういうことをいうのだろうか。厚生労働省が出している定義によると、「介護予防」とは「要介護状態の発生をできる限り防ぐ(遅らせる)こと、そして要介護状態にあってもその悪化をできる限り防ぐこと、さらには軽減を目指すこと」とされている(厚生労働省「介護予防マニュアル」より)。

(2) 「老年症候群」というのは、「認知機能低下、運動機能低下のほか、低栄養、口腔機能低下、尿失禁、うつ傾向、足のトラブルが含まれる」(鈴木 2015:3)という。老年医学でいうところの「老年症候群」というのは、高齢者が疾病状態となったときに本体の疾病以外に示す症状(尿路感染、せん妄、褥瘡など)のことを指すらしい。鈴木による「老年症候群」は老年医学における広義の老年症候群にあたると考えられているという。

(3) ちなみに、「生活習慣病」から「老年症候群」へと切り替わる時期というのは、「七〇歳頃」といわれている(鈴木・島田・大淵 2015)。

(4) 「フレイル」と似たような言葉に、「サルコペニア」というものがある。「サルコペニア」という用語は、ギリシャ語で「筋肉」を表す「sarx(sarco:サルコ)」と「喪失」を表す「penia(ペニア)」を合わせた言葉だという。これは、年とともに筋肉量と筋力が減った状態をいう。

(5) 「CGT」では、おもに「レッグプレス」「レッグエクステンション」「ローイング」「ヒップアブダクション」

という四つの「マシン」を用いていた。まず「レッグプレス」の主な効果は、立ち上がる、座る、しゃがむ、立ちつづける、歩く、階段を昇り降りするなど、主に床（地面）をけって体重を支えながらおこなう動作の向上が期待されるという。つぎに、「レッグエクステンチョン」の主な効果は、歩幅がひろがり歩行を安定するという。「ローイング」の主な効果としては、猫背などの姿勢の改善や体幹機能、バランス機能の改善であるという。「ヒップアブダクション」の主な効果は、歩くときにふらつかなくなるなど歩行時の安定性の改善があるという。

（6）「きたえる身体」から「きにかける身体」へという考察は、生活書院のＷＥＢ連載「ボディふぃ〜るだー！でぐちの〈身遣い〉のフィールドワーク、はじめました」で絶賛?·連載中である。

【文献】

三原岳　2019「介護の「科学化」はどこまで可能か－リハビリ強化など予防強化に向けた　政策の動向と論点」ニッセイ基礎研レポート、1-4
大淵修一 2013『健康寿命の延ばし方』中央公論新社
鈴木隆雄、島田裕之、大淵修一監修 2015『完全版　介護予防マニュアル』法研

第八章

〈うつる〉を、〝からかう〟?

――〝オンライン・ジンメン〟をめぐる、わたしの病み(闇?)体験から

1 はじめに

(1) 顔面ケイレン、あらわる。

ヒクッ、ヒクッヒクッ。おわわわわわっ、こ、これは、どういうことだ。

それは、〝オンライン・ほにゃらら〟なるものが急激に押し寄せ増え始め、パソコンの画面に映し出される自分の顔と、画面の中でいくつも分割された何人もの人の顔と向かい合う日々が続くようになった、二〇二〇年春のことだった。

とつぜん、左側の顔面のほっぺたが、ヒクッ、ヒクッとケイレンしはじめた。それから、そのケイレ

ンが一日中、ずっと、とれなくなってしまっていた。

顔面がケイレンしはじめる前にも、妙な「症状?」におそわれていた。それは、〝オンライン・ほにゃらら〟でパソコンの画面を見つづけていると、そのうちに「乗り物酔い」のような感覚がおそってくることであった。

〝オンライン・ほにゃらら〟では、参加している人の数だけパソコンの画面がいくつも分割され、そのなかに、何人もの人の顔や姿が映し出される。わたしは、それらを見続けているうちに、目まいがし、頭痛がおき、吐き気をもよおした。

それは、「画面酔い」とでもいうのだろうか。画面に映っている人たちは、決してそうは思わないだろうが、わたしはかれらがパソコンの画面に押し込められ、閉じ込められているような感覚におそわれた。

(2)〝オンライン・ジンメン〟、あらわる。

そこでわたしは、ふと、永井豪の漫画『デビルマン』のジンメンを思い出した。

『デビルマン』には、二本足で立つ亀の大きな怪物のようなジンメンという悪魔(デーモン)が登場する。その背中の甲羅には、ジンメンが喰らってきた、たくさんの人間の「顔」が浮かび上がっている。「ジンメン」という悪魔の名前は、「人面」からきているのだろう。

ジンメンの甲羅に埋め込まれた「顔」は、「死人」といわれる。だが、それらの「顔」は、死んでいるわけではない。それらの「顔」は、絶えず、「殺してくれー」「痛いー」「苦しいー」「身体を

返せー」と、嘆き、苦しみ、叫び、うめき声を上げている。ジンメンに喰われた人は、まるで、甲羅のなかに生かされ、閉じ込められているかのようにみえる。

しかし、甲羅のなかの「人面」にされた（甲羅の紋様のように顔だけにされ閉じ込められた）人たちは、ジンメンに喰われてしまった以上、肉体はもとのからだにもどることはできない。かれらは、ジンメンの背中の甲羅のなかで、ずっと苦しみ続けることになる。

それどころか、甲羅のなかに囚われた人は、痛みの感覚も残っているものとして描かれる。そのため、主人公の不動明（デビルマン）が、ジンメンに闘いを挑もうと、つい甲羅を殴ってしまうと、そのせいで甲羅の「人面」にされた人を殴りつけることになってしまい、その人（人面）を痛み苦しませてしまう。

そのことに動揺し、身動きがとれず、闘いあぐねる明（デビルマン）。それに対し、ジンメンは、甲羅の「人面」を盾にして、人の情をもつことになった明（デビルマン）を追いつめ、攻撃してゆく。

だが、ジンメンに喰われた少女サッちゃん（明の仲良しであった）が、「お兄ちゃん、こいつを殺して！あたしはもう死んでる！」と訴える。そのサッちゃんの思いに応え、明（デビルマン）はサッちゃんの顔が宿るジンメンの甲羅を貫手でつらぬき、ようやっとの思いでジンメンを倒したのであった。

ジンメンとの闘いの後。無言で立ち尽くし、涙を流しながら悲しむ明（デビルマン）がそこにいた。ジンメンによって喰われた人たちを救うことができず、かれらの存在を自らの手で消し去ってしまうことになったという悔いだけが残ったかのように。

わたしは、漫画本のページを持つ手をブルブルと震わせ、泣きながら読み終えた。この、余りにやりきれない、とてつもなく救いのない結末に、まるで癒えない傷のように、しばらく引きずることになった。

(3) 画面のジンメン、〝からかう〟？

パソコンの画面に何人もの人の顔が映し出される〝オンライン・ほにゃらら〟の光景。それを、「パソコン」「オンライン」という甲羅のなかの「人面」であるかのようにわたしは思ってしまったのだろうか。

わたしは、この、〝オンライン・ジンメン〟に、おそれ、おののいたというのか。そして、〝オンライン・ジンメン〟にどう向かい合えばよいのか、なすすべもなく、途方に暮れるデビルマンならぬ、「デグチマン」であるというのか（と、語呂がよいからといってかこつけてかっこつけて言うのも、どうかと思うが）。

かくして、「デグチマン」、いや、わたしは、はからずして、この春からというもの、〝オンライン・ほにゃらら〟そして〝オンライン・ジンメン〟[1]による「画面酔い」を〝からかう（ああでもない、こうでもないと考えをめぐらせて解答の糸口をつかもうとする）〟こととなったのである。

ここで〝からかう〟[2]ということばを用いたが、標準語の「からかう」という言葉とは意味が異なる。標準語の「からかう」の方は、「ウソや冷やかしを言って相手を困らせて面白がること」をいう。だが、わたしが住んでいる土地の方言の〝からかう〟の方の意味は、標準語と異なり、「時間をかけ手段を尽くして解決しようとする」という意味で用いられる（ごっちょがわ　つっぺいた 2020）。

2 〈うつる〉を〝からかう〟？

(1)「映る」を〝からかう〟？

しばらく〝オンライン・ほにゃらら〟がつづくことになりそうだ。そう観念したわたしは、〝オンライン・ジンメン〟と、とっくみ合い、〝からかって〟みながら、「画面酔い」にならずにすむ方法を、いろいろさぐり続けてみることになった。

わたしは、ふだんから目をキョロキョロ動かしてしまう癖があるようだった。〝オンライン・ほにゃらら〟においても、あちこちいろんな人の顔に目を向けてしまっているようだ。それが「画面酔い」につながっているのであろうか。ならば、なるべく画面中央付近だけをじっと見ながら視点を動かさないようにしてみた。

また、視覚情報が多すぎて、そのせいか、わたしのなかでいくぶんパニックになっているようだった。そこで、パソコンのカメラを常にオンにせず、時に必要なときのみオンにしてみた。さらに、自分が画面に出ないようにあえてウェブカメラを搭載していないパソコンのみ使用したりしてみた。

ただこれは、自分の顔や姿が画面に出てこないだけの話だった。〝オンライン・ほにゃらら〟でやりとりしている人たちの画面（すなわち〝オンライン・ジンメン〟）は、あいかわらず映し出されたままだった。そのため、この対処方法は、「画面酔い」に見舞われているわたしにはたいして意味をなさなかった。

その後わたしは、別にウェブカメラを購入し、そのカメラをパソコンの横に置いてみた。この場合でも、相手の顔や姿はもちろん、自分の顔や姿も画面に出てくる。だが、画面を真っ直ぐに見ている自分の間の抜けた顔ではなく、横顔のそれなので、自分の醜さに幻滅しながらのやりとりは、なんとか、ふせげるかと思ってやってみた。

だが、どれも、これも、人の顔や姿が映し出された分割画面を見続けることに変わりはなかった。最終的には、苦肉の策とはいえないのだろうが、パソコンの画面にタオルやハンカチをかぶせて〝オンライン・ジンメン〟から「シールド」するしか方法がなかった。

顔面のほほのピクピクッとケイレンしてしまう方はというと、尾崎豊の歌を車の中で号泣し絶叫しながら歌っていたらスッキリしたのであろうか、いつ頃からか、おさまりはじめた。どうやら、怒濤のように押し寄せてきた〝オンライン・ほにゃらら〟のなかで、受験の時とも、浪人した時とも、研究プータローをやってきたときともちがう、今までに経験したことのない、へんな不安と焦りとキンチョー感の中にいたのだろう。そんなストレスがたまりにたまり、身体にあらわれた「症状?」であったのだろうか。

ただし、この数ヶ月間あまり、「オンラインでの、画面越しのやりとりというのも、良いものだ」と、一斉に世の中が〝オンライン・ほにゃらら〟に舵を切り、足並みをそろえて歩み流れていった。その横ならびの流れに、わたしはついてゆくことができず、一種の居心地の悪さを感じ、別な意味での気味の悪い「酔い」に見舞われる。これは、わたしの身だけにおこっていることなのだろうか。

(2)「映る」ことのなじめなさ。

この「画面酔い」は、わたしのどこからくるものなのだろう。自分なりに、その背景となることが、いくつか、思いつく。まず一つ考えられるのは、〝オンライン・ほにゃらら〟では、ふだんの対面上のやりとりではありえないことが起きている、ということがある。

リアルな対面上のやりとりではありえないこと。それは、人と会話をしている最中、「パソコンの画面の何分の一かにあらわれる自分の顔や姿、それを自分が見てしまう」ことだ。

〝オンライン・ほにゃらら〟に参加すると、パソコンのウェブカメラをオンにすることによって、自分自身の顔と姿も画面に映り込まれてしまう。会話をし、やりとりをしている自分の顔の表情や、無意識にとる仕草やクセが画面上に映し出されてしまう。しかも、自分自身も、パソコンの画面の何分の一かに常に映る自分自身の顔と姿を見てしまう。

わたしにとって、この、なんとも、落ち着かない、始末の悪い、悩ましいことよ。

なぜなら、自分が、自分の顔や姿を見て、「自分って、人としゃべっている時、こんな表情をしているのかあ」と、何か見てはいけないものを見てしまったかのような恥ずかしさとショックを感じてしまうのであった。

この、自分の顔がパソコンの画面に映っている状態で、その自分の顔や姿をほかならぬ自分自身が見つめながら人と会話をすることに対しての、なじめなさ、悩ましさといったら。そもそも、人と会話をする際、自分の顔や姿を見ながらコミュニケーションすることなど今までにはないことではなかっただろうか。

それなのに、人と話をしているときの、口元をひきつりながら、しゃべっている、聞いている、わたしの姿ときたら。今まで自分はこんな顔してしゃべってきたのかぁ、という自分の姿の醜さを見て、愕然としてしまっている。そうでありながらも、今いる人と会話をやめるわけにもいかず、やりとりを続けねばならない。このなじめなさ、悩ましさ。なんとかならぬものなのかぁ。

このなじめなさ、悩ましさに苦しんでいるのはわたしぐらいのものであろうか。スマホが普及してからというもの、「自撮り」という行為になじんでいる人たちが多くなっている昨今、自分の顔がパソコンの画面に映っていても、なんとも思わないのだろうか。

以前からわたしは、写真にしろビデオ映像にしろ、自分の顔や姿を映されるのが大の苦手だった。近頃は、鏡で自分の顔や姿をマジマジと見ることもなくなった。このことも「画面酔い」に関係しているのだろうか。

(3)「映る」ことのなやましさ。——わたしは「敏感さん」なのか?

わたしの「画面酔い」の背景にあるものとして、もう一つ考えられることがある。それは、幼少の頃にまでさかのぼる。

幼少の頃のわたしは、「極度の乗り物酔い」だった。車で出かけると、すぐ酔って吐いた。船に乗っても、波に揺られているうちに船酔いして吐いた。ひどいときには、町中を走る路面電車に乗っても、それほど揺れることもないのに、電車酔いして吐いた。

そんな「極度の乗り物酔い」がおさまってきたのは、大学に入ってからだろうか。大学に入ってからというもの、友人たちと車に乗って出かけることが増えていった。すると、乗り物に乗って出かけることに楽しみを感じ、その頃から乗り物に酔うことが減っていった。さらに、自分自身が車の運転するようになると、全くと言っていいほど乗り物酔いをしなくなった。

しかし、最近になって、久しぶりに「乗り物酔い」の感覚を思い出したこともあった。それは、家族旅行で佐世保のハウステンボスに行き、VR(バーチャルリアリティ)を用いたアトラクションで遊んだときのことだった。頭と顔面にＶＲ機器を装着し、目の前に繰り広げられる鮮明でリアルな画像にクラクラしてしまい、かなり気持ちが悪くなり吐き気をもよおした。わたしは子どもの頃からゲームを全くといいほどしてこなかったので全然知らなかったのだが、世間ではオンラインゲームで「３Ｄ酔い」という「画面酔い」があるそうだ。

また最近、わたしの「画面酔い」は、「感覚過敏」というものに近いのでは？と思うこともあった。「感覚過敏」というのは、「視覚、聴覚、味覚、嗅覚、触覚」などの、さまざまな感覚がとても敏感で、生活に大きな不便が生じている状態のことをいう。[3] 感覚過敏がない人にとってはなんでもないことが、感覚過敏がある人にとっては、生活をおくっていくなかでつらいことや困難に見舞われることがあるという。たとえば、視覚が敏感である「視覚過敏」の人のなかには、明るい屋外をとてもまぶしく感じたり、カラフルな教科書を見ているうちに目が回って気分が悪くなる人もいるという（ぷるすあるは 2015）。パソコンの画面が明るすぎて見るのが辛い人もいるらしい。また、画面に人やチャットなど見るものが多くて疲れるという人もいるという（「感覚過敏研究所」ＨＰより）。

「聴覚過敏」の人の場合、特定の音がものすごく苦手だったりするという。オンラインの音声によって耳が痛くなる人もいるという。このほかにも、複数の人が同時に話すと区別できない人や、パソコン自体の音が耳に残ってつらい聴覚過敏の人もいるという（「感覚過敏研究所」ＨＰより）。

このような視覚過敏や聴覚過敏の人たちの悩ましさをみてみると、わたしの「画面酔い」というものも、視覚過敏や聴覚過敏のうちに入るといえるのだろうか。視覚過敏の人のなかには、人混みが苦手という人がいるという（「感覚過敏研究所」HPより）。わたしも、ふだんから、「人混み」が苦手で、「人混み」のなかを歩けば、通り過ぎる人の顔や姿を見ているうちに「人酔い」してしまう体質でもある。

さらに、わたしの場合、相手の声のリズムや声の大きさやトーンなどの調子が合わない人と話をしつづけた後、妙な頭痛におそわれてしまうことがある。これなども、わたしのなかに聴覚過敏というものもあるのだろうか。

こうしてみると、ひょっとすると、感覚過敏の人たちの中で、わたしのような〝オンライン・ほにゃらら〟による「画面酔い」になって悩ましく感じている人がいるのかもしれない。

だが一方で、感覚過敏の人たちのなかには、オンラインやリモート（遠隔）の方がむしろ向いている人も少なくないようだ。たとえば、感覚過敏があることで会場までの移動や、会議室のニオイや騒音などに苦痛を感じ、仕事をするのも大変である人がいるという。そのような人の場合、オンラインの会議では自宅でも参加できるため、ストレスが少なく仕事ができるという（「感覚過敏研究所」HPより）。また、学校に行くまでの街や電車やバスの音やニオイの刺激で疲れてたり、騒々しい教室で授業を受けることが苦痛になる学生もいるという。そのような学生たちは、自宅にいたままオンライン授業に参加できれば、ストレスが減るという（「感覚過敏研究所」HPより）。

〝オンライン・ほにゃらら〟における「映る」ことをめぐり、視覚や聴覚などの感覚過敏のため悩ましさを抱え込んでしまう人もいる（わたしもまたその一人なのだろうか）。なかには逆に、〝オンライン・ほにゃらら〟を用いることにより、仕事や学校、そして暮らしのなかで感覚過敏による苦しみから逃れられている人たちもいる。

ちなみに、感覚過敏の特性をもっている人たちのなかには、発達障害や発達の凸凹のある人もいる（ぷるすあるは2015）。国立リハビリテーションセンターの「発達障害情報・支援センター」がおこなった「新型コロナウイルス感染症の影響についてのアンケート」（二〇二〇年九月四日調査報告）では、「対面のオンライン化でむずかしいと感じたことは？」という質問をしている。その質問での回答が多かったものとしては、「どのタイミングで発言すればよいのか、よくわからなくて戸惑う」「相手の話に集中しにくい（画面に映っている物が気になってしまうなど）」「三人以上になると、誰が話をしているのか、よくわからなくて戸惑う」「ふだんより、言われたことを理解するのに時間がかかる」というのがあったという。他に、感覚過敏がある人のなかには、雑音や画面の明るさに疲れてしまったという声もあったという。[4]

「映る」ことをめぐって、それに対する感じ方は、人ひとりひとり、それぞれ、さまざま、〝ばらばら〟だ。

（4）「映る」ことの、ひとりひとり、それぞれ、さまざま、〝ばらばら〟
——「画面」に映らないと困る人、「画面」に映ると困る人

ZOOMなどの画面で自分の顔が映されてしまうようなニュータイプの〝オンライン・ほにゃらら〟ではなく、できればオールドタイプの音声のみの電話でやりとりしよう。「画面酔い」に苦しみ出し

はじめたわたしは、ある知り合いに、そのようにうながしたことがあった。

するると、その知人は、自分は「吃音」とともに生きており、自分自身の吃音の特性として、自身が音声のみの電話をかけたときに、音声だけだと自分が誰かわかってもらえていないのではないかと思ってしまう、と語った。また、違う人が電話に出た場合、かけたい人に代わってもらうようにお願いするなどの状況がとても苦手だ、とも言っていた。そして、音声のみのやりとりというのは、実のところ、とても苦痛である、と言うのだった。

なるほどなあ。画面を通してのやりとりでないと、なかなか困ることがある人も少なからずいるだろうなあ、とわたしは思い知った。それと同時に、わたしは、わが身を恥じた。

というのは、常日頃からわたしは、人を支援するうえで、ひとりひとり、それぞれのちがいをおもんばかることが大切だ、と思って生きてきたつもりだった。人びとは、ひとりひとり、さまざまな条件や事情のなかで暮らしている。そんな暮らしのなかの多様さを、ひとりひとりそれぞれのちがいを、分かち合い、認め合ってゆきたい。〝多様性〟を認め合っていきたい。そういうことを念頭に置いて、立ち振る舞おうとしてきたつもりだった。

ところが、いまのわたしは、どうだ。「画面酔い」に悩まされているからといって、自分の都合を最優先にして、自分の都合を相手にも押しつけようとしてはいまいか。なんという、自分勝手で、自己中心的なふるまいであることか。

「映る」ことをめぐって人がうける感じ方は、「映る」ことに対して過敏になって病んでしまう人もいる。また逆に、「映る」ことに抵抗を感じずに、むしろ嬉々として取り入れている人たちもいる。なかには、先ほどの吃音とともに生きる人のように、「映る」ことがなければ、人とやりとりしにくい、という人たちもいる。「映る」こと一つとっても、それに対する感じ方は、人ひとりひとり、それぞれ、さまざま、〝ばらばら〟だ。

だが、「〝多様性〟を認め合っていきたい」と思っていたわたし自身の、その立ち振る舞い、なり振る舞いは、どうだ。自分の都合に相手や周囲を合わさせようとしていないか。実際のおこないは〝多様性〟と真逆のことをしてはいないか。そんなわたしに、〝多様性〟なんて言葉を口にする資格なんて、ないじゃないか。

3　「感染《うつ》る」を〝からかう〟？

(1)　身の構えの〝ばらばら〟

〈うつる〉ことといえば、「感染《うつ》る」[5] ことをめぐる身の構えのさまも、やはり、人ひとりひとり、それぞれ、〝ばらばら〟であるようだ。

思えば、「コロナ禍」と言われる状況になる以前から、「感染《うつ》る」ことを気にする人と、気にしない人とで、人ひとりひとり、それぞれ、〝ばらばら〟であったように思う。

以前では、ふだんから、多少の熱があっても外に出歩き、人と会ってきた人たちもいた。少しくらい、のどが痛い、咳が出る、熱っぽいくらいでは、仕事を休まない（休めない）、と言ってきた人たちもいた。インフルエンザが流行していても、「ワクチン接種などしたことがない（これからもしない）」と言っていた人たちもいた。扁桃腺がはれていたりして風邪気味の人たちのなかには、「アルコール消毒だぁー！」と豪語してお酒を飲んでいる人もいた。「気合いで熱なんて吹き飛ばせぇー！」と言っていた人もいたっけ……。

このように、以前から「感染《うつ》る」ことに対して、無頓着なほど気にしない人もいた。それどころか、自分は絶対に「感染《うつ》る」ことはない、と変に自信をお持ちの人もいた。

その一方で、普段からこまめに手洗いやうがいをかかさずにいて、わたしも「感染《うつ》る」ことに「気にしすぎでは？」と思ってしまうほど、気にする人もいた。

これは「コロナ禍」と呼ばれるご時世になってからの話ではあるのだが、ある日、スーパーに買い物に行ったときのことだった。スーパーでもアルコール消毒のスプレーが入り口付近に置かれるようになった。わたしも、手持ち型のスプレーをもってプシュッと手にかけてコシュコシュもみ手をしていると、スーパーの警備員の人がやってきて、わたしとは別の手持ち型のスプレーを手にしたとたん、手に振りかけると思いきや、いきなり自分の頭（キャップ帽子）にブシュブシュかけ、自分の制服の腕といい、足といい、これもガシュガシュガシュ……と吹きかけまくりはじめた。

思わず、わたしが、あっけにとられて見ていると、その警備員は照れくさそうに、「長い時間、店にいると気になっちゃってねえ」と、苦笑いして立ち去っていった。

別の日に特急電車に乗ったときにも、「気にしすぎでは?」と思ってしまうことがあった。わたしが乗っている車両に乗車してきた人が、乗り込んですぐさま、自分が座る座席の肘掛け、背もたれ、ありとあらゆる箇所に自分が持ち運びしている消毒スプレーを吹きかけまくりはじめた。

わたしは、かれらの「感染《うつ》る」ことに対する身の構えを見て、「なにもそこまでせんでも」と思う自分がいた。これらは、人と人とで、「感染《うつ》る」ことをめぐって、ひとりひとりの身の構えのさまが異なっていることなのであろうか。

また、「感染《うつ》る」ことを気にするといっても、その気にしかたのさまは、時と場によって、人ひとりひとり、それぞれ、〝ばらばら〟だ。「感染《うつ》る」ことをめぐって、こういう場面では過敏になるが、別の場面では過敏さが出てこない、ということもある。

たとえば、娘とわたしをくらべてもそうだった。手洗いについては、わたしの方が念入りにガシュガシュと泡の出る手洗い用のソープを手にかけて洗ったりする。うがいも、以前からガラガラガラ……と長い間ガラガラうがいをやり、痰を絡めてぺっと出す。だが、娘はチョコチョコッと洗って、ブクブクっ、ぺっ、と、じつにカンタンにすませている。

その一方で、別な場面においては、わたしの身の構えの方がズボラなこともある。わたしが娘と本屋で待ち合わせをしていたときのことだった。わたしは、本屋で平気で本を棚から取り出して立ち読みをしていた。だが、娘はというと、誰がさわっているかわからないであろう本屋の本には決してさわらない、と言っていた。

このように、「感染《うつ》る」ことをめぐって、ひとりひとりの身の構え、気にしかたは、人ひとりひとり、それぞれの時と場で、〝ばらばら〟だ。

(2) わたしのなかの気持ちの〝ばらばら〟

しかしながら、「感染《うつ》る」ことをめぐっても、わたしは、わたしのなかでの〝ばらばら〟な感覚に悩まされた。不安や恐れ、焦り、いら立ち、怒りなどなど、「感染《うつ》る」ことをめぐる自らの気持ちの〝ばらばら〟さ加減に、自分で自分の身をもてあました。

わたしのなかには、「感染《うつ》されてしまうのでは?」という不安とおそれ、警戒感というものがあった。それと同時に、逆に自分が人に「感染《うつ》うつしてしまうのでは?」という不安とおそれ、ビクビク感というものもあった。

この数ヶ月のあいだ、わたしは、かなりリアルな夢を見ることが少なくなかった。つい先日も、「すわっ、じぶん、感染しとるんとちゃうんか?」と、わたしは感染したのでは? と思う夢をえんえんと見ていた。

その夢のなかでは、「すぐに病院に行って検査を受けて、陽性と診断されたら、即座に家族と職場に報告をしたほうがいい」、という「エンジェルでぐち(天使?)の声」が聞こえてきた。と同時に、「いやいや、感染したとわかったら、周囲がどのようなまなざしを向けてくるのか、わかったもんじゃない。

ここは感染していたとしても、ごまかしごまかしやりすごすのが得策だ」という「デーモンでぐち（悪魔？）のささやき」も、聞こえてくるのであった。「わー！、どーしたらええねん！」と夢のなかで叫んで、そこで目が覚める。そんなこともあった。

思えば、感染《うつ》ったあと、どのようにたちふるまえばよいものか、悩ましい。もしわたしが、「陽性」と診断されたら、いま、ここで、どのように、行動をおこせばよいのか？　どこで、どのように、生活をしなければならないか？　いまからおこなう行動は、ふさわしいことなのか？

人それぞれ暮らし方や生き方は、さまざま、〝ばらばら〟であるのに、「みんなで、ひとつに」としての同様の行動や生活を求められるようになってしまった。だが、「みんなで、ひとつに」といいながらも、具体的には一人ひとりがどう行動するか判断をし、選択し、決断しなければならないことも多々ある。「感染《うつ》った」あとのことのもろもろのなか、答えが即座に出しにくい問いに対して、個々人での判断や選択を求められている。

集団で、足並みそろえて同じ行動をすることが大の苦手、大嫌いだったわたしにとって、「みんなで、ひとつに」の波に飲み込まれそうになる、押しつぶされそうになる。先ほど述べた夢の話は、そのような息苦しさを感じたことからのものでもあったのだろうか。

そのような不安やおそれに引きづられているのだろうか、わたしのなかで、「感染《うつ》る」ことに対してノンキにかまえている人に対して、もどかしさ、イラ立ち、さらには嫌悪感をおぼえることもあった。

特急列車に乗って東京方面に向かった時のことであった。車両に乗り込むと、乗客はほとんどといっていいほどいなかった。わたしは、あらかじめ指定をとった席に座ろうとした。するとガラガラの車両であるのに、わたしが取った座席の前の席に座っている人がいた。それを見て、わたしは、「なんでこんなガラガラの車両なのに、わたしが指定をとった座席のすぐ側にわざわざ座ってるんだー」と、驚きと同時に、イラ立ちさえもがわきあがってくる自分がいた。

わたしのなかのイラ立ちをしずめながら、しかたなく、指定をとった座席とは別の席に座ることにした。車掌がわたしの側にやってくると、「あっちの方に指定をとってはいるのですが……」と指定した座席の方を指さすと、車掌はすべてを察してくれたかのように、マスク越しに笑顔を向けて（くれたようにわたしが勝手に思った）、「そうですか、わかりました」と言って立ち去っていった。その車掌のふるまいで、やっとイライラがおさまり、少し落ちつくことができた。

そんなことがありながら、その一方で、先ほど述べたように「感染る《うつ》」ことに極度に敏感な人たちに対して「なにもそこまでしなくても」という違和感もあったりした。「なにもそこまでせんでも」と思う自分がいる一方で、他の人たちの「感染（うつ）る」ことの応じようの甘さを感じ、イラ立ちをおぼえている自分がいることに自分で自分に驚いてしまっている。「感染る《うつ》」ことに無頓着な人を見聞きすると、自分のなかで怒りがフツフツとわいてきている。人をそしり、けなし、ののしりかねない、そんな自分の「闇」の深さに恐れ、おののいた。

「自分が感染してしまうかも」「自分が人に感染させてしまうかも」といった不安と恐怖。感染した人、感染しそうな人たちに対する極度な警戒感、嫌悪感。自分の気持ちの揺らぎ、ブレまくりに自ら動揺し、混乱し、困惑している。いろんな気持ちがない交ぜになる。自分の気持ちをもてあましている。そんな感じが何ヶ月もつづいている。これらのことを、日々これほどまでに感じつづけたことは、いまだかつて、今までになかったことかもしれない。

(3)「そしり、けなし、からかい、ののしり」を〝からかう〟?

「感染《うつ》る」ことをめぐって、わたし自身が「そしり、けなし、からかい、ののしり」にあうことの恐れからくるのであろうような体験もあった。これも、ある日、スーパーに買い物をしに行ったときのことだった。ふだんどおり、スーパーの入り口付近に置いてある足踏み式の消毒スプレーを手に吹きかけ、ゴシュゴシュ手もみしながら買い物かごを手にして、夕飯の食べ物をかごに放り込み、レジで支払いをすませ、エコバックに買った物を詰め込んで、スーパーをあとにし、駐車場にとめてある車に乗り込んだ。そのときに、「ああっ、しまった」と車中で思わず叫び、焦りをおぼえた。

というのも、わたしは、マスクを着用し忘れたまま、スーパーの中に入って買い物をしていた。マスクをしていない自分は、他の買い物客や店員の人たちからどう見られていたのだろうか。そう思うとゾワゾワッと身震いした。

そんな身震いするほどのおそれを感じておきながらも、「ノーマスク、ノーライフ」という呼びかけには、妙な気持ち悪さを禁じ得ない自分もいた。マスクをめぐって生きにくさを感じている人たちは、それぞれ、さまざまにいるだろう。

たとえば、触覚過敏の人のなかには、マスクをすると皮膚がこすれ、それがまるで針に刺されたように感じるため、マスクの着用ができないという。そのような、マスクを着用することができない事情をかかえている人たちにまで「マスクをつけろ」などとは、とてもじゃないが言えない。

だがその一方で、戸外のさまざまなニオイに気分を害してしまい、「マスクをしなければ外に出歩けない」という嗅覚過敏の人もいる。

人それぞれ、ひとりひとり、さまざま、〝ばらばら〟であるのに、わたし自身、ひとつの価値観のなかに閉じこもりそうになっている。

ところで、「感染《うつ》る」ことをめぐって、いわれなき、根拠なき「そしり、けなし、からかい、ののしり」というのは、いつでも、どんなときでも、おきてしまうものなのだろうか。わたしがついそんな思いにかられるのは、「感染《うつ》る」ことが、いじめやからかいにつかわれた体験があるからなのだろう。

わたしが中学生の時、原爆について取り上げる授業があった。広島に住んだことのあるわたしは、先生に原爆のことについて聞かれ、わたしが知っている限りのことを答えた。そのときのわたしは、意気揚々と語り、クラスで注目を浴びたことに高揚し、ほほを紅潮させていたように思う。

その授業の後、とつぜん、クラスメートから「うわっ、おめえ、近づいてくんな、おめえの〝原爆症〟がうつるー、さわるなー」とふざけられ、からかわれた。

「おんどりゃー、原爆症がうつるわけがないやんけ、おんどれ、どーゆー、学びをしたんじゃ」。わたしは怒りのあまり、広島弁で応じようと思った。が、やめた。

授業で、ひとり、目立ちすぎたのであろうか。そのことが、クラスメートから反感を買い、いい気になってんじゃねえ、こいつ、からかって、いたぶってやれ、と思わせたのであろうか。

人とはちがう身体的な特性があったり、人より抜きん出たことをすると、周囲からそしられ、けなされ、からかわれ、ののしられる。そのことは、うつるか、うつらないかにかかわらず、わたし自身いままでも出くわしてきた（出口2015）。

日々気をつけていたにもかかわらず、「感染《うつ》」ってしまった。そんな人たちを「からかう」人たちがいる。「感染《うつ》」ってしまった人たちが安心できるように〝からかう〟ことに力を尽くしている人たち。そんな人たちもまた、周囲から「からかう」羽目におちいっている場合もある。

「感染《うつ》る」ことをめぐる「そしり、けなし、からかい、ののしり」から、〝からかう〟にはどうしたらいいのだろうか。

感染してしまう人、感染させてしまう人をおさえこもう、という感染そのものを防ごうとする対策が一方にある。その一方で、感染をめぐるバッシングをなくそうとする運動もある。

どちらとも、おさえこもう、なくそうとすることにばかりやっきになっているあまり、「感染《うつ》る」ことをめぐるさまざまな状況で生まれたことがら（「新しい生活様式」「社会的（身体的）距離」「三密」など）に対するなじめなさ、悩ましさそのものさえもが、おさえこまれてはいやしないだろうか。こころのうちにある、なじめなさ、悩ましさを声に出すことすらも、おさえこまされてはいないだろうか。だれにも、どこにも、なじめなさ、悩ましさなどの弱音を吐けない事態におちいってはいないだろうか。

4　人ひとりひとり、それぞれ、ばらばら。でも、かさなり合うことは？

（1）「（こころの）うちで踊ろう」

ミュージシャンや俳優そして文筆家としてマルチに活躍している星野源が、彼のInstagramで〝うちで踊ろうDancing On The Inside〟という曲を公開した。この曲は、一部の人たちによって「外出自粛のテーマソング」として誤解された。だが、星野源は「お家にいよう（stay at home）」と呼びかけたのではない。

彼が書いた歌詞をよく読み、この歌につけたタイトルを見れば、「お家にいよう」と外出の自粛を呼びかけたわけではないことがわかる。なぜなら、まず「うちで踊ろう」という曲のタイトルの英語訳が〝Dancing On The Inside〟と〝at home〟ではなく〝on the inside〟としたからだ。そしてまた、日本語のタイトルでも、「おうち（お家home）」ではなく「うち（inside）」としていた。

二〇二〇年五月一日放送の『ミュージックステーション』（テレビ朝日系、以下、「Mステ」と略す）でタイトルに込めた思いを問われ、星野源は以下のように語っている。

「なんで『おうち』じゃなくて『うち』なのかというと。『おうち』だとどうしても〝家限定〟になるし、

『うち』っていうのを漢字で『家』と書いてしまうと〝家限定〟になってしまう。ひらがなの『うち』ってすることによって『心の内（うち）』っていう意味になると思ったんですよね。〝心の内側で踊ろう、心が躍ろう〟って」（二〇二〇年五月一日放送の『ミュージックステーション』（テレビ朝日系）での語りの書き起こしより）

また、「Mステ」で彼は、今の社会における情勢を考慮し、「いま本当に大変で、どうしても気が立ってしまって、怒ったりとか悲しんだりとかどうしてもしてしまう。そのなかで日常っていうものの感覚だったりとか、楽しい、面白いっていう感覚とか、そういうのを忘れないようにしたいと思った」と語った。そして、そのためにも「『心を躍らせよう』っていう意味を込めて『うちで踊ろう』っていうタイトル、歌詞にしました」と説明していた。

さらに、「うちで踊ろう」という歌詞をよくよく読み込んでみると、「エッセンシャルワーカー」と呼ばれている人たちに対し、とてもあたたかな目配せをしている。「おうちにいよう」ではなく「うち＝inside」とし、「いよう」ではなく「踊ろう」としたのは、おそらく、医療従事者はもちろん、人々の暮らしを支えるために感染リスクの高い環境での労働を余儀なくされている「エッセンシャルワーカー」など、外出の自粛ができない人々への感謝や敬意の気持ちが込められているように思う。

「表に出て働かなきゃいけない人っていうのは絶対にいて、そのなかで〝家にいましょう〟とは言えないと思った。（中略）僕は音楽家なので、ただ言葉で呼びかけるのではなく、詩と音楽で表現したいと考えたときに、一番最初に思いついたのが〝うちで踊ろう〟って言葉」（星野源へのインタビュー記事『Rolling Stone Japan』四月一六日掲載）

「Mステ」でも、「うちで踊ろう」でコラボを呼びかけた経緯について、「僕たちがこうやって、いま家の中で生活できているのは、どうしても外で働かなきゃいけない人たちが、働いてくださっているから」と述べていた。そして、同曲をさまざまな人がアレンジしてくれることで「（働く人たちに）きっと仕事の合間や休憩中、仕事が終わった後に『どんなアレンジがアップされてるかな？』って楽しみにしてもらえたらいいなと思ったんです」と、「うちで踊ろう」への思いを明かしていた。

(2) 人ひとりひとり、それぞれ、〝ばらばら〟。でもかさなり合える

星野源の作品には、「ひとつになる」ことを志向せずに、一人ひとりそれぞれ〝ばらばら〟な生き方を尊重していこうよ、というメッセージがたえず流れてもいる。それは、彼のエッセイにも表現されている。

二〇〇九年に刊行された彼の最初のエッセイ集『そして生活はつづく』（マガジンハウス刊）の「ひとりはつづく」中で彼は次のように書き記している。

集団の中に長くいると、自然と「一致団結しなければならない」と感じるようになってくる。その集団が前向きであれば前向きであるほど連帯感を大事にし、次第に「全員がひとつの方向を向くべき」という思想に傾く。（中略）その流れから少しでもはずれたり浮いてしまうと仲間はずれにされ、そこで追い出されたくない者は、あわてて全体の流れに身を投じて「ひとり」であることをやめ、集団と「ひとつ」になることを目指す。それが、この日本の社会から生まれる、集団の基本的な「和」のしくみであると思う。

でも、やっぱりそれは少し窮屈だと思えてならない。みんなばらばらでいいじゃないか。（中略）本当に優秀な集団というのは、おそらく「ひとつでいることを持続させることができる」人たちよりも、「全員が違うことを考えながら持続できる」人たちのことを言うんじゃないだろうか。（星野源 2013「ひとりはつづく」『そして生活はつづく』文春文庫版、一七九頁より）

星野源が「おげんさん」と自ら名のり、サザエさんのような姿でホスト役をつとめているNHKの深夜番組に『おげんさんといっしょ』というのがある。二〇一七年に始まった初回放送時から、おげんさんの家の居間の欄間にかけてある額の書が、まさに〝ばらばら〟であった。

「コロナ禍」と呼ばれる状況のなか、「緊急事態宣言」なるものが発出された後も、『おげんさんと（ほぼ）いっしょ』が放送された（NHK総合二〇二〇年五月二五日に放映）。ただし、番組タイトルの「（ほぼ）いっしょ」にもあるように、テレビの画面には、おげんさんファミリーのパペット人形のみの出演となっていた。星野源はじめ家族（として演じている人）たちは、別々の場所からのリモート出演だったようだ。そこでも、まさに番組の重要なコンセプトであるかのように、〝ばらばら〟の書が、おげんさん人形のすぐ後ろに大きく飾られてあった。

そのほぼ半年後の二〇二〇年の一一月三日には、パペット人形のみではなく、「リアルおげんさん」とゆかいなファミリーたちが『おげんさんといっしょ』として放送されていた。そこでの番組の冒頭の一曲目で、星野源は「ばらばら」（二〇一〇年に発売された星野源の1stアルバム『ばかのうた』の一曲目）という自身の歌を唱っていた。そこでも、世界はひとつになれないし、ぼくらはひとつになれない、でも、その〝ばらばら〟なままでもかさなり合えるし、〝ばらばら〟なままでも「ひとつ」のものを生み出すことだってできるんじゃないか、と唱い伝えている。

歌詞であれ、エッセイであれ、彼の作品には、「ひとりひとり」には「それぞれ」に、〝ばらばら〟な、暮らしや生きざまがある、それを常に心根に持ち続けていきたい、という思いが伝わる。人が「ひとりである」ことを大切に思い、強制的に「ひとつになる」ことを危ぶむ気もちをもっているようだ。

（3）なじめなさ、悩ましさを〝からかう〟？——「こころのうち」だけでなく、「こころのそと」でも、なじめなさ、悩ましさは、踊らせられ、かさなり合えそうか？

この数ヶ月のあいだ、「心を一つに」とか「一丸となって」、「みんなでひとつになろう」というような言葉がひろまっていったように思う。人ひとりひとりには「それぞれ」に「さまざま」で〝ばらばら〟な生き方がある（こういったことを、わたしごときが、「多様性」などと安易に口にしてはアカン）。そんななか、誰もが、皆が皆、足並みをそろえて横ならびに「ひとつになる」ということは、そもそもがムツかしいことなのではないだろうか。

「みんなで、こころをひとつに」などと呼びかけるまぶしすぎる声に、目がくらみ、おそれおののく感覚をもってしまうのは、わたしの生来のくせなのだろう。だが、「ひとつにまとまろう」という、一致団結を強要してしまいかねないような思潮には、ある種の危うさをも感じる。ただし、だからといって、ただただ分かち断たれてしまうことをそれでよしとするつもりも、毛頭ない。

人それぞれ、いろいろ、さまざまな人たちの境遇や立場にたった発言や表現そして立ち振る舞いというのは、とてもムツかしい。人ひとりひとり、それぞれ、〝ばらばら〟でも、お互いがお互いを傷つけず、傷つけられずに生きてゆくことはムズかしい。家族の中でさえ（家族だからこそ？）、思い違いがあったり、まちまち、〝ばらばら〟だ。

そのなかで星野源は、人それぞれ、〝ばらばら〟であっても、とくに、べつに、「ひとつになる」ことなくとも、かさなり合えると信じて「（こころの）うちが踊る」作品を生み出している。人それぞれ、〝ばらばら〟であっても、互いが互いの差異を認め、受け容れながら、かさなり合えるかもしれない、と、ゆるやかに、歌い、踊ろうとしている。

人ひとりひとり、それぞれ、〝ばらばら〟であるなか、わたしもまた、かさなり合えそうな表現のすべを〝からかってみる〟ことはできるだろうか。わたしはまだ、かさなり合えそうな表現のすべを〝からかって〟みてはいるものの、さがしあぐねている。

星野源の「うちで踊ろう」を聴いたとき、The Who のギタリスト、ピート・タウンゼントが言っていたという、「ロックンロールは、君の悩みを解消してはくれないかもしれない。ただ、悩んだまま踊らせてくれるんだ」という文句を思い出した。

ここ数ヶ月のあいだ、何度も、さまざまな、やっかいで、すぐさま答えが出せずややこしいことに見舞われてきた。今も、たえず、頭に大きな石か岩をのっけて暮らしているような感じている。言い知れぬような、先が見通せぬ不安という重しがのっかかったまま暮らしているような感覚だ。不安や恐怖、気が立つような怒りやいらだち、もろもろの悩ましい気持ちをどこにもっていけばいいのか。持って行きどころのないブレまくり、ゆれまくる、この悩ましさを、こころのうちのすみずみにゆきわたらせて、おどらせるしかないのか。

いや、「こころのうち」だけでなく、「こころのそと」でも、周りの人たちでなじめなさ、悩ましさをおどらせ、かさなり合えないものだろうか。「こころのそと」でも、なじめなさ、悩ましさといった弱音を吐き出せる、悩ましさを根本的に解決できなくとも、おどらせられる、かさなり合えそうな場を望められないものだろうか。もっと言えば、なじめなさ、悩ましさをどのようにおどらせればよいものなのか、それこそを、わたしは問わねばならないのではないだろうか。

5　むすびに

わたしの〝オンライン・ジンメン（「画面酔い」）〟とのとっくみあい、〝からかい〟のほうに話をもどそう。

Zoomなどリモート（遠隔）チャットツールを使うようになってから、数ヶ月がたった。こんなわたしも少しは、なれてきたのだろうか。深刻な「画面酔い」に悩まされることは、以前より少なくなってきたように思う。

だが、すっかりおさまるということはなかった。めまいや頭痛、吐き気は、〝オンライン・ほにゃら〟の翌日、まるで「二日酔い」のように、あらわれるようになった。その点では、むしろ、ひどくなっているのかもしれない。そんなこんなで、いまだにまだなじめないままでいる。

あるいは、ひょっとすると、「画面酔い」をやわらげられる新たな、別の方法もまた見つけられるのかもしれない。だが、「画面酔い」のなじめなさ、悩ましさから根本的に解決されることはできないだろうとも思う。今後もおそらく、〝なれること〟はあったとしても、〝なじむこと〟はないかもしれない。「映る」ことをめぐる〝オンライン・ジンメン〟とのとっくみあいのなかで、「画面酔い」を〝からかう（ああでもない、こうでもないと考えをめぐらせて解決の糸口をつかもうとする）〟ことはまだできそうもない。いまだに、〝オンライン・ジンメン〟によってオンラインの檻のなかに入れられ閉じ込められているような気分にさせられつづけている。しばらく当分のあいだ、わたしは、なじめなさや悩ましさを、こころのうちに踊らせながら、暮らしつづけてゆくことになるのだろうか。

つい先日も、「画面酔い」がおさまらないまま、頭がボーッとした状態で自動車の運転をしていたら、駐車場でバックして車を留めようとして隣に留まっていた車にぶつけてしまい、しばらくヘコんでいた（飲酒運転ではないにしろ、ある意味で「画面酔い」としての酔っ払い運転ではあったのだろうか）。

だけれども、いまも、なんとか、やっとこ、すっとこ、暮らしてこれてきてはいる。これからも、また、どのようなやっかいなことがふりかかってくるだろうか。それでも、生きてゆけるだろうか。先の見通しが利かないことに思い煩っている。自分では思い通りにならない、自分の力ではどうしようもないことに不安をもっている。そのようなことに思い煩うよりも、いま、このときに、しっかり足に地をつけて生きてゆく。そんなことができるであろうか。

そろそろ外気が冷たくなって、マスクからもれ出る吐息で鼻にかけている眼鏡がくもりはじめるようになった、二〇二〇年の一一月。わたしのなじみのスーパーのレジが「セルフレジ」に変わってしまっていた。

この「セルフレジ」によって、お金の支払いやおつりの受け取りの際にレジ打ちの人と手と手を触れずに「身体的な接触」をすることなく、すべて無人の機械ですませられる。これも慣れるまで時間がかかりそうだなあ。これもまたなじめそうにないなあ。そう思いながら支払いをすまし、エコバックに買ったものをつめていた。

　すると、隣で同じように買い物袋に買ったものを詰め込んでいた年配の男性が、店員さんから「お客さん、おつりとレシートをお忘れですよ」と声をかけられていた。その年配の男性は「ああ、すまんねえ。マスクしてると眼鏡がくもってしもうて。眼鏡がくもると、心もくもっちもうだよ」と気恥ずかしそうに笑って、おつりとレシートを受けとっていた。

　隣にいたわたしは、男性と店員さんとのやりとりのなかで、マスクごしで愛想笑い（苦笑い？）を浮かべていた。その男性は、眼鏡がくもってしまっていて、おつりが見えなかったのだろう。あるいは、眼鏡がくもると心（頭）もボンヤリしてしまい、「セルフレジ」から出てきたおつりを取るのを忘れてしまった、そう言いたかったのだろう。

　だが、それと同時に、わたしはギョッとしてしまった。「イヤイヤイヤ、こころがくもってしまっているのは、わたしのほうじゃないか」。

　わたし自身、まだまだ、自分の都合や事情のもとでしか生きられていない。そんな気がする。まだ、人ひとりひとり、それぞれ、さまざまな、〝ばらばら〟な暮らし方や生き方をかさね合わせられずに、相手の事情をおもんばかることができずに、こころがくもったまんまじゃないのか。自分の都合や事情でこころがくもらされているわたしのなかでは、〝多様性〟なんて言葉を用いることは、まだ、できそうにない。

　オンラインに合う人、合わない人。オンラインでなければ暮らせない人、オンラインのみでは暮らせない人。「うつる（映る）」ことをめぐって生きてゆくなかで、人はひとりひとり、それぞれ、〝ばらばら〟だ。はたして、人ひとりひとりが、それぞれ、〝ばらばら〟でも、かさなり合い、おり合い、すり合わせられる道筋を見つけることができるだろうか。

せめて、「うつ（感染）る」ことのほうだけは、「うつ（感染）る」人を「からかう（誹謗中傷する）」のではなく、互いが互いを「そしり、けなし、ののしり、からかい合う」ような今の現状から、〝からかう（解決の糸口を見つけ出す）〟ことができるすべをさぐってゆければ。

【注】

（1）ここでいうところの〝オンライン・ほにゃらら〟とは、「オンライン会議」や「オンライン飲み会」などのことを言う。そして、〝オンライン・ジンメン〟というのは、〝オンライン・ほにゃらら〟の際に映る分割画面のことであり、その画面にさまざまな人の顔や姿が映ることを言っている。

（2）〝からかう〟の用いられ方として、たとえば、「わたしの自転車のチェーン直った?」「朝からずっとからかってるんだけど、まだ直らんさ。もうちょっとからかってみるよ」といった具合である。むずかしい仕事に取り組んだり、壊れた機械を修理したりするときに使う言葉だそうだ。ほかにも、畑を〝からかう（耕す、畑仕事をする）〟、調子の悪いパソコンを〝からかう（修理する）〟、表紙のデザインを〝からかう（いろいろ案を出してみる）〟、算数のむずかしい応用問題を〝からかう（ああでもない、こうでもないと考えをめぐらせて解答の糸口をつかもうとする）〟などと使う（ごっちょがわ　つっぺいた 2020）。

（3）ここでの「感覚過敏」に関する文章では、五感の敏感さがあることで日常生活に困りごとがある人たちが暮らしやすくなるために設立された「感覚過敏研究所」のホームページと、ＮＰＯ法人「ぷるすあるは」が運営している「精神障がいやこころの不調、発達凸凹をかかえた親とその子どもの情報&応援サイト：子ども情報ステーション」に載せている「感覚過敏」の解説を参考にした。「感覚過敏研究所」の説明によると、「視覚過敏」「聴覚過敏」をはじめ、特定の肌触りの服を着ることができない「触覚過敏」などの五感の過敏の他にも、車やエレベーターに乗ると気分が悪くなる「平衡感覚の過敏」などもあるという。感覚過敏の人たちのなかには、過剰に刺激を受けやすい「HSP（ハイリー・センシティブ・パーソン：敏感気質な人）」もいるという。

（4）この調査の調査期間は、二〇二〇年七月三日から八月一七日までであり、調査方法はWEBによるアンケート調査（無記名式）だという。回答件数は八五二件（全国の発達障害の当事者三五二件、保護者／家族五〇〇件）だったという。

（5）ちなみに、「風邪がうつる」という場合の「うつる」の漢字は、正しくは「移る」であり、「伝染る」とか「感染る」という言葉は、当て字であるらしい。

【文献】

五諸川津平太（ごっちょがわつっぺいた　2020）「甲州弁のススメ38　「からかう　問題解決へ取り組む」」二〇二〇年一〇月一五日山梨日日新聞「週刊こぴっと」三頁より

出口泰靖　2015「『がっこう』のかっこう、『みんな』と『ひとり』としてのかっこう

――〈わけられ〉のあらがいと、〈わけない〉なかの〈わけられ〉と」『支援』5号　特集：わけること、わけないこと』生活書院、38-58

星野源　2013「ひとりはつづく」『そして生活はつづく』文春文庫版

プルスアルハ　2015『発達凸凹なボクの世界――感覚過敏を探検する』ゆまに書房

終章

ケアや支援をめぐる〈つながり〉のまよい、とまどいをかみしめて

1 〈つなまよ〉で〈つなとま〉なわたしのフィールドワークは終わらない

昨今、〈つながり〉のすばらしさをうたいあげるような語りが日々、巷で流れている。だが、〈つながり〉がそれほどまでにいいことばかりもたらすものでもない。〈つながり〉は、決して、あったかいものでもなく、やすらぎを与えてくれるものばかりでもない。〈つながり〉をつけるまでに、いざこざが、生じてしまうこともあるだろう。〈つながり〉をつけられてからも、また、ズレや亀裂も生まれることもあるだろう。

〈つながり〉というものは、人と人との関係である以上、時と場合によってはギスギスしたりドロド

ロしたりしてしまうものでもあるのだろう。これまで出会うことのなかった〈つながり〉でのまよいやとまどい。どう受けとめればよいのか、どのように応じればよいものか、いまだに思い悩む。

ただ、こればかりは、「〈つながり〉難民」であるわたしが、他の誰かに問うてその応えを授かれるものではなく、自分の〈つながり〉のなかで、まよいやとまどいを踊らせながらも、自らに問い続けていくものでしかないのかもしれない。

〈つながり〉にまよい、とまどう、〈つなまよ〉で〈つなとま〉なわたしが、「〈つながり〉難民」であるのは、〝すごす〟ことをみすごしてきたこと、周囲に迷惑をかけないようにして、自らの迷い、惑うことを人に委ねられずにいること、このふたつがあるように思う。

2　〝めざす〟こと、〝すごす〟こと

(1)「パパは今まで私をほめてくれたことがない」という衝撃の一言

わたしの娘が八歳のときのことである。「パパは、今まで、ほめてくれたことがない」と、こんなことをフトつぶやかれたことがあった。

この、子どもがフトもらした言葉に対して、わたしは、正直、ショックを隠しきれなかった。わたしは、むやみにしかって育てず、ほめて育てることをめざそうと思ってきた。今まで、自分の中では、娘

をほめちぎって育ててきたつもりでいた。

しかし、その娘に、なんと「パパは今まで私をほめてくれたことがない」と言われてしまった（泣）。わたし自身、「口うるさい親」にだけはならないように気をつけようとやってきたつもりだった。それだけに、娘にそう言われた数日間は、ショックでしばらくはふさぎ込み、立ち直れない日々が続いた。

もちろん、娘は、わたしに対して、わざと憎まれ口をたたいた、そう言えなくもない。だが、いろいろふりかえって考えてみると、ほめるといっても「いいじゃん」というぐらいのほめ方だったかなあ、ほめる率よりも、むしろ口やかましく言っていた率の方が多かったかなあ、とおおいに反省した。

例えば、小学校から帰ると、娘は疲れたー、とばかりに床で大の字になって寝転んでゴロゴロ、グダグダしている。わたしはそれを見て、カゼやインフルエンザをもらって帰ってきては困るとばかりに、「帰ったらすぐ手洗いとうがいでしょー」と娘に向かって言ってきた。

また、はやく小学校に行かなければならない時に（そういう時に限って）、靴を履こうとすると足下のアリに目を奪われ、靴を履くことをすっかり忘れたかのように夢中になって追い回していた。

さらに、「もう夜おそいよー、明日の学校の準備はー」と、明日の準備をさせれば、国語の教科書を取り出したかと思うと、ランドセルに入れるのを忘れ（たかのように）、熱心に読みふけっていた。音楽の教科書だとランドセルに入れるかと思いきや、おもむろに教科書を開いて、のんきに歌を歌い出しはじめる始末だ。

わたしはわたしで、ササッと、明日の準備をやればいいのに、学校へ行く支度をすればいいのに、と思うので、「明日の準備できた？」「もう宿題やった？」「はやく靴はいたら？」「もう学校行かないと！」と、ついつい口やかましく言ってしまう。

「口うるさい親」にだけはならないように気をつけようとやってきたつもりだけに、この、子どもがフトもらした「パパは今まで私をほめてくれたことがない」という言葉に対して、正直ショックを隠しきれなかった。こんなに自分が「口うるさい親」になるとは思わなかった……。

(2) 〝めざす〟こと。〝すごす〟こと

親が子どもに対して口うるさく言ってしまうことについて、保育や教育の場で臨床コミュニケーション論を研究している肥後功一は、親や教育者、大人は、子どもをみる目が「何かができるかどうか」という点に集中していきやすい、と指摘している。[1] 子どもに待っていた行動や期待していたものが現れたとき、わたしたち大人は〝やった！　○○できた！〟というとらえをしているという。この〝できる〟という見方を基調とした子どもとの関係づくりのことを〝めざす〟関係づくりと彼はいう（肥後 2003）。

学校や家庭などの育ての場では、この〝できる〟という見方を基調とした〝めざす〟生活態度が重視されている。〝できた〟という見方は、関わり手の予定・予測した図式にピタリと当てはまる行動何かうまくできたとき、「わあ〜、すごいねえ、できたねえ、よかったねえ」と強い肯定感情を引き起こすという。こうした〝めざす〟生活態度は、充実感、達成感などにつながっており、わたしたちの心的生活を構成する重要な柱でもある、と肥後は述べる。

しかしながら、この〝めざす〟生活態度は一方で、大人の側の見方に子どもを強力に引き寄せ、取り込んでいくことでもある。そして、〝めざす〟生活態度のみを求められると、次第に充実感や達成感よりも緊張感、失敗への不安、「できない」ことからくる無力感のほうが、大きくなってくるともいう。

そこで肥後は、この「できる（自立）－できない（依存）」を視点とした〝めざす〟かかわり、あるいは〝めざす〟生活態度の軸に対し、本来そうした生活態度が活かされるためには、〝すごす〟かかわり、あるいは〝すごす〟生活態度の軸が形成される必要があると主張している（肥後2003）。

この〝すごす〟というのは、〝する・した〟という感じ方・見方を基調とした子どもとの関係づくりのことをいう。〝めざす〟かかわりにおける、「できない」（依存）から「できる」（自立）の軸の間に、あるいは「できない」（依存）から「できる」（自立）の軸からいったん離れて、「ムダ、アソビ、テマヒマ、ヨユウ」を重視し、「変わらない」関係を前提としながら「いっしょに○○する」（共同性）という世界を想定した〝すごす〟というかかわりの軸が必要である、というのである。

わたしたちの日々の暮らしというのは、常日頃からどこかに向かって、何かを目指して、毎日を暮らすわけではない、これといった目標・目的があるわけではない。それが〝すごす〟という生活態度の基調になっているという。

〝すごす〟かかわりでみられる特徴としては、子どもの活動に大人の側が自然に誘われていくことにあり、子どもが生み出した形の定まらないコミュニケーションの余白に大人は発見し、そこに意味づけを与えられることだという。そこで感じられるのは、「へえ〜、なるほど、おもしろいことするもんだねえ」といった、穏やかで素朴なうれしさやちょっとした発見の驚きであるという。そうした態度において、大人たちは子どもの〝する〟ことを共に楽しんで〝すごす〟ことができる。

（3）みすごされがちな、〝すごす〟こと

肥後は、わたしたち大人は、どうしても子どもの〝ために〟もっとよいかかわり方はないか、子どもの〝ために〟毎日の暮らしを充実させていくか、そういう〝めざす〟ことに目を向けがちだという。大人の子どもをみる目が「できるかどうか」といった方向へ片寄っていきがちなので、「できる－できない」の軸からいったん離れる必要があるという。だが同時に肥後は、大人という「硬い存在」にとってそれは容易ならざる作業でもあると述べている。

子どもの身になって考えてみれば、「この時間までにこの作業を終わらせておく」といったことは「大人の期待」であって、子どもにとってみれば「今を生きる」「今を楽しみたい」のだろうと思う。「アリさん、どこに行くのー」と子どもが足下のアリンコに目を奪われたのであれば、わたしも一緒に並んで追いかけていけばいいのに、と思う（その時にはそう思えない場合が多いのだが）。

ただ、後々のことを考えるという意味での、子どもの身になって考えてみれば、はやく「時間のルール」というのを身につけてもらい、学校に遅れないように自分で身支度をして出かけられるようにする、というのも、口うるさく言う理由（言い訳？）の一つにはある。

加えてまた、子どもに口やかましく言ってしまったことには、自分にとっての今の状況の（例えば仕

事での）苛立ちや疲れを子どもにあたりちらしてしまうことがあった。こうしたことなどは、子どもの身になって考えているとはいっているが、ある意味、子どものため、といいながら、親という自分のためであることが少なくない。その意味では、わたしはみんな自分のエゴで子どもをふりまわしているといえなくもない。

（4）〝めざす〟かかわり、〝すごす〟かかわり

この〝めざす〟ことと〝すごす〟ことは、子育てのことだけではなく、ケアや支援にもいえることなのだろう。

例えば、『良い支援？』の本のなかで寺本晃久は、近年自閉の人に対する療育や支援の技法が確立・普及されてきており、そうしたことが生活していく上での手助けになる場面はあるが、それがすべてを解決するわけではない、と述べている（寺本 2008）。

また、支援のマニュアル、障害の解説、自閉の子に対する療育の本はたくさんあるが、そうした療育の文脈では、まず「あるべき姿」があり、そこに適合するようにどう支援するか、ということが求められる（寺本 2008）と言っている。しかし、寺本さんは、それだけではなくまず求められるのは、「ふつうに生きていくための生活力」や、「生活を楽しむための術」、「想像や共感すること」であったりすると言う。また、それさえも備わっているべきというのではなく、「そこに居続ける」ということからまずは出発するのかもしれない、と述べている。

さらに、支援者は、「支援する」という立ち位置を超え、知的障害／自閉の人の「世界にひたっていく」「ひきずりまわされる」ということが肯定されてよい（寺本 2008）、と述べる。

寺本の主張は、いわば何かケアや支援の技法の獲得なりケアや支援の標準化を〝めざす〟ことを求めようとしても、まずは「そこに居続ける」「世界にひたっていく」「ひきずりまわされる」というように、「知的障害」や「自閉症」と呼ばれる〈その人〉と〝すごす〟ことからはじめないと何も生まれてこないということなのであろう。

また高齢者介護においても、腕や脚にマヒなどの障害が生じ、食べる、歩く、寝る、排泄する、入浴など、暮らしのさまざまな場面で介護が必要になった人に対して介護する側は、相手にとって最善のはたらきかけを見出すために、〝めざす〟かかわりになってしまいがちだ。すなわち、介護の場ではどうしても、トイレに行ってもらうために、席について食事をしてもらうために、服を脱いでお風呂に入ってもらうために、といったように、「なにかをしてもらうため」といった〝めざす〟かかわりに終始しがちとなってしまう。そうなると、ケアの場において「時間的な効率」や「作業の効率」を優先するなかで、そこに〝すごす〟かかわりが介在する余地はしだいになくなっていく。こうして、介護する者の価値観も、〝めざす〟というところに意図せずしてしばられてしまう。

以前、わたしがあるケアの場で出会った方に、今が何時なのか、わからないと（わたしには）みえる「認知症」とされる女性がいた。彼女と夕刻に散歩に出かけたとき、ランドセルを背負った小学生の子どもたちがキャッキャッと高らかな声をあげながら学校から家に帰る光景に出くわした。

彼女はそれを見て、「ああ、もう、夕げの支度の時間なのねえ」と嬉しそうに微笑んでいた。その時、わたしは分厚い皮膜が引きはがされていくような感じを覚えた。

わたしのなかで、彼女は決して今がいつか全くわからなくなっている人と決めつけてかかっていた。たしかに彼女は、今が何時何分なのか、「時計的時間」はわからないかもしれない。それでも、「生きられる時間」、「経験される時間」は決してわからなくなっているわけではない。彼女と〝すごす〟ことで、そんなことを気づかされたことがあった。

えてして、ケアや支援には、その人の〈身になって〉考え、動こうとするあまり、何か特定の技法を獲得しようとしたり、ケアや支援を受ける側の人たちの生活をより良きものにしようとするなど、「〝めざす〟思考／行為」になってしまいがちになる。〝めざす〟ことになりがちなのは、ケアや支援が「清く、正しく」あるべきものと強く思い込んでしまうからでもあるのだろう。

それゆえ、ケアや支援というものは、ケアや支援する側の者が「清く、正しく、美しい」営為を〝めざす〟よう、周囲から期待され、自らに課しがちである。ただ、実際の日々のケアや支援の場では、それが果たして「よかったのか」「正しかった」のか判断するのがムツかしい営為の連続なのではないのだろうか。

3　迷惑をかける人は、「迷う人」で「惑う人」で

他の人に「見守られ」、「介護される」とはどういうことか、について考えた場合、「他者に自分の生と身体をゆだねる、あずける」という側面が一つにはあるだろう。この「他者に自分の生と身体をゆだねる、あずける」者にとって、他者にどのように自分の生と身体をゆだねる、あずけることができるか、その他者とどのようにかかわり合って生きていくのか、暮らしを立てていくのかが切実な問題となっていくだろう。

「誰しも、人は、一人だけでは、生きてはいけない」。このことに、わたしは痛く思い知らされる。こうやって言葉にすると当たり前のことであるかのように思える。だが、はたして、「人は、誰しも、一人だけでは、生きてはいけない」ということを、わたし自身はどれだけ臓腑に染みて実感し、それを実際のわたし自身の暮らしにしみこませていけるだろうか。とても自信がない。

「介護される」こと、すなわち「他者に自分の生と身体をゆだねる、あずける」こととは、本書で取り上げたような「自分の生きてきた営みを人前でさらす」「自分の暮らしの端々を見せる」ことだけではなく、まさに「自らの生身をさらす」ことでもある。例えば、わたしは自分の便の始末を人に頼めるだろうか、と問う。

恥ずかしながら、わたしは「痔もち」だ。そんな肛門をもつ便の始末は、他者にとってかなり厄介だろう。そして、他者にそんな「痔もち当事者」のわたしの身をゆだね、その始末をゆだねるには、今のわたしにはかなりの抵抗感を禁じ得ない。

そのうえわたしの性分と来たら、自分のことは自分で始末しようとしたがる。困ったことがあっても、自分でなんとかしようとする。自分のことで家族や他人にまで迷惑をかけようとは思わない。誰かに頼ることをよしとしない、迷惑をかけてはならない、という思惑が働いてしまう。人に頼れない。わが身を他者にゆだね、あずけられない。よりすがれない。そんな自分がいる。

「ケアされる＝他者に自分の生と身体をゆだねる、あずける」ことは、また同時に、周囲に〝迷惑〟をかけることでもある。〝迷惑〟という言葉は、他人からやっかいな目にあわされて困ることをいう。だが、文字通りにとれば、「迷い、惑う」ことである。

当の（はからずして）迷惑をかけている人は、なんらかのことでまずはじめに「迷う人」であったり、「惑う人」であったりしている。なぜ、わたしは、迷惑を相手にかけることを避けようとしてしまうのか。それは、そうした自分のなかの「迷い」や「惑い」を相手にもふりまいてはいけない、という考えにとらわれてしまうからなのだろう。[2]

「迷惑」で思い出す言葉がある。プロボクサーからコメディアンへ転身し、その後突然死したタコ八郎の残した言葉〝めいわくかけてありがとう〟である。この言葉について、臨床哲学者の鷲田清一が、なぜ「迷惑かけてごめんなさい」じゃなくて「ありがとう」なのか、とことん考えている（鷲田 2001）。

「自分が望んで関係のなかへ入っていったわけでもないその他者との関係にまみれ、ぐらぐら揺れ、ときに陥没し、しかしそれでも関係を切ろうとはせずに、どうしたらいい、どうしたらいいんだろうと、ときにはあきらめ寸前のところで、ときにはじぶん自身を責めもしながら、それでもそこから立ち去らなかったひとたち、そのひとたちのその〈まみれ〉に、『ありがとう』と言ったのではないか」

「相手の関係から下りないこと。傷つきながらも、くたくたに疲れながらも、相手の傍らから去らない」、そんな〈まみれ〉るようなかかわり合いのなか、わたし自身が「迷い、惑う」人として、「めいわく」かけ、その〈まみれ〉に「ありがとう」と言えるようなかかわり合いをわたしはこれからしていけるのだろうか。

4 〈つながり〉としての「かさなり合い」

本書の序章で、〈つながり〉というのは、家族や学級、会社といった「つながりとしてのあつまり」や、インターネットによる世界とのつながりといった「つながりとしてのちらばり」、そして人脈や交友関係、社会運動などといった「つながりとしてのネットワーク」という三つのかたち（若林 2007）があることにふれた。また、そのほかにも、〈つながり〉としての「かわし合い」というものもあるのでは、といったことを述べた。

だが、本書の第八章を書いてゆくなかで、〈つながり〉としての「かさなり合い」というものもあるのだろうな、と思いいたった。

人は、ひとりひとり、それぞれ、さまざまな生のありようがある。そう、わかっていたつもりだった。でも、わたし自身の自らのそのなりふるまいは、どんだけ自分の都合と事情を周囲の人たちに押しつけて暮らしてきていたのか。そんなことを突きつけられた。本書の第八章で述べたような「画面酔い」のため「オンライン・ほにゃらら」を避けたいわたし。だが一方で、オンラインでなければ人とやりとりし難い人たちもいるのだ。

わたしは、「多様性」「寛容」などという言葉を用いるのが恥ずかしい。今後、わたしは、「多様性」「寛容」というキラキラした言葉を用いることがはたしてできうるのだろうか。

人ひとりひとり、それぞれ、さまざまな事情をかかえて生きている人たちの生のありよう。そんな生のありようを「かさなり合う」ことができるような、どんな人も取りこぼさない、すべての人の望みをすくい取れるようなケアや支援など、自分には考えられ、取り組められるだろうか、そんな問いもまたつきつけられた。

ケアや支援をめぐる〈つながり〉のまよい、とまどいをかみしめていきながら、〈つなまよ〉で、〈つなとま〉な、わたしのフィールドワークは、まだまだ、終わらない。

【注】

（1）この節の文章は、「〝めざす〟当事者と、〝すごす〟〈その人〉と――『認知症の当事者』と呼ばれた人とのかかわり合いで思うこと」雑誌『支援』2号　特集：「当事者」はどこにいる?』（生活書院、二〇一二年、72-85）の文章に加筆し、補筆したものとなっている。

（2）この節の文章も、「〝めざす〟当事者と、〝すごす〟〈その人〉と――『認知症の当事者』と呼ばれた人とのかかわり合いで思うこと」雑誌『支援』2号　特集：「当事者」はどこにいる?』（生活書院、二〇一二年、72-85）の文章に加筆し、補筆したものとなっている。

【文献】

出口泰靖　2012「〝めざす〟当事者と、〝すごす〟〈その人〉と－『認知症の当事者』と呼ばれた人とのかかわり合いで思うこと」雑誌『支援』2号　特集：「当事者」はどこにいる?』生活書院、72-85

肥後功一　2003『通じ合うことの心理臨床――保育・教育のための臨床コミュニケーション論』同成社（※この著書は二〇一五年に改訂版が出ている。）

鷲田清一　2001『〈弱さ〉のちから』講談社

あとがきと謝辞

さいごに、ここで、あらためて、本書で書いたこと描いたことについてふれておきたい。本書は、ケアや支援に関するフィールドワークをしてきた（つもりである）、わたし自身が、ケアや支援のかかわり手よりむしろ、ケアや支援のうけ手としての〈つながり〉をどのようにつけてきたのか、「自己エスノグラフィ」というかたちで描いてきたものを一つの本にまとめてみた。

本書のなかでもすでに述べたことではあるが、〈つながり〉は「すばらしいもの」ばかりでない。〈つながり〉がいいことばかりもたらすものでもない。〈つながり〉は、決して、それほどあったかいものでもなく、やすらぎを与えてくれるものばかりでもない。〈つながり〉をつけるまでに、いざこざが、生じてしまう場合だってあるかもしれない。〈つながり〉をつけられてからも、ズレや亀裂も生まれることもあるだろう。〈つながり〉というものは、人と人との関係である以上、時と場合によっては、ギスギスしたりドロドロしたりしてしまうものでもあるだろう。

そのような〈つながり〉での〈まよい〉や〈とまどい〉。それを本書では、〈つなまよ〉〈つなとま〉と称して、〈つなまよ〉で〈つなとま〉な「〈つながり〉難民」であるわたし自身が、〈つなまよ〉〈つなとま〉にどう向き合おうとしたのか、どう受けとめようとしたのか、どう応じようとしたのか、わたしのスットコドッコイぶりを描き、シノゴノ考えを巡らせている。わたしが、〈つながり〉と、どのようにかさなり合い、おり合い、すり合わせてゆくのか。それは、またの機会に描ければと思う。

そして、ここで「感染症をめぐる予めふせぐ」ことに関しても、少し、また、ふれておきたい。本書の第八章でも述べたことでもあるが、やはり、「感染症」をめぐって「ならないようにすること」の語りがさまざま、ほうぼうで飛びかい、かたよりすぎるほどに、かまびすしい。そう思うことがある。

もちろん、「感染症」においてはとくに、「ならないようにするには」といった、「あらかじめ、ふせぐ」ことは欠かせないことだろう。

だがしかし、ここでも、「なったときのこと」「なってからのこと」「なったあとのこと」が十二分に考えられ語られていないのではないだろうか。「なったひとたち」への「そしり、けなし、からかい、ののしり」がやむことがないのも、とても気にかかっている。

加えて、「介護予防」や「認知症予防」というような「ならないようにすること」も、かまびすしくなってゆくのも気にかかる。これらのことについても、いずれ、また、別の機会に、何らかのかたちで、書いてゆきたい。

本書は、生活書院から出している雑誌『支援』の第一号が出た二〇一一年から、第十一号が出た二〇二一年までの十年間のあいだ、特集原稿やエッセイ、そして「支援の現場を訪ねて」などで、わたしがいろいろ書かせていただいた原稿をもとに、ところどころ加筆や修正を加えながら、一冊の本にまとめたものである。こうしてふりかえってみると、『支援』でわたしはけっこう（というか、かなり）書かせてもらっている。

だが、こうしてあらためて、本書をまとめるうえで十年間分の『支援』を見直してみて、がく然としてしまったことがある。

わたし以外の編集委員のメンバーの人たちは、ちゃんと、いっぱい、「編集委員」として雑誌『支援』づくりの仕事をしている。

ところが、わたしは、どうだ。

わたしは、第一号のはじめから、「編集委員」としてかかわってきた。そのつもりだった。だが、第十一号まで、あらためてふりかえってみると、わたしは「執筆者」として書いてこそはいるものの、「編集委員」としての仕事はほとんど、いや、まったくといっていいほど、してこなかったんじゃあ、ないんだろうか。

「編集委員」としての仕事を、シッカリと、やってきてこなかったことに、がく然とした。わたしは、わたしが、恥ずかしい。ああ、穴があったら入りたい……。

数年前のこと。雑誌『支援』の編集の会議の場で、わたしは、自分がひとり好き勝手に生きていた半生ゆえの罰当たりな事情で、雑誌づくりとして「みんな」に合わせて動くことができないことがある、みたいな言い訳ともとれる泣き言を吐露したことがあった（『支援』第五号の編集後記を参照されたし。以下の文章の一部は、その編集後記でつづったことを少し書き直している）。

それは、ある意味で、「ふつう」だったら編集の場にはいられないような、とても身勝手なふるまいだったように思う。

だが、ほかの編集委員のメンバーの人たちは、わたし「ひとり」の身勝手さにあきれることなく、とてもあったかい声をかけてくれた。そのような、メンバーの「みんな」が、わたし「ひとり」だけのためにかけてくれる声の一つひとつが身にしみた。

ひとりよがりで身勝手なことばかりしてきたわたしが、編集委員のメンバーの「ひとり」としてかかわらせてもらえるのも、ほかのメンバーの人たちが、わたしを「決めつけ」ることなく、ここちよい風をおくってくれているからなのかもしれない。

そんな編集委員のメンバーの人たち（井口さん、岡部さん、土屋さん、星加さん、山下さん、三井さん、そして第八号から新たに加わっていただいている岩永さん、堅田さん、深田さん）には、感謝してもしきれない。

本書の各章においても、わたしがフィールドワークで出会った人たちや研究者の方々から、さまざまな示唆をうけた。

まず、第三章では、主に、「井戸端げんき」の伊藤英樹さんから〝むき出し〟な〈つながり〉や、〝こころのパンツ〟の脱ぎっぷりと暮らしぶりについて教えられた。「井戸端げんき」にわたしといっしょにフィールドワークした学生は、わたしと違って素直でまっすぐな考察をおこなってくれ、いろんな意味で気づかされたことが少なくなかった。

つぎの第四章の前の「支援現場エッセイ」や第四章では、次世代型デイの「DAYS BLG!」の前田隆行さんはじめ、メンバーの人たちからさまざまな刺激をうけた。同じ第四章では、若年認知症の家族会の「アルバの会」の青津彰さんや優子さんにも多くの教えをうけた。「DAYS BLG!」や「アルバの会」にいっしょにフィールドワークした学生もまた、わたしとは異なる視点から考察をしてくれた。フィールドでお世話になった方々や学生の方たちに感謝の意を表したい。

また、第一章では、子育てに関する哲学的な示唆をさずけてくれた哲学者の藤谷秀さんに感謝したい。藤谷さんとは、以前の職場の同僚でもあり、赤ん坊のころの娘を抱っこしにわたしの自宅に来てくれたりと、公私にわたって大変お世話になっている。第五章のほうでは、社会学者の三浦耕吉郎さんから、自身の父親を介護し看取った経験についてメールで何度もやりとりさせていただき、教えをうけ、さまざまな示唆をいただいた。厚く感謝申し上げたい。

さらに、『支援』の原稿の草稿を送っては感想を聞かせてもらった社会学者の中川敦さんにも感謝申し上げる。彼は、わたしの前著『あな呼ぶ本（あなたを「認知症」と呼ぶ前に）』のときにも校正のお仕事を快く引き受けてくれた仲でもある。

あと、一人ひとりのお名前をあげられないが、本書のなかで〈つなまよ〉〈つなとま〉なわたしのフィールドワークで出会い、話を聞かせてもらった方々にも感謝申し上げたい。その方々の出会いと語り合いがなければ描かれなかった文章であることは間違いない。

先ほども何度か（何度も？）申し上げたように、本書は、わたしが雑誌『支援』の第一号から第十一号まで書いてきたことがもととなっている。本書の文章では、わたしの娘のこと（産まれるときのことから、乳幼児期のこと、小学生や中学生のときのことまで）をほんとによく取り上げてきた。娘よ（なんか演歌調だが）、書くネタやヒントをいろんな場面でわたしにさずけてくれて、どうもありがとう。

また、本書での文章を書くにあたっては、妻の仕事からも、とてつもない刺激をうけつづけてきた。研究や学問の立場からではいたらない点を、ケアや支援の実践現場に携わっている妻から多くの教えをうけてきた。妻にも、深く感謝したい。

最後に、『支援』のなかでダラダラ書いてしまった文章を一冊の本にまとめることを、こころよく引き受けていただいた生活書院の高橋淳さんには、厚く、厚く、感謝申し上げたい。

二〇二一年の夏に

出口　泰靖

本書のテキストデータを提供いたします

本書をご購入いただいた方のうち、視覚障害、肢体不自由などの理由で書字へのアクセスが困難な方に本書のテキストデータを提供いたします。希望される方は、以下の方法にしたがってお申し込みください。

◎データの提供形式＝CD-R、フロッピーディスク、メールによるファイル添付（メールアドレスをお知らせください）。

◎データの提供形式・お名前・ご住所を明記した用紙、返信用封筒、下の引換券（コピー不可）および200円切手（メールによるファイル添付をご希望の場合不要）を同封のうえ弊社までお送りください。

●本書内容の複製は点訳・音訳データなど視覚障害の方のための利用に限り認めます。内容の改変や流用、転載、その他営利を目的とした利用はお断りします。

◎あて先
〒160-0008
東京都新宿区四谷三栄町6-5 木原ビル303
生活書院編集部　テキストデータ係

キリトリ線

【引換券】
アや支援をめぐる〈つながり〉
のまよい、とまどいをかみしめて

著者略歴

出口 泰靖

（でぐち・やすのぶ）

1969年生まれ。東京学芸大学大学院修士課程修了。介護福祉士。介護予防運動指導員。現在、千葉大学文学部教員。専攻は社会学。

著書に、『あなたを「認知症」と呼ぶ前に――〈かわし合う〉あなたと私のフィールドワーク』生活書院、2016年

主な論文に、「わたしが『「あなたと〈ある〉」』ために――認知症の人の『語り』」（藤村正之編『いのちとライフコースの社会学』弘文堂：226-242、2011年）、「“めざす”当事者と、“すごす”〈その人〉と――『認知症の当事者』と呼ばれた人とのかかわり合いで思うこと」（『支援 vol.3』特集「『当事者』はどこにいる？」生活書院：72-85、2012年）、「わたしは『語り』に出合えているか――本人による『認知症体験の語り』のゆくえ」（『N：ナラティヴとケア6――ナラティヴの臨床社会学』遠見書房：47-53、2015年）、「“軽さ”の〈重み〉を身にうけて、“重さ”の〈深み〉にはまる」（『現代思想43巻6号』特集「認知症新時代」青土社：170-180、2015年）など。

ケアや支援をめぐる〈つながり〉のまよい、とまどいをかみしめて

――〈つなまよ〉〈つなとま〉なフィールドワーカーの自己エスノグラフィ

発　行――――2021年10月1日　初版第1刷発行
著　者――――出口泰靖
発行者――――髙橋　淳
発行所――――株式会社　生活書院
〒160-0008
東京都新宿区四谷三栄町6-5 木原ビル303
TEL 03-3226-1203
FAX 03-3226-1204
振替 00170-0-649766
http://www.seikatsushoin.com
印刷・製本――株式会社シナノ

Printed in Japan

ISBN 978-4-86500-131-0

『支援』バックナンバーのご案内

「支援」編集委員会【編】／ A5 判冊子／定価：本体 1500 円(税別)

vol.11

特集1　うちでなにする？　そとでどうする？
伊藤英樹、芦沢茂喜、今井和美、出口泰靖、伊是名夏子、新澤克憲、
すぎむらなおみ、永井悠大、木村高人、三部倫子

特集2　電車、バス、飛行機
【電車】岸川学、井口高志　【バス】松波めぐみ、船戸修一、鈴木 雄
【飛行機】平田江津子、成瀬史恭

vol.1　SOLD OUT

特集：「個別ニーズ」を超えて
（三井さよ 、末永弘、岡部耕典、前田拓也他）
座談会：資格は必要か？——ケア・介護・介助と専門性
土屋葉（司会）・山下幸子・星加良司・井口高志　他

vol.2　SOLD OUT

特集：「当事者」はどこにいる？
（星加良司、高森　明、岡部耕典、石丸偉丈他）
ロングインタビュー：認知症の本人を描くことをめぐって
——川村雄次に聞く
対談：病院の世紀の終わりに——医療政策の水先案内人×難病人
フィールドワーカー　　猪飼周平×大野更紗　他

vol.3

特集：逃れがたきもの、「家族」
（土屋葉、井口高志、児玉真美、吉田澄恵他）
トークセッション：支援の多様な可能性——ケアの制度の縛りの中で、歩みを続けるために
川口有美子×柳本文貴　他

vol.4

特集：支援で食べていく
（岡部耕典、杉田俊介、大坪寧樹、出口泰靖他）
トークセッション：教育の中の支援、支援の中の教育
すぎむらなおみ×倉本智明
ロングインタビュー：薬害エイズの被害者による当事者支援
——花井十伍に聞く　他

vol.5

特集：わけること、わけないこと
（星加良司、倉本智明、出口泰靖、三井さよ他）
トークセッション：いのちをわけること、わけないこと、選ぶこと、選ばないこと　大塚孝司×玉井真理子×堀田義太郎
ロングインタビュー：転換点としての震災経験——木村高人さんに聞く
いま、釜石で——山田昭義さんに聞く

vol.6

特集1：その後の五年間
（端野洋子、白石清春、岩永理恵、橋口昌治、金 明秀、春日キスヨ他）
特集2：くう、ねる、だす（橋本操他）
トークセッション：障害児の母、やってます！
福井公子×すぎむらなおみ　他

vol.7

特集1：〈つながり〉にまよう、とまどう
（出口泰靖、宮地尚子、清田悠代、綾屋紗月他）
特集2：着る、住む、買う（ニキ リンコ他）
トークセッション：ケアする子どもと若者たち　松崎実穂×澁谷智子
ロングインタビュー：『そよ風のように街に出よう』の三八年　他

vol.8

特集1：どうこうしちゃえるもんなの？ 命
（出口泰靖、白井千晶、山縣文治、伊藤英樹他）
特集2：みる、きく、はなす（諸岡了介他）
トークセッション：津久井やまゆり園事件から／へ
猪瀬浩平×岡部耕典他

vol.9

特集1　表現がかわる 表現がかえる
（長津結一郎、倉橋耕平、深田耕一郎、今村彩子他）
特集2　いたい、かゆい、におう
（岩瀬一美、今村登、大日義晴、牛山美穂他）
トークセッション：オリンピックとジェントリフィケーション
佐藤由美子×村上潔　他

vol.10

特集1：特集1　シノゴノの 10 年
（井口高志、岩永理恵、岡部耕典、堅田香緒里他）
特集2：ぬすむ、かくす、にげる
（原口剛、橋本久美子、橋本久美子、北原みのり他）